إدارة الجودة الشاملة

الاتجاهات العالمية الإدارية الحديثة

فتحي سرحان

كاتب وباحث

ومترجم ومحاضر سابق

بجامعة الإمام محمد بن سعود الإسلامية

مكتبة الشريف ماس للنشر والتوزيع

القاهرة - مصر

بِسْمِ اللـهِ الرَّحْمَنِ الرَّحِيمِ

(وَمَا أُوتِيتُم مِّن الْعِلْمِ إِلاَّ قَلِيلاً)

الإسراء آية (85)

تأسست عليها هذه المؤسسات والتي كانت تتناسب مع أحوال العصر القائم آنذاك والبحث عن مناهج حديثة تتناسب مع هذه التغيرات لمحاولة الوصول إلى حصص سوقية جديدة معتمدة في ذلك على تحقيق الأسبقيات التنافسية ومن أبرزها أسبقية الجودة، غير أن لا تكفي هذه الأسبقية وحدها لتحقيق هذا التوجه، حيث يلزم تبني الاتجاهات والنظم الأكثر حداثة في إدارتها، ولعل واحد من أبرز هذه الاتجاهات "إدارة الجودة الشاملة" التي تأتي في مقدمة الأفكار الإدارية التي شكلت الوعاء الجديد المتناسب مع تلك المعطيات والقادر على مواجهتها بفاعلية.

ومن ثم، فإن الأدبيات والدراسات تؤكد أن مفاهيم إدارة الجودة الشاملة كانت هي قاعدة الأساس التي انطلقت منها حركة البحث عن الأداء المتميز، وكان لها أهميتها في تحسين الربحية وتعزيز المركز التنافسي فضلاً عن الاستجابة لتوقعات الزبائن وتحسين معدلات الإنتاجية، الأمر الذي يعكس أهمية هذا المدخل في تحقيق أداء متميز لأداء المؤسسة على جميع مستوياتها.

ويثير موضوع إدارة الجودة الشاملة الجدل في كل المؤسسات، فإدارة الجودة الشاملة من المفاهيم الإدارية الحديثة التي ظهرت نتيجة للمنافسة العالمية الشديدة بين مؤسسات الإنتاج اليابانية والأمريكية والأوروبية، إذ تمكنت اليابان بفضل جودة منتجاتها من اكتساح الأسواق العالمية والفوز برضا المستهلكين حول العالم نتيجة لاستخدامها لإدارة الجودة الشاملة في المؤسسات الاقتصادية والصناعية والتكنولوجية والتجارية والتعليمية. لقد زاد التنافس في نهاية القرن العشرين وبداية الألفية الجديدة بين معظم المؤسسات في تطبيق هذا الأسلوب الإداري في كافة الدول المتقدمة، كما بدأت بعض الدول النامية في استخدام هذا الأسلوب في مؤسساتها المختلفة بما فيها التعليمية، وتحاول بعض الدول العربية استخدام هذا الأسلوب في كافة مؤسساتها التعليمية في جميع مراحلها – من مراحل ما قبل التعليم الجامعي وخلاله وبعده – وأصبحت برامجها التعليمية والتربوية تخضع لمعايير الجودة الشاملة، وأصبح من أهم معايير نجاح المؤسسات التعليمية هو نوعية الطالب الذي يتخرج من هذه المؤسسة وقدرته على خدمة مجتمعه بالطريقة المطلوبة.

فثمة ضرورة ملحة لتطبيق إدارة الجودة الشاملة في التعليم العام والجامعي في دولنا العربية بشكل عام، ومصرنا الحبيبة بشكل خاص في ضوء التجارب العالمية الحديثة وانطلاقاً مما تم الاتفاق عليه في مؤتمر اليونسكو للتعليم والذي أقيم في باريس عام 1998 والذي ينص على أن الجودة في التعليم مفهوم متعدد الأبعاد يشمل جميع وظائفه وأنشطته وهي مثل: المناهج الدراسية، البرامج التعليمية، البحوث التعليمية، الطلاب، المباني والمرافق، توفير الخدمات للمجتمع المحلي، التعليم الذاتي الداخلي، تحديد معايير مقارنة للجودة.

ورغبة في تحقيق نجاحات كبيرة في تطبيق إدارة الجودة الشاملة في جميع مؤسساتنا بشكل عام، وفي التعليم العام والجامعي بشكل خاص، نقدم في هذا الكتاب إطاراً نظرياً متكاملاً عن نشأة إدارة الجودة الشاملة وتطورها ومفهومها وفلسفتها، وأسسها ومبادئها، ومعاييرها ومواصفاتها الدولية، ومتطلباتها، وفوائدها، وأهميتها، ونماذجها ومعوقات تطبيقها، مع تقديم تصور مقترح لسبل نجاح تطبيقها في مجالي التعليم العام والعالي في ضوء بعض التجارب العالمية الحديثة للدول المتقدمة مثل الولايات المتحدة الأمريكية، وبريطانيا، واليابان وغيرها من الدول التي حققت نجاحات متميزة في هذا الشأن.

والله من وراء القصد..

فتحي سرحان

القاهرة في

25 يناير 2011

002-0164314373

F_Sarhan964@hotmail.com

F_Sarhan965@yahoo.com

إهـــــداء

أهدي هذا الجهد المتواضع - بداية - إلى أُمتنا العربية والإسلامية، وإلى مصرنا الحبيبة،وأبطال ثورة 25 يناير 2011 وشهدائها، كما أخص بالذكر دار النشر المحترمة -**الشريف ماس ومنسوبيها.** وأخص بالذكر الأستاذ/ مصطفى عبد الرازق، مدير عام الدار، وصاحب الرؤية الثاقبة، كما أهديه للشريفين الكريمين الأستاذ/ شريف حلمي، والأستاذ/ شريف حجاج، وكل من ساهم بجهد في إخراج الكتاب، وأخص بالذكر الأستاذ الفاضل "رضا إمام"، كما أهدي هذا الكتاب لأهلي في عمومهم، وزوجتي المخلصة الحبيبة "**حنان عبد العزيز قنديل**" وأبنائي الأحباء وقرة عيني "**آية، وأحمد، وأدهم فتحي سرحان**" فمن أجلهم كتبت ...

المؤلف

الفصل الأول

مفهوم إدارة الجودة الشاملة ونشأتها وفلسفتها

تمهيد:

نستعرض في هذا الفصل مفهوم إدارة الجودة الشاملة ونشأتها وفلسفتها.. وأهميتها والثقافة التنظيمية الداعمة لها..

أولاً: مفهوم إدارة الجودة الشاملة وفلسفتها:

* مفهوم الجودة:

"الجودة" مفهوم واسع يفتقد الاتفاق العام حول تعريفة، لأنه يختلف إدراك ما يعنيه من سياق إلى سياق، ومن شخص إلى أخر، فلا يوجد تعريف واحد صحيح، حيث يستخدم المصطلح استخدامات متنوعة من خلال الاهتمامات المختلفة والمطالب المتنوعة، ونظراً لوجود مدى واسع من التعريفات قد تؤدي إلى إحداث الخلط والتشويش، لذلك اجتهد العديد من الباحثين في تصنيف تعريفات الجودة في عدة مداخل بعبر كل مدخل منها عن توجه مفاهيمي محدد يتضمن عناصر محددة للجودة.

ولقد اختلف عدد المداخل التي صنفت فيها تعريفات الجودة من متخصص إلى آخر، ولكنها تنحصر في مدى بين مدخلين إلى خمسة مداخل وكذلك قد يختلف عدد عناصر كل مدخل، حيث قسم David Grvin تعريفات الجودة إلى خمسة مداخل، هي مدخل الامتياز، مدخل الخاصية المميزة، مدخل المتسفيد أو المستخدم، مدخل المطابقة للمواصفات، ومدخل القيمة.

وقسم David Grvin مداخل الجودة إلى خمسة مداخل أيضاً ولكنها مختلفة نسبياً، وهي المدخل التقليدي، مدخل الاتساق أو التناغم، مدخل الملاءمة للأهداف، مدخل قيمة المال، ومدخل التحول.

وهناك من الكتاب من قسم تعريفات الجودة في ثلاثة مداخل هي: مدخل التصميم، مدخل التصنيع أو المطابقة، ومدخل الأداء، ومنهم من قسم تعريفات الجودة إلى مدخلين هما: المفهوم المطلق للجودة، والمفهوم النسبي للجودة.

لذلك سوف نحدد مفهوم الجودة بتحديدها في المداخل التي تنتمي إليها في تصنيف David Grvin الخماسي وذلك لأنه يحتوي بداخله على التصنيف الثلاثي لمداخل الجودة، ويتطابق إلى حد بعيد مع تصنيف David Grvin الخماسي، ثم نوضح

التصنيف الثنائي لمداخل الجودة، وذلك لتحديدهُ المُبسط والأكثر إجرائياً لتعاريف الجودة والأكثر توظيفاً في فلسفة TQM.

* مفهوم الجودة الشاملة:

تعتبر الجودة الشاملة من الفلسفات الحديثة نسبياً ففي نهاية عقد الثمانينات بدأت تتبلور أدوات ومفاهيم وفلسفة الجودة معاً تحت مسمى الجودة الشاملة، ولقد بدأ استخدام مصطلح الجودة الشاملة في الكِتابات العربية مع بداية عقد التسعينات نتيجة لظهور العديد من المتغيرات الدولية التي شملت شيوع استخدام المصطلح وضرورة لفت انتباه جميع المؤسسات إلى أهمية ضرورة اعتناق فلسفة الجودة الشاملة.

ولقد تعددت وتباينت التعريفات التي أوردها الكتاب والباحثون المهتمون بموضوع الجودة في وضع تعريف محدد لموضوع الجودة وأبعادها المختلفة، ومن الصعب أن نجد تعريفاً بسيطاً يصفها ويعرفها تعريفاً جامعاً مانعاً بسبب تعدد جوانبها واتجاهاتها المختلفة فهناك اتجاهات مختلفة ينبع منها تعريف الجودة، وهي الاتجاه الفلسفي والاتجاه الاقتصادي والاتجاه الهندسي وإدارة العمليات والاتجاه التسويقي، وكل اتجاه يتناول مفهوم الجودة من منطلق يختلف عن الآخر وفيما يلي توضيح ذلك:

1- الاتجاه الفلسفي:

يرى أنصار هذا الاتجاه أن الجودة مفهوماً مطلقاً يعبر عن أعلى مستويات الكمال، ومن ثم فإنه لا يمكن تعريفها أو وضع معايير لها، ولكن يمكن الإحساس بها والتعرف عليها، ويقولون نحن لا نستطيع تحديدها، ولكننا نعرفها عندما نراها، ويرجع جذور هذا الاتجاه إلى الفلاسفة الإغريق أمثال سقراط وأفلاطون وأرسطو إلى جانب أنصارهم في العصر الحديث.

وتُعرف الجودة في ضوء هذا الاتجاه كما يلي:

- أنها سمة متميزة وضرورية ودرجة من الامتياز ولكن هذا التعريف غامض فلا يحدد معنى للجودة ومدى تحقيقها وكيفية التركيز عليها.
- وأنها فلسفة وليس أسلوب وأنها مدخل للجودة ولا يركز على الحد الأدنى للمتطلبات بل على الامتياز في كل مستوى.

- أنها معيار الكمال الذي يجب ممارسته في كل الأوقات، وهي جهد مستمر ومتطور، ولا يوجد حد للجودة التي يمكن تحقيقها في أي أعمال.

ومما سبق فإن هذا الاتجاه لم يضع مفهوماً واضحاً للجودة ولا المعايير التي تقيس الكمال والمثالثة التي يقصدها.

2- الاتجاه الاقتصادي:

ويرى أنصار هذا الاتجاه مفهوم الجودة من خلال تقديم منتجات وخدمات ذات جودة عالية وخالية من العيوب، وقلة في التكلفة، وتحقيق الاكتفاء الاقتصادي الذاتي، ويرتبط تعريف الجودة بالسعر والتكلفة أي أن الجودة تتم بالمقارنة من جانب العملاء من خلال بضاعة خالية من العيوب وبسعر مناسب. وترجع جذور هذا الاتجاه إلى عصر التجاريين في منتصف القرن السابع عشر ومن مؤيدي هذا الاتجاه في العصر الحديث (ارموند فيجنيوم) Armond Feigenhaum الذي عرف الجودة في ضوء هذا الاتجاه بأنها تحقيق الأهداف المنشودة التي تحقق رضا المستهلك.

وتعتمد فلسفة الجودة هنا على مبدأ أساسي مؤداه أن الجودة عملية متواصلة تبدأ بمتطلبات العميل وتنتهي برضاه، ولقد ركز فلسفته في هذا الشأن على مجموعة نقاط لرفع الجودة من أهمها:

- أن تكون الجودة والتكلفة كل متكامل لا يوجد بينهما تضارب.
- أن تعني الجودة ما يفهمه العميل.
- توافر الحماس لدى كل الأفراد ومجموعات العمل تجاه مسألة الجودة.
- أن تعتمد الجودة والإبداع كل منهما على الآخر.
- أن تعني الجودة أقل قدر من رأس المال وأعلى قدر من فعالية التكلفة في العملية الإنتاجية.

وفي ضوء التعريفات السابقة للاتجاه الاقتصادي يتضح أنها تركز فقط على جانب واحد وهو مدى ملائمة المنتج أو الخدمة للعميل في ضوء السعر أو التكلفة بجودة معينة، ولم تحدد معايير هذه الجودة التي يمكن عن طريقها قياس هذه الجودة ومدى تناسبها مع متطلبات العملاء.

3- اتجاه بحوث العمليات:

وهذا الاتجاه حاول مؤيدوه وضع تعريف للجودة في صيغة تمكن مـن تطبيقها وقياسها، حيث أنه لا يكفي أن يكون العميل راضياً عن مستوى السلعة أو الخدمـة التي يتلقاهـا بـل يجب أن يكون راضياً كذلك عن الأسلوب والإجراءات التي تُقدم بها الخدمـة، ومـن ثـم يلـزم قياس الجودة المهنية والعمليات الداخلية التي يتم عن طريقها أداء الخدمة.

ويمكن أن نفرق بين ثلاث أنواع من المقاييس التي تستخدم في قياس الجودة المهنية تتمثل في:

أ- **مقاييس المدخلات:** ومن أهمها كفاءة مقدمي الخدمة والتي تنعكس مـن خـلال الوقت المستغرق في تقديم السلعة أو الخدمة وتـوافر الكميـة ومعـدل الأخطـاء ومدى الاستجابة لاقتراحات العملاء.

ب- **مقاييس العمليات:** والتي تركز على عمليات التصحيح ومنع وقوع الأخطاء خلال المراحل المختلفة لتقديم الخدمة وإنتاج السلعة والتي تعرف مـن خـلال تحليـل الجودة والتسلسل في أداء الخدمة أو المنتج.

ج- **مقاييس المخرجات:** وهـي تتعلـق بمقاييس النتـائج النهائيـة ويتم مـن خـلال المقابلات مـع العمـلاء أو مسـتفيدي الخدمـة لقيـاس جـودة الخدمـة والأداء أو المنتج.

ولقد تمكن "شيوارت Shewhert" من التوصل إلى أساليب إحصائية فعالة للرقابة والتقييم اليومي للإنتاج للكشف عن العمل المعيب، ووضع مدخلاً يتشابه إلى حـد كبـير مـع الطريقـة العلمية في التطوير المستمر أطلق عليه دائرة (الخطة – العمل – المراجعة – التنفيذ) ويمكن تناول هذه الدائرة على النحو التالي:

- **الخطة:** وفيها يتم اختيار وتحديد العملية التي سيتم تطويرها، ويلي ذلك استعراض للوضع القائم وتحديد أين ومتى تحدث المشكلة؟ وكيـف يمكن قياس رضا المستفيدين عن المخرجات؟ ثم يتم بعد ذلك تحديد الأسـاليب

المحتملة، ثم يلي ذلك اقتراح بالتطوير ووضع استراتيجية لجمع البيانات المطلوبة لهذا التطوير.

- **العمل:** وفيه يتم تجريب التطوير المقترح على نطاق محدد في بيئة يمكن التحكم فيها والرقابة عليها.

- **المراجعة:** وفيها يتم جمع وتحليل البيانات لتحديد ما إذا كان التطوير المقترح يلقى قبولاً ورضا من العميل أم لا.

- **التنفيذ:** وفيه يتم تنفيذ التغيرات الفعالة المرتبطة بالعملية وذلك من خلال ربطها بعمليات النظام الجاري.

أما كروسبي Crosby فقد ركز في عملية التطوير على الجانب البشري والتنظيمي أكثر من التركيز على الأساليب الإحصائية، ووضع مفهوم للجودة بأنها مدى مطابقة السلعة المنتجة للمواصفات، كما عرفها بأنها التطابق مع المتطلبات وفي الزمن الطويل بدون تكلفة عندما تصل إلى حالة اللاعيوب.

ولقد لقى هذا الاتجاه معارضة شديدة، خصوصاً في السنوات الأخيرة، حيث يصفه كثير من الباحثين في مجال الجودة بالمدخل المحدود لتعريف الجودة لأنه ركز على العمليات الداخلية للمؤسسة دون الاعتناء بتقييم المستفيدين من الجودة.

4- الاتجاه التسويقي:

ويركز هذا الاتجاه في تعريف الجودة بناء على السوق أو العملاء ومدى رضاهم عن الخدمة أو المنتج بجانب العمليات التي يقوم عليها أداء الخدمة، ومن أبرز مؤيدي هذا الاتجاه "جوزيف جوران" Joseph Guran الذي يرى أن الجودة تعني الملائمة للاستعمال ويؤكد أن المهمة الأساسية لها هي تنمية برنامج للإنتاج أو الخدمات يقابل احتياجات العملاء.

ولقد لعب جوران دوراً كبيراً ومبكراً في تعليم المنظمات الصناعة اليابانية كيفية تحسين جودة منتجاتها ونادى بأهمية التزام الإدارة العليا بتحسين جودة المنتج والتخطيط للجودة واستخدام الإحصاء في السيطرة على الجودة، والتحسين المستمر لكل مجال

من مجالات جودة المنتج، قدم "جوران" في عام 1986 طريقة شاملة للتفكير في موضوع الجودة ومعالجته، وتتكون من ثلاثة عمليات هي:

أ- **التخطيط للجودة:** وتعتبر هذه العملية هي نقطة البداية التي تتضمن تصميم وإنشاء عملية تستطيع أن تحقق الأهداف الموضوعة في ظل ظروف التشغيل ثم يأتي بعد ذلك التنفيذ الفعلي والذي يعمل على تشغيل العملية بأفضل مستوى فاعلية ممكن حسب المقاييس المحددة.

ب- **الرقابة على الجودة:** وفي هذه العملية تحدد المقاييس التي تُقيم من خلالها عملية التنفيذ.

ج- **عملية تحسين الجودة:** وهي الإجراءات المتبعة لتحقيق تغير جوهري في مستوى الأداء عن طريق مجموعة من الإجراءات التي تقوم بها الإدارة لتقديم أساليب ونظم إدارية جديدة يكون لها هدف محدد وهو تحسين الجودة.

لقد طور الباحثون مفهوم الجودة في ضوء هذا الاتجاه، حيث عرفها "جيري" Gray بأنها مجموعة الخصائص التي تميز المنتج أو الخدمة التي ترضي احتياجات العملاء سواء كان العميل وهو المتلقي المباشر للخدمة، أو المستخدم الاصلي للمنتج. كما عرفها "ديفز وبينر" بأنها تحقيق أهداف ورغبات المستفيدين من المنتج أو الخدمة باستمرار.

ويتضح من المفاهيم السابقة في ضوء هذا الاتجاه بأنها تركز على السوق بما فيه من عملاء، وإنها تعرف الجودة في ضوء ما يتناسب مع طبيعة المنتج الذي يساهم في تحقيق رضا هؤلاء العملاء وتوقعاتهم، غير أن هذه المفاهيم قد ركزت على جانب العملاء في حين أنه يصعب التنبؤ باحتياجات العملاء نظراً لأن جودة المنتج قد تختلف من عميل لآخر.

وفي ضوء ما سبق من تعريف الجودة، فإنه لا يمكن أخذ تعريف بعينه حيث أن كل اتجاه قد عرف الجودة من جانب واحد، ومن وجهة نظر معينة، كما أن لكل اتجاه أوجه القوة والضعف، لذلك فإن تعريف الجودة في العمليات الإدارية يجب أن يشمل جميع المفاهيم السابقة. والأمر أبعد من ذلك فمفهوم الجودة أشمل وأعم مما سبق،

وهذا ما جعل العلماء والباحثين في هذا الشأن يسعون إلى البحث عن مفهوم ملائم للجودة وهو الاتجاه الشمولي لها.

5- الاتجاه المنظومي:

أوضح " جيرجوري مكليجوهالن" Gregory Mclaughlin أن الجودة نظام يتفرع عن ثلاث نظم فرعية، وأنه يجب على الإدارة أن تتعلم كيفية تحسين نظام الجودة في ضوء هذه النظم الفرعية، وهذه الأنظمة تمثل ثلاث دوائر متداخلة وتتمثل فيما يلي:

أ- **النظام الاجتماعي Social System**: ويتضمن هذا النظام العوامل المرتبطة بثقافة الإدارة والمؤسسات التعليمية من قيم ومعايير واتجاهات والأدوار المتوقعة ونوعية العلاقات الاجتماعية بين العاملين وأشكال القوة داخل التنظيم وأنماط السلوكيات والتفاعلات بين الأفراد ودوافع العمل وروح المبادرة والابتكار.

ب- **النظام الفني والتقني:** "ويشير تريبش" Treibus إلى أن النظام التقني يشمل على الأدوات والأساليب الفنية التي تقيس خطوات إتمام العمل داخل المؤسسة التعليمية، والتي من خلالها يمكن تطوير العمل وتحسينه ويشمل في أغلب المنظمات التراكم التكنولوجي ووضع المعايير وتدفق العمل والمسؤوليات وعدد خطوات العمل ومدى استخدام المعلومات وقرارات العمليات وحل مشاكل الأدوات والعمليات.

ج- النظام الإداري Managerial System: ويشتمل على عدة عناصر رئيسة هي البناء التنظيمي، مستويات السلطة، وأنماطها، وأهداف ورسالة المنظمة ورؤيتها المستقبلية، والعمليات الإدارية من تخطيط وتنظيم وتوجيه ورقابة وتقويم، وهذا ما يتوائم مع موضوع البحث، حيث أنه يتمثل بشمولية إدارة الجودة الشاملة داخل الإدارة التعليمية والتركيز على تحسين أداء وظائف العاملين واستخدام الوسائل التكنولوجية ووضع معايير لقياس أداء العاملين والعمليات الإدارية داخل الإدارة، وهذا ما يهدف إليه البحث الحالي وهو تطبيق معايير الجودة الشاملة في العمليات الإدارية التعليمية وذلك لتحسين أدائها وتحقيق أهدافها.

6- الاتجاه الشمولي للجودة (الجودة الشاملة):

هذا وقد اتسع مفهوم الجودة في الآونة الأخيرة ليشمل جودة كل من المنتج والخدمة والأداء والمعلومات ومناخ العمل والإدارة وجودة الأفراد، فالجودة تتضمن جميع المبادئ التي تسعى إلى التحقيق الفعال للأهداف التي تتطلع إليها أي مؤسسة سواء كانت صناعية أو تجارية أو تعليمية وكذلك المبادئ التي تطور الهدف نفسه.

ولقد حدد "فوهل Vohl" و"جيرجوري Gregory" الشمولية في الجودة في ثلاث نقاط هي:

- أن تغطي كل العمليات داخل المؤسسة سواء كانت عمليات أساسية أو مساعدة.
- أن تغطي كل وظيفة داخل المؤسسة فلا تركز على وظيفة دون الأخرى، بـل يجب أن تشمل جميع الوظائف بدأ من المدير والرؤساء والمرؤوسين.
- أن تشمل كل فرد داخل عناصر النظام من الموردين والعاملين ونهاية بالمستفيدين من الخدمة وأن يكون كل فرد مسؤول عن جودة عمله، وعن عمل المجموعة التي يعمل معها.

كما حدد "ايشياكوا Ishlkawo" الجودة الشاملة بأنها تشمل ما يلي:

- جودة المنتج أو الخدمة.
- جودة المعلومات.
- جودة أماكن العمل.
- جودة الأفراد بما فيهم العاملين والمديرين بكل مستوياتهم الإشرافية.
- جودة الأهداف الموضوعية.
- جودة طريقة الأداء.
- جودة العملية الإنتاجية

أي أن الجودة يجب أن تشمل كل شيء بداية من المدخلات والعمليات ونهاية بالمخرجات التي تحقق رغبات المستفيدين.

وفي ضوء هذا الاتجاه، فإن الجودة الشاملة تعتبر مدخلاً استراتيجياً لإنتاج أفضل منتج أو خدمة ممكنة، وذلك من خلال الابتكار المستمر، وهي تعترف بأن التركيز لا يكون على جانب العمليات فقط ولكن على جانب الخدمات التي تقدم للمستفيدين أيضاً.

وبناء على ما سبق، يمكن تعريف الجودة على أنها مجموعة من الخصائص أو السمات التي تعبر بدقة وشمولية عن جوهر الخدمة أو المنتج وحالتها بما في ذلك كل أبعادها من مدخلات وعمليات ومخرجات قريبة وبعيدة وتغذية عكسية وكذا التفاعلات المتواصلة التي تؤدي إلى تحقيق الأهداف المنشودة والمناسبة لمجتمع معين، وعلى قدر سلامة الجوهر تتفاوت مستويات الخدمة، كما تعرف بأنها مجموعة من المواصفات والمعايير لرفع مستوى وجودة المنتج وأداء العمل بشكل صحيح منذ بدايته وحتى النهاية.

فالجودة عبارة عن المعايير والمواصفات الواجب توافرها في المنتج لكي يقوم بتأدية الوظيفة المطلوبة منه كما يتوقعها المستهلك، وذلك يعنى أن الجودة هي الوصول إلى رضا العميل عن الخدمة التي تقدم له سواء من ناحية الأداء أو الوظيفة وتتوقف الجودة على عدد كبير من الخصائص التي لابد توافرها في المنتج وتتحدد هذه الخصائص على أساس احتياجات المستهلك وقدراته واستعداداته فلابد من تحقيق أعلى درجة من الجودة بأقل تكلفة ممكنة في كل المراحل.

* **مفهوم إدارة الجودة الشاملة:**

نظراً لأهمية الجودة الشاملة في جميع المجالات، الأمر الذي أدى إلى تسارع الدول المتقدمة إلى تبني هذه الفلسفة لما لها من أثر كبير في شتى المجالات في الآونة الأخير، ورغم أهمية هذه الفلسفة إلا أن بعض الدراسات أثبتت فشل تطبيقها في بعض الدول نظراً لعدم وجود مناخ إداري وتنظيمي يؤدي إلى تحقيقها. وهذا المناخ الإداري هو ما يطلق عليه إدارة الجودة الشاملة. ولقد ظهرت فكرة إدارة الجودة الشاملة كعنوان شامل عام 1988 لتعبر عن عملية تحسين الجودة. وتُعد إدارة الجودة الشاملة أسلوباً من الأساليب التي تستخدم لإدارة أية مؤسسة حيث تشتمل على وصف العمليات والتعديلات المفتوحة التي تساعد على تحسين الجودة بشكل مستمر.

فإدارة الجودة الشاملة إذاً هي فلسفة إدارية تسعى لتحقيق أقصى استفادة من الموارد والمصادر المتضمنة لمؤسسة ما لتحقيق الأهداف المرجوة وتركز على إشباع احتياجات العملاء من خلال عمل وإجراء تحسينات مستمرة في نظم وعمليات تلك المؤسسة، ومن ثم فإن معتقداتها ترتكز على تدعيم وتقوية دور العاملين بالمؤسسة وتدعيم فرق العمل والتحسين المستمر للأداء والتركيز على العمليات ومعرفة احتياجات ومتطلبات العملاء وإرضائهم. هذا فضلاً عن كونها تطوير شامل ومستمر في الأداء يشمل كافة مجالات العمل ويشكل مسؤولية التشغيل أو الأداء منذ التعامل مع الموارد ومروراً بعمليات التشغيل وحتى التعامل مع العميل ويتوجه مدخل إدارة الجودة الشاملة من خلال جهود فرق العمل للوفاء بأهداف عريضة مثل تحسين الجودة وخفض التكلفة والنمو، ولا يقتصر هذا المفهوم فقط على المنظمات الصناعية بل أيضاً المنظمات الخدمية مثل منظمات التعليم العام والجامعي.

ثانياً: التطور التاريخي لإدارة الجودة الشاملة:

رغم أن إدارة الجودة الشاملة مدخل إداري، ناشئ ظهر في السبعينات نتيجة لعدد من العوامل من أهمها محاولات الشركات الأمريكية تدارك خسارة أسواقها الخارجية أمام المنافسة اليابانية [AlKhafaji & El-Sadek, 1997] إلا أن له العديد من الجذور التاريخية التي ترجع إلى سلسلة من التطورات مرت بها عبر الحقب التاريخية، وقد قسمها (كارفن) [Garvin, 1988: 37] إلى أربع حقب تسمى باسم مداخل إدارة الجودة المستخدمة بها، وهي حقبة الفحص Inspection Era، وحقبة رقابة الجود الإحصائية Statistical Quality Control Era، وحقبة توكيد (ضمان) الجودة Quality Assurance Era، وحقبة إدارة الجودة الإستراتيجية Quality Management Era، أو إدارة الجودة الشاملة Total Quality Management (TQm) وفقاً لما يلي:

1- حقبة الفحص:

توجد العديد من المؤشرات والدلائل على أن نشاط الفحص كان موجوداً في العصور القديمة، حيث أوضحت بعض الدراسات أن عملية المقارنة حسب المقاييس الموضوعة قد بدأت منذ عصر الإنسان الحجري، وأشار العديد من الباحثين إلى أن "حمورابي ملك

البابليين" كان يهتم برقابة الجودة عن طريق الفحص في تشييد المباني المختلفة [15: 1995 Gitlow et al,]، كما أن عملية بناء ودهان الحوائط في المعابد المصرية القديمة كانت تتضمن فحص ورقابة الأنشطة بهدف التأكد من جودة الأداء، وشهدت العصور الوسطى في أوروبا قيام أصحاب الورش بالرقابة على أداء الحرفيين لديهم [ماضى 20: 1995]، كما شهدت إنجلترا تأسيس بعض معايير ومقاييسس رقابة عام 1631 في تصميم ملابس الجنود في الجيش البريطاني [Date et al, 1994].

إلا أن نشاط الفحص لم يوجد بصورته الحالية إلا في أواخر القرن الثامن عشر بالولايات المتحدة الأمريكية وبالتحديد عام 1787 عندما قدم (إلى - ويتني) Eli-Whitney كلاً من مفهوم الأجزاء الممكن استبدالها في المنتج، ومفهوم تقسيم العمل، وذلك بعد المشاكل التي اعترضت إنتاج كميات كبيرة استخدم نشاط الفحص في التقدير والقياس للتأكد من مطابقة الأجزاء معاً في خط الإنتاج النهائي، واستبعاد الأجزاء المعيبة ومتطابقة مع الأسلحة للجيش الأمريكي، وقد قاد المفهوم الأول إلى استخدام الأساليب والعينات الإحصائية وحدود السماح، بينما قد المفهوم الثاني (تقسيم العمل) إلى خطوط تجميع المصنع في الإنتاج الكبير [1994 Voehl,]. وقد تم في هذه المرحلة واستبدالها بالأجزاء الجيدة. ثم تطورت وظيفة الفحص وأصبحت أكثر أهمية نتيجة لإسهامات (هنري فورد) Henry Ford ومدرسة الإدارة العلمية وذلك في بداية القرن التاسع عشر حيث كان لهما الفضل في التنبيه إلى ضرورة الفصل بين وظيفة الإنتاج، ووظيفة الرقابة على الإنتاج [Bounds et al, 1994]، وتعتبر مجموعة شركات التليفونات (بل) Bell الأمريكية هي المجموعة الرائدة في إنشاء أول قسم مستقبل للفحص بها [Gitiow et al, 1995].

ويعرف الفحص كمدخل لإدارة الجودة على أنه الأنشطة الخاصة بقياس وفحص واختيار وتقدير واحد أو أكثر من خصائص المنتج (أو الخدمة) ومقارنتها بالمواصفات الموضوعة لتحديد مدى المطابقة [Part 1, 1987 : ISO Bs. Cited in Date, 1994]. وتقتصر رقابة الجودة في هذه المرحلة على [Juran, 1988]:

أ- ترجمة خصائص المنتج إلى خصائص جودة.

ب- قياس جودة هذه الخصائص.

ج- مطابقة خطوة (1) بخطوة (2).

د- الحكم على المطابق.

هـ- التصرف في المنتجات المطابقة.

و- التصرف في المنتجات غير المطابقة.

ز- تسجيل البيانات التي تم الحصول عليها.

فعملية الفحص لأغراض الجودة هي مجرد ضمان أن المنتجات أو الخدمات المطابقة للمواصفات الموضوعة هي التي تذهب إلى العملاء خارج المنطقة، حيث يحول نظام الفحص دون وصول الوحدات المعيبة إليهم، ولكنه لا يمنع الخطأ في إنتاج هذه الوحدات، فقد وقع الخطأ فعلاً وما على الفحص إلى الكشف عنه detection أو إطفاء الحرائق بعد وقوعها [Date, 1994].

وقد ظلت هذه المرحلة سائدة أثناء العشرينات يتقتصر نشاط رقابة الجودة فيها على المفهوم المحدود للجودة، وهو مدى المطابقة للمواصفات واستخدام أنشطة العد والترتيب والتقدير وإعادة العمل لمعالجة الأخطاء والمشاكل بعد وقوعها، دون الانتباه إلى الجذور المسببة لهذه الأخطاء أو المشاكل.

2- حقبة الرقابة الإحصائية للجودة

وقد بدأت هذه الحقبة نتيجة لعدة عوامل أهمها [Voehl, 1994]:

أ- التطور السريع للمعايير الصناعية، خصوصاً في الفترة ما بين 1916-1932 والذي بدأ في بريطانيا في أوائل القرن العشرين، وانتقل إلى الولايات المتحدة الأمريكية أثناء الحرب العالمية الأولى.

ب- ظهور نظرية الإحصاء والاحتمالات والتي ساهمت تقريباً في تطوير كل حقل من العلوم.

ج- تطورات الحقبة السابقة الخاصة بظهور مفهوم تقسيم العمل والمصنع الكبير وخطوط التجميع ومدرسة الإدارة العلمية التي طورت طرق العمل، وطرق توظيف قوة العمل وابتكرت طرقاً وأساليب جديدة لزيادة الإنتاجية.

د- قيام (شيوارت) Shewhart بربط الإحصاء والأساليب الفنية بنظام الإدارة، وتطوير خرائط الرقابة عام 1924 للتعامل مع الاختلافات.

ويحدد الزمن الفاصل لهذه المرحلة بعام 1931 عندما نشر (شيوارت) كتابه عن رقابة الجودة، وعرف فيه الجودة كمفهوم محدد قابل للقياس، كما عرف الاختلافات وطرق قياسها وحدود السماح واقترح أسلوب عينات القبول، والذي طوره فيما بعد (رومنج) و (دوجز) Roming & Dogs [Bounds et al, 1995]، كما وضع (شيوارت) أسس التفكير العلمي لدائرة التحسين المستمر المعروفة الآن باسم دائرة PDSA والعديد من المفاهيم التي أصبحت فيما بعد المفتاح المكون للأساليب الفنية للجودة الشاملة ولأعمال روادها أمثال (ديمنج) Deming و(جوران) Juran و(إيشي كاوا) IshiKawa ... وغيرهم [Voehl, 1994].

ثم تطورت هذه الحقبة أثناء الحرب العالمية الثانية عندما قام الجيش الأمريكي بالاستفادة من أعمال (شيوارت) واستخدام رقابة العمليات الإحصائية في وضع حدود للمواصفات النمطية لكل إمداداته. وظهرت بعد ذلك بفترة وجيزة العديد من الهيئات المتخصصة في الرقابة الإحصائية أهمها الجمعية الأمريكية للرقابة على الجودة American Society for Quality Control (ASQC).

وبعد الحرب العالمية الثانية تراجعت خطى هذه الحركة في الولايات المتحدة بينما ازدهرت في اليابان حيث أسس اليابانيون اتحاداً للعلماء والمهندسين Japanese Union Scientists and Engineers (JUSE) للعمل مع الحلفاء على إعادة بناء بلدهم [Bounds et al, 1994] وفي عام 1950 دعى (ديمنج) لإلقاء مجموعة محاضرات في اليابان ثم تلاه (جوران) ومنهما تعلم اليابانيون كثيراً من مفاهيم الرقابة الإحصائية للجودة ثم طوروها على يد علماء مثل "إيشي كاوا" و "تاجوشي" Tagushi لتشمل التركيز على الأسباب وليس فقط نهاية العمليات كما طوروا مدخل الرقابة الإحصائية للجودة من مجرد استخدامه من قبل العاملين والمهندسين كأداة إدارية في عمليات التخطيط والرقابة [Kondo F, 1988].

وتعرف الرقابة الإحصائية للجودة كمدخل لإدارة الجودة بأنها العمليات الفنية والأنشطة التي تستخدم لمقابلة متطلبات الجودة.

بافتتاح نظام الرقابة الإحصائية للجودة متوقع أن يوجد نظام رقابة مخطط بيانياً، وأوراق عمل، ونظم لإجراءات الجودة، واختيار للمدخلات والمنتج في المراحل الإنتاجية المختلفة، مع وجود نظام للفحص الداخلي، والمعلومات المرتجعة الخاصة بالعماليات، مع بعض التطور لأنشطة الفحص الرئيسة واستخدام للأساليب السبعة للجودة، إذ أنه من المتوقع أن يؤدي ذلك إلى رقابة أفضل للعمليات وتقليل حالات عدم المطابقة [Omachonu & Ross 1995].

ويشترك نظام الجودة الإحصائية مع نظام الفحص في أن كلاً منهما يعد مدخلاً لكشف وإصلاح الأخطاء وليس منعها، فليس هناك تحسين لجودة المنتج (أو الخدمة) ولكن مجرد تقييم وتوضيح وضع الجودة، فمشاكل العمليات لا يتم القضاء عليها ولكن يتم فقط احتواؤها. وتهدف رقابة الجودة إلى تحديد موقع الخطأ والمسؤول عنه وهذا يؤدي إلى ظهور الخوف وانخفاض الروح المعنوية والتعاون واتجاه التركيز إلى تحويل اللوم إلى الأخرين فتنشأ بيئة غير مشجعة للعمل ويقلل الاعتزاز والفخر به فضلاً عن التكلفة العالية للفاقد وإعادة العمل [Date, 1994]، قد يكون هناك تطور لاستخدام أساليب رقابة الجودة لمنع وصول الوحدات المعيبة للعملاء للمراحل التالية أو لضبط العمليات حيث تتجه للخروج عن السيطرة، إلا أنه لا يتم الاستفادة من المشاكل والأزمات، فالمعلومات مرتجعة بعد حدوث الأخطاء، في حين أن هناك حاجة لنظام معلوما أمامية Feed Forward يمنع العيوب والاختلافات من المصدر، ويتم ذلك بتحسين جودة العمليات منذ مرحلة التخطيط [1995 Omachonu & Ross] وهذه هي فكرة الحقبة التالية.

ففي الولايات المتحدة الأمريكية رغم تراجع خط حركة الجودة وظهور التركيز على الكمية على حساب الجودة إلا أن ذلك لم يمنع من ظهور العديد من الكتابات في الخمسينات وبداية الستينات التي حاولت تطوير مفهوم الجودة ليسهم ذلك في تكوين الحقبة الثالثة لإدارة الجودة حقبة توكيد (ضمان) الجودة.

3- حقبة توكيد الجودة

ولقد أثر ذلك على تطور هذه الحقبة أربعة عوامل ارتبطت بتطور مفهوم الجودة هي [Bounds et al, 1994].

أ- **تحكيم تكلفة الجودة Quality Quantifying of the Cost**: حيث قدم (جوران) عام 1951 الإجابة على التساؤل عن قدر الجودة الملائم، وقسم تكلفة الجودة إلى التكلفة التي يمكن تجنبها، والتكلفة التي لا يمكن تجنبها.

ب- **رقابة الجودة Total Quality Control**: حيث اقترح (فيجن بوم) Feigenbaum عام 1956 مدخلاً جديداً لرقابة الجودة، ويركز على ممارسة الرقابة على الجودة من بداية عمليات تصميم المنتج إلى أن يصل هذا المنتج كسلعة ليد العملاء ليتسلموها بأقصى درجة رضا ممكنة. وتقوم فلسفة هذا المدخل على إنتاج وحدات جيدة من أول مرة بدلاً من السماح بإنتاجها معيبة ثم اكتشافها فيما بعد، فالأفضل هو منع حدوث العيوب من مصادرها، وتقع مسؤولية ذلك على الجميع في كل مراحل الإنتاج، فرقابة الجودة الكلية هو نظام يهدف إلى تحقيق التكامل الفعال بين كافة الأطراف ومجموعات العمل داخل المنظمة بالشكل الذي يضمن تحسين الجودة أو إنتاجها بأكثر الأساليب اقتصادية.

ج- **الهندسة الاعتمادية Reliability Engineering**: وقد تزامن ذلك مع تنامي حركة رقابة الجودة الشاملة، بابتكار سلاح المهندسين للجيش الأمريكي أثناء الحرب الكورية لنماذج رياضية تعتمد على الإحصاء ونظرية الاحتمالات وذلك لتوقع اختلاف أداء المعدات تحت ظرف التشغيل المختلفة كمحاولة لتحسين الاعتمادية وتقليل العيوب. وقد استخدمت الشركات الأمريكية هذه الأساليب فيما بعد وأشهرها: تحليل طريقة الفشل والأثر Failure Mode & Effect Analysis (FMEA)، ومراقبة الفشل (أو الإخفاق) الميداني Monitoring of Field Failures.

د- **مفهوم العيوب الصفرية Zero Defect**: وقد طور هذا المفهوم عام 1962/1916 في شركة (مارتن) Martin حينما أسست برنامجاً لتسليم قذائف خالية من العيوب للجيش الأمريكي. فقد أعلنت هذه الشركة الاعتراض على مبدأ المستويات المقبولة للجودة Acceptance Quality

(Level (AQL) ومداخل رقابة الجودة التقليدية وقدمت مدخلاً جديداً للجودة يقوم على الخلو من العيوب تماماً. وتقوم فلسفته على تغيير كل من اتجاهات الإدارة والعاملين من قبول نسبة من الخطأ إلى التوقع الكامل والسعي إليه.

ويمكن تعريف توكيد الجودة كمدخل لإدارة الجودة بأنه: كل الأنشطة المنظمة والمخططة والضرورية للتأكد بأن المنتج أو الخدمة سوف ترضي المتطلبات الموضوعة والمعطاه بدرجة ثقة مناسبة [Bs, :part1, 1987 ISO, 1986 cited in Date, 1994].

ففي هذا المدخل يظل مفهوم الجودة مرتبطاً بالمطابقة للمواصفات ولكن مع تعميمه على أنشطة المنظمة ككل، ومازال نشاط الفحص والرقابة الإحصائية للجودة مهماً ولكن بتعاون جميع الأقسام والوظائف بالمنظمة على ادائهما ابتداءاً من مرحلة التخطيط والتصميم مروراً بمرحلة الإنتاج والرقابة على العمليات وانتهاء بتقديم الخدمات المدعمة للمنتج. وذلك اعتماداً على مبدأ منع وقوع الأخطاء Prevention Based [97: 1994 Omachonu & Ross,].

ويخلص تقييم هذه الحقبة إلى أن مفهوم الجودة قد تطور ليشمل كافة الأنشطة التي تمد بمنتج مطابق للمواصفات [Date, 1994]، ولكن النظرة للجودة محصورة على منع العيوب بدلاً من محاولة إصلاحها. حيث تستخدم جميع الإجراءات التطبيقية لزيادة درجة المطابقة والاتساق المنتج، ولكن دون سعي المنظمة للحصول على خصائص إيجابيد للمنتج تمكنها من الحصول على مزايا تنافسيه [Bounds et al, 1994].

وقد بدأت هذه النظرة في التغير خلال السبعينات عندما بدأ مديروا منظمات الأعمال في إدراك الأهمية الاستراتيجية للجودة وقد قاد هذا إلى الحقبة الرابعة للجودة وهي الإدارة الاستراتيجية للجودة أو مدخل إدارة الجودة الشاملة.

4- حقبة إدارة الجودة/الاستراتيجية:

بدأ ظهور هذا المدخل في أواخر السبعينات، وقد تكونت عناصره من كل المداخل السابقة، أو من كل تطورات إدارة الجودة السابقة فقد استمد هذا المدخل عناصره من

تطورات الجودة التي حدثت باليابان، ومن حركة ضمان الجودة في الولايات المتحدة الأمريكية، وتأثر مساهمات الرواد أمثال (شيوارت، ديمنج، وجوران، كروسبي، فيجن بوم، ايشى كاوا، وتاجوشي، وإيما Imai ... وغيرهم) والاختلاف الأساسي بين هذه الحقبة والحقبات السابقة، أنه في هذه الحقبة ولأول مره بدأت الإدارة العليا تنظر للجودة للتحقيق مزايا تنافسية تدخل ضمن تخطيطها الاستراتيجي بالتركيز على العملاء [Stahi, 1996]. فلم يعد الاهتمام بالجودة مقصوراً على أقسام الإنتاج أو أقسام ضمان الجودة، بل ظهر نموذج جديد للإدارة مبنى على كل التطورات السابقة والتي ضمت وأعيد تشكيلها كمدخل جديد لإدارة الجودة يشمل كل الأقسام – كل الوظائف- كل الأفراد.

فقد أدت خسارة الشركات الأمريكية لأجزاء كبيرة من أسواقها الخارجية أمام المنافسة اليابانية وتزايد حدة هذه المنافسة داخل الأسواق الأمريكية الداخلية إلى مقارنة أدائهم بمنافسيهم Competitive Benchmarking لاكتشاف أوجه التميز لديهم وأوجه الضعف في الإدارة الأمريكية، وكان الدرس المستفاد من اليابانيين أنهم بعد الحرب العالمية الثانية قد أعادوا بناء شركاتهم من خلال تطوير مدخل رقابة وتوكيد الجودة والتي تعلموها على يد علماء أمريكيين مثل "ديمنج" و "جوران" لتتناسب مع ثقافتهم [Ishikawa, 1989] وليمكن العاملين من المشاركة في تحسين كل النظم والعمليات بشركاتهم ومن خلال التركيز على متطلبات العملاء استطاعوا أن يقدموا منتجات ذات جودة عالية وتكلفة أقل، وظهرت مقالات في الولايات المتحدة الأمريكية وبرامج تليفزيونية بعنوان **"إذا استطاعت اليابان .... لماذا لا نستتطيع نحن؟"** [Dobyns 1991]، وبدأ شغف الباحثين والمنظمات بدراسة الإدارة اليابانية، واكتسب هذه الشغف حافزاً قوياً بظهور جائزة (بالدريج) عام 1987 ضمن حملة قومية لتغزيز ثقافة الجودة [Heaphy & Gruska, 1995].

ومع تزايد الاتجاه للعالمية في بداية التسعينات تزايد الاتجاه إلى الالتزام بالجودة الشاملة من قبل الشركات الأمريكية الشهيرة مثل (فورد) Ford و (أي بي ام) IBM و (زيروكس) Xezrox وذلك على اقتناع بأنها عنصر أساسي للبقاء في ظل هذه البيئة المتنافسة، وسجلت هذه الشركات نجاحاً باهراً في تنفيذها [Hodgetts, 1998]. وقد

ترتب على ذلك تزايد اهتمام الباحثين بإدارة الجودة الشاملة، وبدأ كل واحد منهم يسهم في إضافة مفهوم جديد وفكر جديد، ويحاول أن يكيف مفاهيمها ليتناسب تطبيقها على كافة أنواع المنظمات الربحية وغير الربحية كمحاولة للاستفادة من مبادئها في تطوير هذه المنظمات، ومن هنا ظهر التنوع الهائل وعدم الاتفاق على تعريفها أو تكوينها أو حتى تسميتها فنجد أن اليابانيين يطلقون عليها رقابة الجودة الشاملة Total Quality Contron (TQC) أو رقابة الجودة الشاملة للشركة ككل Company wide Quality Control (CWQC) أو "كازين" Ky'zen وترجم إلى التحسين المستمر للعمليات Continuous Process Improvement (CPI) نسبة إلى أصل المدخل الذي اشتقت منه. في حين يستخدم الأمريكان تعبير إدارة الجودة الشاملة للإشارة إلى مداخل الجودة التي طورت خلال الحقبة الحالية لإدارة الجودة الاستراتيجية [Bounds et al, 1994].

أما الجامعات في الدول الغربية فقد بدأت في أواخر الثمانينات تهتم بتضمينها أكاديمياً لتخريج الأفراد المؤهلين لسوق العمل، ثم تطور استخدامها لتطوير أعمالها الإدارية ومواجهة التحديات التي أفرزها العصر الحالي. وقد سجل كثير منها تحسناً في جودة الخدمات المقدمة بها في كل من مجال التعليم والبحث العلمي وخدمات المجتمع [Morrison, 1994].

ومما سبق يمكن أن نخلص إلى:

- أن الجودة الشاملة هي نظام تنتشر به الجودة بطريقة متكاملة داخل أوجه العمل، وهي محصلة لتطورات إدارة الجودة عبر العصور المختلفة تم خلالها التغلب على أوجه الضعف في مداخل إدارة الجودة السابقة لها، وضمتهم معاً في سلسلة من العمليات التحسينية التي لا تنتهي، فإدارة الجودة الشاملة تشمل كل من مدخل الفحص، ومدخل الرقابة الإحصائية للجودة، ومدخل توكيد الجودة وتتفوق على هذه المداخل في أنها تجعل الجودة استراتيجية المنظمة، ويحسم ذلك الجدل المتعلق باستخدام معايير (الأيزو) و (نظام الاعتماد أو الإجازة) و (نظام تقويم الجودة الكلية) كمداخل لقياسها أو تنفيذها في المنظمات المختلفة، فهي نظم لضمان الجودة لن تسهم في تحقيق الجودة الشاملة بينما تطبيق إدارة الجودة

الشاملة يساعد على نجاح نظم ضمان الجودة ويهيئ المناخ التنظيمي المناسب لإنجاحها.

- إن إدارة الجودة الشاملة تأثرت بعمق بتطورات رقابة الجودة باليابان إلا أن لها جذوراً مستمدة من الولايات المتحدة الأمريكية، فعديد من عناصرها ينتمي إلى النظريات والتطبيقات الإدارية الأمريكية، وإلى أفكار رواد الجودة الأمريكان، ومحاولات الشركات الأمريكية لتطبيقها، ومن ثم فإن هذه المداخل الأصلية لها تساعد على تفهم بدائل تطبيقاتها المختلفة.

ثالثاً: أهمية الجودة الشاملة في المؤسسات التعليمية:

في مفاهيم الجودة وإداراتها يتضح أهميتها وأهمية تطبيقها في إدارة المؤسسات، فوضع معايير للعمليات يساعد على قياس أدائها ومعرفة أوجه الضعف ومحاولة تصحيحية حتى تقدم الخدمات الجيدة التي تساعد على تحقيق الأهداف حيث أن الجودة تعنى الأمتياز في كل شيء يتم تأديته في ضوء معايير ومواصفات محددة وتتمثل أهمية الجودة بالنسبة للمؤسسة فيما يلي:

- الجودة تؤدي أداء العمل بالشكل الصحيح من أول مرد وتقديم الخدمات بصورة تشبع حاجات الجماهير.
- تؤدي الجودة إلى توظيف التقنيات الإدارية لبناء قدرات تنافسية أعلى وتوجيه الأداء نحو تحقيق النتائج المطلوبة كما تؤدي إلى استيعاب التقنيات المتجددة وتوظيفها في تطوير وتحديث العمليات الإدارية.
- كلما زادت جودة العملية الإدارية حسن استخدام الموارد المتاحة البشرية والمادية وتطبيق عمليات تطوير النظم الإدارية كالتحليل والتنفيذ والتصميم.
- تؤدي الجودة إلى دراسة متطلبات المجتمع واحتياجات العملاء والوفاء بتلك الاحتياجات وتنمية العديد من القيم التي تتعلق بالعمل الجماعي وعمل الفريق كما أنها تؤدي إلى توفير المعلومات ووضوحها لدى العاملين وتحقيق الترابط الجيد والاتصال الفعال بين الأقسام والوحدات المختلفة.

- الجودة تسمح بانطلاق أعمال الابتكار والإبداع والمشاركة الجادة للعاملين في تحقيق مستويات أعلى من التميز والتفوق ومن ثم فإن الإدارة عليها أن تتحرر من القواعد والنظم والإجراءات الجامدة.

- الجودة عملية مستمرة تتطلب المراجعة الدورية والتحسن المستمر لمسايرة التطورات العالمية كما أنها عملية شاملة تشمل جميع مكونات الإدارة في ضوء المستويات المعيارية المتفق عليها.

ومن ثم فإن الإدارة في ضوء الجودة الشاملة ليست مجرد تحسينات في تنمية الإدارة بقدر ما هي تغيرات في فلسفة ومناخ هذه الإدارة حيث تحتاج إلى فكر إداري جديد يتلاءم مع هذه الفلسفة،هذا الفكر يمكن عرض أهم ملامحه في الآتي:

• التوجه الاساسي للإدارة الجديدة هو التفوق والتميز باستثمار كل الطاقات الخلاقة للتكنولوجيا والقوى البشرية عالية المهارة.

• تتعامل الإدارة مع المتغيرات باعتبارها حقائق تكشف عن فرص ومعوقات ومن ثم فإنها لا تخشى التغيرات دائماً بل تعمل على أحداثها.

• أن تتبنى الإدارة مفهوم الابتكار والخلق باعتبارهما من أهم الوسائل المؤدية إلى التميز والتفوق في إدارة العمل الإداري.

• التوجه إلى المزيد من اللامركزية وديمقراطية الإدارة باعتبارها أساسيات لتحرير الأفراد وإطلاق أمكانياتهم نحو الابتكار والإبداع.

• أن تهتم الإدارة بالعمل الجماعي وتكوين الفرق وتنمية العلاقات وإزالة معوقات الاتصالات بين فرق العمل المختلفة.

• أن تتحرر الإدارة من القواعد والنظم والإجراءات الجامدة والتقليدية بحيث تصبح مرنة ومتحركة.

• ألا تركز الإدارة على الظروف المحلية والقومية دون النظر إلى التأثيرات الدولية.

• أن تضع الإدارة معايير قومية تقيس في ضوئها عملياتها الإدارية من تخطيط وتنظيم وتوجيه ورقابة حتى تحسن من أدائها.

- التحرر من فردية السيطرة مع التوسع في تفويض السلطة لضمان سرعة الإنجاز.
- الاتجاه إلى الأساليب والوسائل التكنولوجية بدلاً من الإدارة الورقية.
- أن تركز على العميل بمفهومه الواسع.
- أن تتخذ القرارات استناداً على الحقائق وفي ضوء الواقع.
- التحرر من اساليب اختيار العاملين وترقيتهم حسب الأقدمية وإعطاء الفرصة للكفاءات العملية وذلك لتشجيعهم على التعلم المستمر.

رابعاً: الثقافة التنظيمية الداعمة للجودة الشاملة:

يقول "Daniel Hunt" أن الثقافة التنظيمية لا تعنى فقط الذهاب إلى الأوبرا، ولكنها تعنى أيضاً النمط المسيطر من الأنشطة والتفاعلات والمعايير، والأفكار، والمشاعر، والمبادئ، والاتجاهات، والقيم والنواتج دخل المنظمة.

ويعرفها "أتكنسون" بأنها عبارد عن مجموعة من القيم والسلوكيات والقواعد التي تميز المنظمة عن غيرها من المنظمات، هذه هي الثقافة التي تحدد لوقة العمل بالمنظمة كيف تنظر إلى ما تفعله؟ وكيف بأي الوسائل تفعله؟ إنها تلخص الطريقة التي تؤدي بها الوظائف بالمنظمة.

وهذه البيئة - البيئة الثقافية - والتي تحيط بالعاملين تؤثر تأثيراً دالاً على قدراتهم، وفي أداء وظائفهم بالفاعلية والدقة المطلوبة، لذلك فإن ابتكار وصيانة البيئة الداعمة للجودة - ثقافة مكان العمل - يمثل المظهر والجوهر عظيم الأهمية في فلسفة الجودة الشاملة، وهذا ما قد يعنيه Shiba عندما يؤكد أن تنفيذ الجودة لا يعنى فقط ابتكار البنية والعملية التي تسهل صناعة الجودة بكل شخص عامل، ولكن ابتكار البيئة التي من خلالها يصبح لدى الأشخاص دافعية تلقائية لممارسة الجودة بأنفسهم. وربما يدلل ذلك على أن جوهر الفشل في الكثير من تطبيقات وتجارب تطبيق مدخل TQM يرجع إلى التسرع في تنفيذ هذا المدخل دون توفير المناخ والثقافة التنظيمية الملائمة.

لذلك فإن فلسفة TQM تنظر إلى المؤسسة ليس فقط كنظام فني وإنما كنظام اجتماعي ... وتقوم على أساس تحقيق التكامل بين النظامين، لأنه لا يمكن الحديث عن المشكلات الفنية للجودة بدون الحديث عن الأنظمة الاجتماعية بالمنظمة. ويتكون النظام الاجتماعي من عدد من العوامل تتفاعل مع المكونات الرسمية وغير الرسمية، وهذه العوامل هي:

- مكونات ثقافية مثل: القيم والاتجاهات والمعايير، والأدوار المتوقعة من الأفراد والسمات المميزة لكل مؤسسة من المؤسسات.

- جودة العلاقات الاجتماعية بين الأفراد والمجموعات في المؤسسة.

- العلاقات السلوكية بين أفراد المؤسسة بما في ذلك من أدوار وظيفة كل منهم وسبل الاتصال بينهم.

والنظام الاجتماعي له دور وظيفي في المؤسسة وله تأثير كبير في عوامل عديدة مثل: الدافعية والإبداع والابتكار وسلوك الأفراد، وسيادة روح العمل الجماعي ... إنه دور فعال في إنجاح المؤسسات في تحقيق أهدافها بشكل عام، وفي إدارة الجود الشاملة بشكل خاص.

ويقع على عاتق الإدارة العليا إيجاد الثقافة التنظيمية الداعمة للجودة الشاملة، حيث يشير Kelner إلى أن نحو – 72% - من المناخ التنظيمي يتم ابتكاره من خلال السلوكيات الإدارية للمديرين المباشرين، فالإدارة العليا هي القادرة على إدارة التفاعلات بين الأفراد، وإحداث التوازنات بين قدرات المتعلمين على التفكير والتعلم، وبين الأهداف والأغراض الشخصية للأعضاء والأهداف والأغراض المرتبطة بالمنظمة والمجتمع ككل، إنها فقط – الإدارة العليا – هي التي تستطيع ابتكار البيئة، والتي يشعر العاملين فيها بالراحة تجاه الأفكار المقترحة.

والثقافة التنظيمية الداعمة للتطبيق الناجح والفعال لفلسفة TQM تتضمن العديد من القيم والمبادئ التنظيمية الجوهرية، يتم عرضها في الآتي:

1- القيم التنظيمية الداعمة للجودة الشاملة:

تتضمن الثقافة الداعمة لفلسفة TQM العديد من القيم التي تساعد على التطبيق الناجح والفعال لتلك الفلسفة، من أبرزها:

- **الوضوح:** وضوح التعهد بالجودة من قبل جميع العاملين بالمنظمة، ووضوح دور ومسؤوليات كل عامل، وكيف يتناسب أي عمل معين مع المخطط العام لتحقيق جودة المنظمة؟ والوضوح العام حول أن تذهب المنظمة؟ ولماذا؟.

- **المشاركة:** تقوم فلسفة TQM على إشراك كل أعضاء المنظمة من كل الوظائف وعلى كل المستويات من القمة إلى القاع في عملية تحسين الجودة، وفي حل المشاكل واتخاذ القرارات المتعلقة بأنشطتهم، وذلك في جميع صور العمل الجماعي المنظم.

- **سرعة الاستجابة للظروف المتغيرة:** من القيم الأعظم جوهرية في TQM، خلق الثقافة التنظيمية سريعة الاستجابة والتي ترتكز حول حاجات العميل، وذلك لأن الجودة تمثل سلسلة من الاستجابات لحاجات اجتماعية محددة بدقة في لحظة هامة واستثنائية بصورة حقيقية.

- **التعاون بدلاً من التنافس:** لقد كانت الفلسفة القديمة هي التنافس، أما الفلسفة الجديدة فهي التعاون بحيث يمكن أن يفرز الجميع، فالحقيقة أن التعاون يعتبر من العناصر الحيوية في نجاح استراتيجية TQM.

- **استبعاد الخوف:** إن نظام إدارة الجودة لا يمكن أن يوجد في المكان الذي يكون الخوف من أساليب السيطرة فيه أو في المكان الذي لا يوجد فيه جو الاحترام المتبادل، فلكي ينجح نظام إدارة الجودة يجب أن يشعر الناس من كل المستويات بأنهم آمنين على أنفسهم، وعلى وظائفهم لكي يتعاونوا تماماً، ويقوموا بلفت الأنظار إلى المشكلات واقتراح حلولاً لها.

- **الوقاية ومنع الأخطاء بدلاً من اكتشافها:** وهذا يعني الإقلاع عن استخدام سياسة إطفاء الحرائق firefighting في إدارة الأعمال والشروع في استخدام سياسات وأساليب إدارية تمنع وقوع الأخطاء والمشاكل، إن فلسفة TQM

تعزز مدخل "الأخطاء الصغيرة" والذي يعزز الحصول على الأشياء صحيحة من أول مرة عن طريق تأسيس الجودة داخل العملية.

- **الحرية والديمقراطية:** يقول "دين هوبارد" الكفاءة في مجتمع الرجال الأحرار واجب أساسي .. إن الأشخاص الذين ينتمون إلى مجتمع ديمقراطي يجب أن يكونوا هم تحديداً الذين يصرون على التميز، وهم الذين يصرون على الوصول إلى معايير الأداء العالية، ويمتلك مفهوم TQM القوة الكافية لتحرير الناس في العمل لكي يصبحوا أكثر صدقاً مع أنفسهم ومبدعين.

- **المنهج العلمي في التفكير:** إن التحسن المستمر يقوم على استخدام المدخل العلمي لصناعة التحسينات من خلال تحليل الحقائق وإصدار الأحكام المستندة إليها، واختبار النتائج تجريبياً، وتوفير بيئة لاستخدام أساليب حل المشكلات والمداخل الإحصائية في النظام.

- **القيادة الأخلاقية:** إن النتائج المرجوة من الجودة الشاملة لا تتحقق ما لم تتم قيادة الناس بشكل جيد، ولن تتم قيادتهم بشكل جيد ما لم تتم قيادته أخلاقياً. ويقول "ديمنج" إن المديرين لم يعد يوسعهم التفويض في مسؤولية الجودة بدرجة أكبر من قدرتهم على التفويض في المسؤولية الأخلاقية. فكلتا المسؤوليتين تنبعان من القمة، وهما من العناصر الضرورية والجوهرية لأي قيادة.

- **ارتباط الأقوال بالأفعال:** الجودة: الجودة ليست ما نقوله ولكنها ما نفعله، وبخاصة القيادات لأنها المثل والقدوة لابد وأن تتوافق أقوالهم مع أعمالهم، وذلك لأنه عندما يتناغم قولهم مع عملهم فإنه من المنتظر أن تتولد الحماسة والالتزام في التابعين لهم، إن TQM هي أكثر من التجول مبتسماً بوجه كل شخص في المؤسسة، إنها الأعمال الواقعية وليست الشعارات الجوفاء.

- **الثقة والأمانة:** يؤكد Peggy & Sandra أن الأهمية المتعلقة بالثقافة الوديعة التي تملؤها الثقة والأمانة في بناء بيئة الجودة لا يمكن أن تكون تقديراً مغالياً فيه، إن وجودها يمثل عنصراً أساسياً بكل ما في الكلمة من

معنى، ومن ثم فإن مناخ العمل بالمنظمة الساعية للجودة مناخاً مفتوحاً تملئُ الثقة ويتم فيه تشجيع العمل كفريق والاعتماد على بعضهم البعض.

- **أهمية العنصر البشري - العلاقات الإنسانية:** إن فلسفة TQM تعزز من موقع العاملين بالمنظمة، ومن جو العلاقات الإنسانية الداعم لعمليات المنظمة حيث يقول "أتكنسون" إذا ادرنا العاملين باحترام، وإذا قدرناهم وعاملناهم بلباقة فعندئذ يمكنهم مساعدتنا على تحقيق المستحيل لذلك يجب على المديرين أن يحبوا العاملين لديهم كما يحبون أسرهم وأنفسهم، وأن يقدروهم وينظروا إليهم كأشخاص أو كبشر وليس كعاملين، وأن يعاملونهم كشركاء في النجاح وأن يساهموا في خلق المناخ الذي يعميق التقدير الذاتي لدى العاملين ومنحهم السلطة، وذلك لأن ثقافة TQM تقوم على أناس ملتزمين مدربين على أسس قوية من الاستماع والثقة واحترام الكرامة، والإمكانيات الخلاقة لكل فرد.

- **الولاء للمنظمة:** يؤكد "Jerry & Joseph" أنه في منظمة TQM يكون الولاء والإخلاص للمنظمة وليس لإداريين ويأتي هذا الولاء من تعهد الجميع وسيادة العلاقات الإنسانية الفعالة داخل المنظمة ووجود أنظمة مكافأة عادلة تتعدى الحدود المادية إلى البواعث المعنوية.

- **التكامل:** تتكامل في فلسفة TQM أدوار الإدارة مع بعضها البعض، وأدوار الإدارة مع أدوار العاملين في جميع الوظائف وعلى كل المستويات التنظيمية، حيث يتجه الجميع نحو هدف واحد، وهو تحقيق الجودة وإرضاء عملاء المنظمة، وتتكامل مكونات وعناصر كل برنامج لتحقيق الجودة مع بعضها البعض، حيث تتكامل نقاط "ديمنج" الأربعة عشر لتعبر عن طريقة متكاملة للتحول من نظام منافس في داخله إلى نظام تعاوني في داخله، وكذلك تتكامل نقاط "كروسبي" الأربعة عشر.

- **الوقت:** الوقت يمثل أحد المتغيرات المهمة في إدارة الجودة الشاملة، وأحد المبادرات المستخدمة لتحقيق الجودة، مبادرة "في الوقت المحدد" Just in time، حيث لابد وأن تقدم الخدمة في الوقت المناسب، في الوقت الذي

يحتاجه العميل، وفي الوقت المحدد لأداء الخدمة والمتفق عليه مع العملاء، كما أن مهارة إدارة الوقت تعتبر من المهارات المهمة لقيادة الجودة الشاملة.

والقيم التنظيمية سالفة الذكر تؤدي دورها وتفعل فعلها المنشود من خلال مجموعة من المبادئ الرئيسة التي تتوجه بها فلسفة TQM.

2- نظم الجودة الشاملة:

في محاولة لوضع إطار كلي لإدارة الجودة الشاملة كنظام أوضح (فوهل) [Voehl, 1994] أنه يجب أن يدرك المديرون في المنظمات المختلفة عند تطبيق الجودة الشاملة أنهم يتعاملون مع ثلاثة نظم هي: النظام الاجتماعي Social System والنظام الفني Technical System والنظام الإداري Management System، وهذه النظم تتداخل وتتشابك فيما بينها كدوائر بلاتينية مكونة نظام الجودة الشاملة.

أ- النظام الاجتماعي:

يتضمن النظام الاجتماعي العوامل المرتبطة بثقافة المنظمة، وثقافة المنظمة لها دور كبير في دوافع العمل، وروح المبادرة والابتكار لدى العاملين، وكيف يتصرف الأفراد خلال المنظمة مع بعضهم البعض؟ وكيف ينجزون أعمالهم؟ [Lewis & Smith, 1994]، وكما أن النموذج العملي يمد بمثال للأساليب والمشاكل وأنماط التفسير التي ترشد المشروع العلمي عند أي وقت، فالثقافة التنظيمية ستخدم كنموذج اجتماعي لأي عضو بالمنظمة ليفسر أي حدث والتصرف المناسب له، هذا النموذج الاجتماعي له ثلاث خصائص أساسية هي [Bound et al, 1994].

1- مصفوصة اجتماعية لكل واحد بها طريقة معينة يرى الأفراد من خلالها العالم ويجدون بها نوع السلوك الذي يتفق مع نظرتهم.

2- الطريقة التي يرون من خلالها العالم يجب أن تحتوي على مدخل إدراكي يتأثر بالاستجابة العاطفية.

3- طرق لأداء الأعمال تحتوي على أمثلة لأساليب وتطبيقات ذات مصداقية بالمنظمة.

ب- النظام الفني:

يحتوي النظام الفني للجودة الشاملة على جميع الأدوات والأساليب الفنية لطبيق علم الجودة [Voehl, 1994] فهو الناحية التطبيقية لعم الجودة وأساليبها الكمية، وهو يعنى بتحسين تدفق كافة خطوات العمل تجاه إرضاء العملي النهائي متضمناً كل الخطوات سواء كان مؤداه بواسطة الأفراد أو الآلات.

وهو يشمل في أغلب المنظمات التراكم التكنولوجي ووضع المعايير وتدفق العمل والمواد والمواصفات وتعريف العمل والمسؤوليات وتفاعل الافراد مع الآلات وعدد خطوات العمل واستخدام المعلومات وقرارات العمليات وحل مشاكل الأدوات والعمليات والترتيبات المادية للآلات والمعدات والأفراد [Omachonu & Ross, 1995].

ج- النظام الإداري:

النظام الثالث الذي تكتمل به الجودة الشاملة هو النظام المؤثر على النظامين السابقين فهو طريقة التطبيق والإجراءات والسياسات ونموذج القيادة الذي يؤسس كلا من النظامين الفني والاجتماعي للجودة الشاملة بالمنظمة [Voehl, 1994]، وهو الجسر الذي يربط الأوجه الظاهرة وغير الظاهرة للثقافة. فإذا صمم الدور الإداري للأفراد جيداً فإن إدراكهم له يقود سلوكهم الخارجي (أنشطة) لإتمام هذا الدور.

وطبيعة النظم أن كل أجزائها مترابطة، فالمدراء لا يستطيعون تغيير جزء دون آخر، فالسلوك يرتبط بالتأثرات والنتائج والتعاون مع سلوك الآخرين وبالتالي يجب أن تتناسق كل النظم والأدوار الإدارية وترتبط على كافة المستويات مع مبادئ الجودة الشاملة، ويعبأ النظام كله لرضا العميل، وينظم بتوازي وانسيابية خلال كل المستويات الإدارية [Bound et al, 1994]، وقد حصرها فوهل في أربعة مستويات رئيسة تأخذ أربعة أبعاد هرمية الشكل على النحو التالي [Vohel, 1994]:

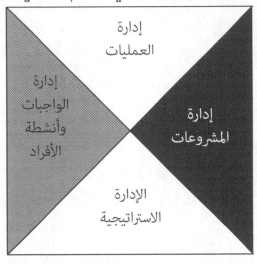

شكل المنظور الهرمي للنظام الإداري

المصدر: **Voehl, Frank (1994), Overview of Total Quality in Lewis, Ralph G. & Smiths, Doughlas H (1994) .. Total Quality In Higher Education, St. Lucie Press: 370**

أ- **الإدراة الاستراتيجية:** وهي المستوى الذي يؤسس الجودة الشاملة كاستراتيجية المنظمة وتضمن مبادئها في إعداد قيادتها وتحديد مهمتها ورؤيتها والقيم والأهداف الاستراتيجية والتشغيليه، وفي تخطيط البنية الاساسية التي تشجع العاملين على التركيز والتحرك تجاه إنجاز أهداف الجودة. فالتخطيط الاستراتيجي له تأثير كبير في بناء النظام الاجتماعي بالمنظمة، وتحديد أهداف النظام الفني.

ب- **إدارة العمليات:** وهي ذلك المستوى الذي يتم تنفيذ خطة تحسين جودة عمليات المنظمة وتوكيد أنشطة الجودة داخلها، وذلك لضمان أن كل عمليات المنظمة تعمل بتناسق من أجل رضا العملاء. والمبدأ الحاكم لهذا المستوى هو "المنع" وتعظيم فعالية العمليات التشغيلية للمنظمة والتحسين المستمر بها.

ج- **إدارة المشروعات:** وفي هذا المستوى تؤسس الفرق لحل المشاكل وتنفيذ السياسات المرتبطة بالمستويين الإداريين السابقين، فإدارة المشروعات تؤسس نظاماً فعالاً للتخطيط والتنظيم والتنفيذ.

(4) **إدارة الأفراد:** وفي ذلك المستوى يخطط لكيفية إمداد العاملين بمهارات تنفيذ التحسين المستمر للعمليات والنظم داخل وظيفة كل فرد ونطاقه، وإزالة كل الحواجز التي تعترض طرق عملهم.

3- مكونات الثقافة:

أ- **المستوى الأول:** للثقافة هو المستوى الظاهر والمصطنع من الأفراد Artifact ويتكون من مظاهر السلوك التي ترجع إلى عنصرين أساسيين هما: الأول طبيعة النتائج التي تقدمها وتظهر في التكنولوجيا وتصميم الأبنية وحجم ومواقع المكاتب وكافة الترتيبات الداخلية. فالهيكل المادي للمنظمة يمكن أن يؤثر بوضوح في تطوير ومساندة الثقافة التنظيمية بتسهيله للاتصالات أو إعاقتها. والثاني: نماذج السلوك الظاهرة مثل المذاهب والطقوس الدينية والعادات والتقاليد والرموز والقصص والشعارات والأبطال، محددات هذا المستوى تلاحظ بسهولة فهي الملامح الواضحة للثقافة ولكن معنى هذه المحددات يعتمد على المستويين التاليين والأكثر عمقاً للثقافة.

ب- **المستوى الثاني:** وهو مستوى غير ملاحظ ويمثل جوهر ومركز ثقافة المنظمة، ويحتوي على معتقدات وقيم الأفراد، والاثنان يؤثران على سلوك الأفراد ويفسران دوافعهم للتصرف بطريقة معينة، فالاعتقاد يؤثر على طريقة التصرف والقيم تحدد بديهة التصرف ودرجة الأهمية بين البدائل المختلفة عند اتخاذ قرار أو سلوك معين. والاثنان يعبر عنهما في شكل عقائد ومعايير أخلاقية والفلسفة التي تحكم صنع القرار والسلوك في مواقف معينة.

ج- **المستوى الثالث:** والأعمق للثقافة يحتوى على الافتراضات المسلم بها Assumption، ويمثل الدعامة الاساسية لثقافة المنظمة وهو مستوى غير ملاحظ يشترك فيه الجميع دون وعي منهم، وبمرور الوقت يمكن أن تصبح القيم والمعتقدات الأساسية للأفراد حقائق مسلماً بها عن الكيفية التي يسير بها العالم ويفترض صحتها ولا تقبل الجدل، هذه الافتراضات تشكل قيماً ومعتقدات.

***

الفصل الثاني

أسس إدارة الجودة الشاملة ومبادئها

تمهيد:

ثمة أسس ومبادئ يجب أن تقوم عليها الجودة وكذلك الإدارة القائمة على الجودة أو التـي تتبناها فلسفة الجودة وسوف نتناولها فيما يلي:

أولاً: أسس الجودة الشاملة:

تعتبر الأسس هي الدعامات الأساسية التي تقوم عليها الجودة الشاملة والتي تتمثل فيما يلي:

1- **التركيز على العميل:** ويقصد بها أن تهتم الجـودة بالعميل باعتباره الأسـاس في تصميم وأداء الخدمة ويتمثل العميل أو المستفيد مـن الخدمـة في المـدارس الواقعة في نطاق الإدارة بما فيها من معلمين ومديرين وعمال وكذلك الطلاب وأولياء الأمور ولذلك يجب دراسة توقعاتهم عن الخدمة المقدمة ومحاولة تحقيق تلك التوقعات أو حتى تجاوزها وكذلك يجب قياس درجة رضاهم عـن الخدمة.

2- **الملائمــــة:** يجب أن يكون الهدف من الخدمة يلبي رغبة واحتياجات العملاء والمستفيدين منها.

3- **الشمولية:** وهي أن تشمل الجـودة جميع العمليـات الإداريـة التـي تتـم داخـل الإدارة لتحقيق الأهداف المتوقعة.

4- **المرونة:** ويقصد بها مرونة النظام حيث يقوم على تقديم عدد مـن البدائل للتحسين والتطوير المستمر، لأن الهدف من الجودة هو التحسين والتطوير لكافة نظم الإدارة التعليمية لتقديم خدمات جيدة يرغبها العميل.

5- **المشاركة:** وتعني أن الجودة تتحقـق بمشاركة جميع العاملين وجميع الإدارات والأقسام وامتلاكهم المهارات التي تؤدي إلى الجودة وحل المشكلات.

6- **منع المشكلات:** وهي تسير إلى قيمة الفعل السريع الـذي يصحح المسـار ويمنع حدوث المشكلات والفاقد ويقلل التكلفة المرتبطة بالمشكلات.

7- **توافر قاعدة من البيانات:** يعتمد نظام تحقيق الجودة على البيانات والمعلومات المختلفة.

8- **وضع المعايير:** يجب أن تقوم جودة الخدمة على مجموعة من المعايير يمكن من خلال قياس جودة الخدمة أو جودة الأداء.

ثانياً: مبادئ إدارة الجودة الشاملة:

تقوم إدارة الجودة الشاملة على مجموعة من الأسس والمبادئ الأساسية وهذه المبادئ ترتبط بما يجب أن يكون في مكان العمل، و هي بمثابة الدعامات الأساسية ولقد تناول الباحثين والكتاب هذه المبادئ كلا حسب نظريته وفلسفته تجاه الإدارة، حيث وضع كل منهم مبادئ تختلف في نقاط مع الآخر وتتفق في أخرى، حيث يمكن حصرها فيما يلي، فلقد حدد "ديمنج" أربعة عشر مبدأ للإدارة القائمة على الجودة الشاملة واتفق معه في ذلك "فرانس ماهوني" ويتمثل فيما يلي:

1- خلق استمرارية في عرض تحسين المنتجات والخدمات ويعني هذا التركيز طويل الأجل وتكريس الجهود نحو الابتكار والتجديد.

2- تبني فلسفة جديدة: وهي فلسفة الجودة الشاملة حيث أن الخدمة الضعيفة غير مقبولة كما أن انجاز الأعمال بطريقة خاطئة لا يتعايش مع هذه الفلسفة.

3- توقف الاعتماد على التفتيش: حيث التجديد لبناء الجودة من الأساس وتحسين العمليات ومنع العيوب.

4- امتنع عن ممارسة تقيم الأشياء على أساس سعرها فقط.

5- إنشاء طرق حديثة للتدريب أثناء العمل واستخدام الطرق الإحصائية للتعرف على الاحتياجات والتحقق من النجاحات.

6- تحسين نظم الإنتاج والخدمات باستمرار وإلى الأبد.

7- نزع الخوف من الأفراد حيث يجب أن يكون العاملين والمستفيدين قادرين على توجيه الأسئلة والتبليغ عن المشكلات والتعبير عن الأفكار.

8- القضاء على الحواجز التي بين الإدارات والأقسام حيث يجب أن يكون هناك تعاون واتصال وتبادل خبرات.

9- التخلص من الشعارات والمواعظ ونقد العاملين.

10- إلغاء معدلات أداء العمال والحصص الرقمية.

11- إزالة العوائق التي تحرم العاملين من حقهم في التباهي ببراعتهم في العمل.

12- إنشاء برنامج تعليمي وتدريبي للتنمية الذاتية للعاملين وأن يكون التدريب مستمراً حيث أن التطوير مستمراً.

13- جعل جميع العاملين في الإدارة يعملون لتحقيق التحول.

14- استبعاد الخوف وخلق الثقة وتهيئة المناخ للابداع.

ويتفق كل من "روبرت كول" و"جيرج ستين سكرفن" على أن إدارة الجودة الشاملة تقوم على مجموعة من المبادئ تتمثل فيما يلي:

- التركيز على باعتبارهم أساس عملية الجودة وهدفها، وتمثل العملاء المستفيدين من خدمة الإدارة التعليمية.

- التركيز على العمليات الإدارية التي يتم من خلالها الخدمة وكذلك النتائج من الخدمة.

- الاستفادة من خبرات العاملين.

- اتخاذ القرارات في ضوء الحقائق.

- التركيز على التدريب المستمر للعاملين.

- المشاركة الكاملة في تطبيق الجودة ووضع معايير قياسها.

- التغذية العكسية وذلك للتحسين في الجودة في ضوء نتائجها.

- الاهتمام بالأفراد العاملين.

كما يركز "ديفدهنشتر" على مبدأين أساسيين للجودة الشاملة وهما:

- أن يكون لدى الإدارة إستراتيجية معدة على أساس بيانات ومعلومات متعلقة بالمستفيدين هدفها التعرف على نقاط القوة والضعف في الأداء أو الخدمة المقدمة.

- وجود سياسة لتحسين وتطوير الهياكل الإدارية بهدف تحقيق أعلى معدل لتحسين أداء جوانب العمل والخدمات.

- كما أكد "مارشيل وكيسير" على أن هناك مجموعة من المبادئ الأساسية التي تساعد على نجاح إدارة الجودة الشاملة وتتمثل فيما يلي.

  - استخدام المعلومات من أجل التحسين الإداري والفني.
  - تناسب حجم السلطة والمسؤولية.
  - تحفيز العاملين من أجل تحقيق نتائج مرضية.
  - توفير جو مناسب للموظف يأمن له حقوقه الوظيفية.
  - خلق مناخ يتم فيه التعاون بدلا من المنافسة في العمل.
  - أن تجعل الوظيفة وسيلة توفر الاستقرار النفسي للموظف.
  - العمل على توفير جو يسمح بالابتكار والتجديد.
  - الاهتمام بالتدريب للعاملين وتقدير الجهود.

وفي ضوء ما سبق يمكن استخلاص بعض الأسس والمبادئ التي يجب أن تقوم عليها الإدارة التعليمية لتحقيق الجودة الشاملة وتحسين أدائها والتي تتمثل فيما يلي:

- **التركيز على العميل:** ويقصد بالعميل المستفيد من الخدمة سواء مادية أو معنوية أو توجهيه.

- **التحسين المستمر:** ويهدف التحسين إلى محاولة الوصول إلى أعلى مستوى للإدارة كما يهدف إلى إتمام الأداء المطلوب بشكل أفضل في كافة المجالات التي تقوم بها الإدارة مما يؤدى إلى نتائج أفضل لجودة الخدمة المقدمة والتحسين والتطوير المستمر في الأداء ويتمثل التحسين المستمر فيما يلي: العمليات الإدارية، واستخدام الأساليب التكنولوجية، وضع المعايير

الملائمة للحكم على الأداء ونوعية المخرجات، وجودة الخدمة التي تقدمها، والتدريب المستمر للعاملين وتنمية قدراتهم، وتطوير الهياكل الإدارية .

- **اتخاذ القرارات بناءا على البيانات الحقيقية وهذا يتطلب ما يلي:** الاعتماد على معلومات واضحة وحقيقية في ضوء الواقع، واستخدام الأساليب الإحصائية في تحليل هذه المعلومات وتفسيرها للحصول على نتائج دقيقة.

- **العمل الجماعي في تحقيق الجودة :** حيث تركز الإدارة على العمل الجماعي بين الأفراد والإدارات والأقسام وتعمل على تنمية العلاقات وإزالة معوقات الاتصال بين فرق العمل المختلفة وعدم التغير بالحواجز التنظيمية التقليدية بحيث تعمل على إيجاد اتصال بين الأفراد وتبادل في الخبرات والتحرر من القواعد والنظم والإجراءات وعدم الالتزام الحرفي بل تترك للفرد والجماعة حرية الحركة كما أنها تدعم الاتصال الأفقي ولا لمركزية بدلا من المركزية والاتصال الزمني.

- **الوقاية من الأخطاء بدلا من الاعتماد على التفتيش:** حيت تنطلق فلسفة إدارة الجودة الشاملة إلى منع الأخطاء بدلاً من اكتشافها وهذا يؤكد على ضرورة اتجاه الإدارة إلى التوجيه لأداء الأعمال الصحيحة بشكل صحيح ومن أول مرة وبدون أخطاء بدلا من إجراء التفتيش والرقابة ومراقبة الانحرافات بعد أداء الأعمال، وهذا يؤكد على مبدأ التوجيه والإرشاد بدلا من التفتيش وتصيد الأخطاء.

- **إعطاء سلطة وصلاحية للأفراد العاملين:** للبحث عن أفضل الأساليب لأداء العمل والابتكار والتجديد دون التقيد بالأساليب التقليدية واللوائح التي تعوق أداء العمل وتوفير بنية العمل الملائمة لمشاركتهم في عمليات التحسين والتطوير.

- **المشاركة:** وذلك من خلال إشراك العاملين والمستفيدين من تحديد نوع الجودة وطريقة تحقيقها واتخاذ القرارات بشأنها.

مبادئ إدارة الجودة الشاملة:

مبادئ جمع مبدأ، وفي اللغة مبدأ الشيئ أوله ومادته التي يتكون منها، ومن ثم فإن مبادئ العلم هي قواعده الأساسية التي يقوم عليها، ومبادئ TQM هي القواعد والمنطلقات الأساسية التي تقوم عليها فلسفة TQM ومنها تبدأ، ومن ذلك:

أ- الرؤية المشتركة: Shared Vision

الرؤية المشتركة تعني توجه موعد التنظيم ككل بشكل يعمل على تلاشي تكرار الجهود أو تعارضها مع بعضها البعض لأن الاختلاف في الرؤية بين المستويات الإدارية المختلفة حول أهداف المنظمة وإجراءاتها سوف يصعب من تحقيق أي أهداف مشتركة، والرؤية المشتركة يمكن الحصول عليها من خلال القيم المشتركة بين جميع العاملين.

إنه القيم التنظيمية التي يتعين وجودها في مكان العمل، لابد وأن يشترك فيها كل العاملين بالمنظمة، من القمة إلى القاع وعلى كل المستويات، وذلك أدعى للانسجام والتوافق بين الجميع عندما توجد بينهم قيم متشابهه على نحو كبير، أما عندما تكون هناك اختلاف في القيم بين العاملين فإن الصراع بينهم هو الذي سوف يكون قائما بالمنظمة.لذلك فإن هناك ضرورة لتحديد تنظيم قيم الجودة ونشرها بين جميع العاملين، حتى يتولد وعي عام بالجودة من قبل الجميع، مما يساهم في التوجه الموحد نحو تحقيق أهداف الجودة وإرضاء العملاء المستفيدين.

ب- التوجه بالعميل: A Customer Oriented

يمثل رضا العميل المحور الأساسي الذي تدور حوله كل مفاهيم TQM، ويمثل أيضا قوة الدفع الأساسية خاف تحسين الجودة، إن فلسفة TQM لا تبدأ من خلال وضع الإدارة أولا ولكن بوضع العميل في المقدمة، إنها تبدأ وتنتهي مع العميل، بإشباع رغباته وتحقيق احتياجاته وتوقعاته، بل الأكثر من ذلك محاولة إسعاده وإبهاجه، وهذا يمثل القيمة المضافة لفلسفة TQM.

ويركز اثنان من فلاسفة TQM بقوة على العملاء : حاجاتهم ومتطلباتهم، فالعميل هو معيار المطابقة للمواصفات والخصائص عند "كروسبي"، وهو محك الجودة بأنها

الملاءمة للاستخدام عند "جوران"، وذلك لأن صناعة منتج مطابق للمواصفات والخصائص لا يضمن المبيعات إلا إذا كانت هذه الخصائص والمواصفات وضعت من خلال أهداف المستخدم- العميل، ومن ثم يصبح على المؤسسات التعليمية أن تحدد أهدفها ومعاييرها وإجراءاتها المختلفة وفقا لما يراه العميل ويرغبه وليس وفقا لمنظورها الخاص.

إن المنظمة التي تدار بالجودة الشاملة هي في الأصل منظمة تدار وتقاد من قبل عملائها ولذلك تعرف TQM بشعارات من قبيل: الجودة ترقد في عيون المشاهد، العميل يعرف الجودة، الجودة تبدأ مع ابتهاج العملاء، بدون العملاء لا توجد المؤسسة، الجودة يقودها المستهلك، وفي التعليم العميل يقود التعليم ويوجهه، هذه الشعارات جميعا تدل على حقيقة أن العميل يحتل موقع القلب من فلسفة TQM.

والعميل في TQM ينقسم إلى نوعين: العميل الداخلي، وهم أولئك الأشخاص الذين يشتركون في إعداد وإنتاج وتوصيل المنتج أو الخدمة، والعميل الخارجي، وهم أولئك الأشخاص الذين يستخدمون المنتج أو الخدمة ويستفيدون منها.

وفي فلسفة TQM يتم العمل على سلسلة متصلة الحلقات من المدعم (الممول)- العميل حيث يمكن أن يصبح الفرد عند أي مستوى في التنظيم مدعم وعميل، مدعم للذين يلونه في العملية، وعميل للذين يسبقونه في خط العمل.

وهذا المرتكز الرئيس للجودة الشاملة يتطلب من المؤسسات التعليمية: التحديد الدقيق للعملاء، الدراسة المستفيضة لطبيعة العميل وتفكيره والعمليات المتعلقة به، البيئة التي تؤثر فيه وضع العميل في بؤرة شعور المنظمة والعاملين، فتح قنوات فعالة مباشرة ودائمة مع العملاء للتعرف على رغباتهم وحاجاتهم واستجداء التغذية الراجعة منهم، مواجهة الحاجات المتغيرة للعملاء أكثر من مواجهة الحاجات الثابتة، وبالإضافة لذلك يجب أن يكون مفهوم العميل مطاطي، ليتضمن كل الأشخاص والذين يتأثرون بخدمات وعمليات المنظمة-الوالدين، المعلمين الطلاب. الاقتصاديين، المجتمع .... وأن يتضمن العملاء الخارجين تمام مثلما يتضمن العملاء الداخليين.

ج- التحسين المستمر : Continuous Improvement

إدارة الجودة الشاملة لا تمثل مفهوماً جامداً - إستاتيكياً - وليست حالة من اكتساب مستوى مطلق والاحتفاظ به وإنما هي نضال وكفاح مستمر للتغير والتحسين، الإبداع غير المنتهي.

لذلك فإن مفهوم "التحسين المستمر" يشكل جوهر Core Tenet الجودة الشاملة، فالغرض الأساسي من القيادة والإدارة هو العمل على تحسين المنتجات والخدمات وتطويرها، وليس تخليد أو تأييد Perpetuate مستوى معين من القبول.

ويتفق فلاسفة الجودة الثلاث: ديمنج - كروسبي - جوران على اعتقاد أن عملية تحسين الجودة عملية غير منتهية حيث يؤكد (ديمنج) على ضرورة إعادة خطواته الأربعة عشر مرة بعد مرة من أجل تحسين الجودة، وتأتي النقطة الرابعة عشر والأخيرة في برنامج (كروسبي) لتنفيذ الجودة الشاملة لتعيد الخطوات الثلاثة عشر الأولى في عملية متواصلة ما تلبس أن تصل إلى نهايتها حتى تبدأ من جديد، أما "جوران" فمن خلال ثلاثيته الشهيرة يؤكد على استمرارية دائرة التخطيط، رقابة، تحسين الجودة.

ويرتكز مفهوم "التحسين المستمر" على عدة اعتبارات أهمها: الجودة ذات طبيعة دينامية وبخاصة في الإطار التعليمي، أن الجودة عملية تملك البداية ولكنها بلا نهاية ولا يمكن النظر إليها كبرنامج يتم انجازه في إطار وقت ثابت، وأيضا ارتباط مفهوم التحسين المستمر بمفهوم الجودة على أنها "المعايير العالية" و "المطابقة للأهداف"، ومن ثم يصبح تحقيق الجودة في أي نشاط هو نضال مستمر لتعظيم مستوى إنجاز الأهداف والمعايير، والتي تخضع لأطر التغير باستمرار، فالجودة لا يمكن إحرازها في معنى مطلق، لأن كل شئ يتغير، وإنما هي تحسين جوهري دائم ومستمر.

والتحسين المستمر الذي تسعى إليه TQM هو تحسين تدريجي أكثر من قفزات جبارة فالتحسين ليس عملية راديكالية ثورية لقلب النظام القائم كلية، وذلك لأن إتباع الطرق الراديكالية المختلفة في التغير، ليس من المحتمل أن تقود إلى تطويرات أو تحسينات أساسية ذات معنى في شكل وبنية تصميم المنتج أو الخدمة، فالتحسين يأتي بصورة تدريجية خطوة خطوه، المشي قبل الجري، النجاح المتواضع قبل النجاح الرئيس،

وهذا يتطلب قيما خاصاً من الإدارة، ويتطلب درجة عالية من الصبر والمثابرة، ووضعا عقليا يختلف كثيراً عن نماذجنا العقلية السائدة.

ويتطلب التحسين المستمر كذلك: أن يكون التحسين رغبة صادقة ودائمة من قبل المنظمة وإدارتها نحو تحسين تدريجي وخلاق في كل العمليات وعلى كل المستويات، وأن يكرس كل واحد بالمنظمة للتحسين المستمر بصورة شخصية وجماعية من خلال التعاون والمشاركة الإيجابية، وتعزيز عملية التقويم الذاتي والرقابة الذاتية للفرد والمنظمة، واستخدام المنهج العلمي وأساليب حل المشكلات، والاعتماد على قاعدة بيانات متكاملة حول أنشطة المنظمة وعملائها، واستنباط التغذية الراجعة من العملاء.

د- العمل الجماعي باستخدام فرق العمل : Team Work

من المعالم الأكثر بروزاً في فلسفة TQM هو التأكيد على العمل الجماعي من خلال بناء وخلق روح الفريق، وذلك لأن فريق العمل في أي منظمة مكون حيوي وجوهري لتنفيذ TQM لأن الكثير من خصائص TQM لا تحقق إلا من خلاله.

وفريق العمل هو مجموعة صغيرة من الأفراد تجمعهم وحدة الهدف- التميز و السبق- والذي يسعون إلى انجازه عن طريق تحقيق التكامل والترابط بين الأنشطة، وعن طريق توظيف الطاقات والمهارات والخبرات المتنوعة لدى الأفراد، وذلك لأن أداء المجموعة ككل أفضل بكثير من أداءات الأفراد مستقلين و فردى كل على حده.

وفريق العمل يتسع ليمتد عبر كل الوظائف وينفذ إلى ويخترق كل المستويات، ويضم بداخله كل العاملين سواء من أعضاء الهيئة الأكاديمية أو العاملين بالوظائف الداعمة للتعليم من القمة أو القاع، وذلك لأن الفصل بين الوظائف الأكاديمية والوظائف الداعمة للتعليم، وبين المستويات الهيراركية عادة ما يمنع التمدد الطبيعي والضروري لفرق العمل، إنها يجب أن تمثل قطاعا عرضيا Cross-Station من العملية ككل بما فيها من معولين لها العاملين فيها، والعملاء المستهدفين.

ومفهوم فريق العمل لا يمكن أن يترسخ في مؤسسات التعليم فور إصدار الأمر بإنشائه أو في فترة قصيرة من الوقت، ولا يمكن أن يؤدي عمله بين يوم وليلة، إن المؤسسات يجب أن تناضل في إنجازه، ولا يتسنى لها ذلك إلا بعد أو في نهاية رحلة

طويلة، وذلك لأنها تتطلب الكثير لإنجازها على نحو ملائم، منه: تفويض العاملين في إعطائهم مساحة مناسبة من حرية التصرف والمبادرة وأن تكون هذه الفرق ذاتية الحركة self-direct متمتعة بدرجة من الاستقلالية عن الإدارة العليا، أن تتمتع بالتأييد والمساندة من الإدارة العليا، أن يكون الفريق مسلحاً بالبيانات ومدرباً على مهارات عمل الفريق ومهارات الاتصال وأن تعمل هذه الفرق ضمن إطار يشمل ثقافة وقيم وأهداف المنظمة.

وإنه لمن المهم إدراك أن فريق العمل ليست الغاية في حد ذاتها، وإنما هي أداة أو وسيلة لإنجاز الأهداف التي من أجلها تكونت فرق العمل، وعندما يصبح فريق العمل جزءا من سجية أو أخلاق المنظمة الروتينية، فإنه يمكن التوصل إلى هذه الأهداف، والتي منها: أنها تعزز التعاون وتزيل العوائق المصطنعة بين الأقسام. تثري التفكير وتقرع بصيرة العاملين مما يساهم في توليد الكثير من الأفكار الابتكاريه، أنها تختزل الأبنية الهيراركية إلى عدد قليل من المستويات الإدارية، أنها تمثل معلومات صادقة ومتنوعة وتمثل نوعاً من الوقاية من الأخطاء إنها تقدم فرصاً أكثر انسجاماً للتعلم داخل حجرات الدراسة، إنها تحسن الاتصالات وتزيد مستوى المشاركة الإيجابية في اتخاذ القرارات، إنها تقضي على التنظيمات غير الرسمية التي قد يشكلها العاملون في مواجهة التنظيم الرسمي والتي قد تعوق فعاليته، إنها تعطي صوتاً حقيقاً للعاملين في تحديد كيف تؤدي أعمالهم مما يجعلهم أكثر دافعية لإنجاز التميز، وهذا كله يحسن معنويات العاملين ويجعلهم أكثر ثقة وشعوراً بالأمن.

هـ - التفويض والتمكين : Empowerment

من المظاهر الرئيسة لفلسفة TQM تمكين العاملين وتفويضهم في أداء أعمالهم، لأن العاملين لا يستطيعون تقديم أحسن ما عندهم لو لم يشعرون بأنهم محل ثقة، وهم في الوقت نفسه سوف يشعرون بالإحباط والغضب، عندما يطالبون بتحمل المسؤولية عن أداء أعمال لم تتاح لهم فيها أي سلطة، ولذلك أكد كلا من "ديمنج" و "جوران" على ضرورة أن تمنح الإدارة الدعم والتفويض للعاملين وأن تشركهم في صناعة القرارات وبخاصة المتعلقة بهم على نحو مباشر.

والتفويض يعني إعطاء العاملين نطاق واسعاً من حرية العمل حول كيف يـذهبون تجاه إنجاز أهداف المنظمة، وتوزيع السلطات عليهم، وتشجيعهم على عبور الحـواجز في طريقهم بل إلى قبول المخاطرة والابتكار والإبداع واكتساب المزيد مـن الخبرات، والتعـود عـلى تحمل المسؤوليات والثقة بالنفس والتحرر من الخوف.

وعلى هذا فأن قيادة الجودة الشاملة تضع تركيزها على تفويض العاملين في أداء أدوارهـم والمشاركة في اتخاذ القرار وتدريب الآخرين ليأخذوا عـلى عـاتقهم مسؤولية أكبر، إنهـا عـلى الأقل أو الأكثر تطالب بتبني الإدارة لمدخل "لا تتدخل" Hands-off، وفي ذات الوقت تؤكد على تقديم الإدارة للتسهيلات، والدعم أكثر من إعطاء الأوامر والتوجيهات.

إن TQM بهذا تحاول التخلص من هرمية الإدارة التقليدية حيث التوجه عادة مـن أعـلى إلى أسفل، وذلك يعني قيادات ذات سلطات جادة وغير قابلة للمشاركة، وعاملون مبرمجون تمامـاً على العمل دون إبداع أو ابتكار، والتحول من ذلك إلى منحنى معاكس حيث التوجه من أسفل إلى أعلى bottom-up وذلك يعني قيادة تسمح بالمشاركة وتمنح التفويض وتوزع المسؤوليات، وعاملون يبحثون على فرص الإبداع والابتكار، والذي يتوفر للطرفين معا.

و – تعهد والتزام الجميع بالمسؤولية عن الجودة: Commitment

إن منح الحرية والتفويض لابد وأن يقابله تعهد والتزام بالمسؤولية عن الجودة، وذلك لأن ثقافة الجودة لا يمكن إحرازها دون التعهد الشامل والالتزام الصارم بقواعدها ونظامها، كما أنها تتطلب نظاما للجزاءات يعضد المسؤولية عن الجودة من قبل الجميع وبخاصة رجال الإدارة إن أساس TQM هو أن "كل عنصر في المؤسسة" وعلى أي مستوى مسؤول بصورة فردية عن إدارة جودة ما يخصه من العمليات التي تساهم في تقديم المنتج أو الخدمة.

والتعهد يعني "العهد والوعد بفعل الشئ...... والعزم للسعي المتواصل والـدؤوب لمواجهـة وتجاوز توقعات العميل، والعهد يبدأ أولا من داخل الفرد ذاته – بدافع ذاتي – إنه تأكيد على أن المنظمة تحتل موقع القلب والجـوهر والـروح مـن اتجاه وشعـور المتعهـد"، وأن الـولاء والإخلاص للمنظمة وليس للإداريين.

لذلك يؤكد "Sallis" أن "التعهد يعني أكثر كثيراً من مجرد خطبة سنوية حول مدى أهمية الجودة لمدرستنا، إنه يتطلب حماسة غير منتهية، وإخلاصاً وتفانياً لتحسين الجودة، إنه يستلزم تقريبا التشجيع بتعصب وكياسة للطرق الجديدة لفعل الأشياء، إنه يتطلب مراجعة دائمة لكل أداء ولجميع الأداء.

إن التطبيق الناجح لفلسفة TQM يكمن في داخل كل فرد وفي سلوكه، وأن علاقة العاملين باتجاهاتهم هي العنصر الجوهري في بناء مؤسسة الجودة..... ففي ثقافة TQM يكون جميع الموظفين مديرين لمجالاتهم ومسؤولياتهم وهم مسؤولون كليا أمام عملائهم عن جودة الخدمة التي يقدمونها لهم.

وهذا يعني أن TQM سوف تعمل فقط لو وجد تعهداً عاماً وشاملاً، تعهد من قمة الإدارة، وبالمثل تعهد من كل العاملين، ذلك التعهد ربما يشتمل على إحداث تغير في الاتجاهات وأساليب وأنماط التفكير مما يساهم في التغلب على الحواجز الثقافية وغيرها من المشكلات، ويساهم في تأكيد التحسين المستمر في كل شئ يقومون به.

ز – دعم وتأييد الإدارة العليا:

إن الإدارة العليا لابد وأن تلتزم التزاماً صارماً وتتعهد بإدارة الجودة الشاملة فتعهد الإدارة هو المفتاح الرئيس لنجاح برامج الجودة.

لذلك يؤكد "ديمنج" على "أن الجودة تشمل كل أجزاء المنظمة ولكنها لا يمكن أن تتجاوز طموحات ونوايا الرجال الذين يحتلون القمة"، وربما يرجع ذلك إلى أن الجودة هي في المقام الأول مشكلة إدارة، فالجودة المنخفضة لا تحدث بواسطة كسل العمال ولكن من خلال تصدع النظم الإدارية.

وقد يؤكد ذلك ما اتفق عليه "ديمنج" و "جوران" من قاعدة -15/85- حيث اتفقا على أن حوالي(85%) من مشكلات الجودة ترجع إلى فشل القرارات الإدارية، والنسبة الباقية يمكن إرجاعها إلى فشل العاملين في التنفيذ الفعلي.

ويؤكد علماء وفلاسفة الجودة الثلاث: "ديمنج، جوران، وكروسبي" على أهمية تعهد الإدارة العليا حيث إن الخطوة الأولى والثانية من نقاط ديمنج: إيجاد الاتساق في الهدف تجاه التحسين والترافق مع الفلسفة الجديدة يحددان مهام الإدارة،والنقطة الأولى في الخطوات الأربعة عشر "لكروسبي" تتمثل في تعهد الإدارة،وعموما فإن فلسفة

كروسبي في معظمها مكرسة لابتكار ثقافة الجودة، والتي من الممكن الحصول عليها من خلال تعهد الإدارة، أما ثلاثية "جوران": عمليات، تخطيط، رقابة، وتحسين الجودة تبحث عـن دعـم الإدارة على كل المستويات، وبهذا فإن الفلاسفة الثلاث يؤكدون عـلى أنـه دعـم الإدارة العليا عنصر حاسم في نجاح TQM.

وقد يرجع الاهتمام بتعهد الإدارة العليا بالجودة إلى أن الإدارة العليا هي المثل والنمـوذج الواضح -القدوة- أمام العاملين الذين يهتدون به ويحتذونه في أدائهم، فلو أن الإدارة العليا لم تتعهد بهذا المدخل فكيف لهم أن يتوقعوا إقناع العاملين.

وربما تعود الأهمية الكبرى لتعهد الإدارة العليا بالجودة، إلى أنها يقع على عاتقهـا العديـد من المسؤوليات الحاسمة في تنفيذ TQM بنجاح، منها: تصميم استراتيجيه الجودة الشاملة- والتي تتضمن: السياسات،تحديد العملاء واحتياجاتهم، تحديد أطر ومراجع الجـودة، إقامـة أهداف ومحاور وأغراض التحسين المستمر-، تدعيم كـل الأنشطة المتعلقـة بالجودة وتوفير التشجيع والحوافز نشر رؤية مشتركة تقوم على الجودة في المنظمة ككل،إدارة التغير وتوجيهه بالمنظمة نحو تحقيق أهداف الجودة، إزالة الحواجز التي تمنـع الجودة العاليـة للعمـل مـن خلال احتواء العاملين في صناعة القرارات وتفويض العاملين ومـنح فـرص المشاركة وتحمل المسؤولية، وخلق البيئة الداعمة للجودة من خلال استبعاد اللوم والخوف من العاملين.

ح- التركيز على العمليات:

تعتقد TQM بأن الجودة لا تتمركز في عملية الفحص النهائي للمنتج أو الخدمـة، ولكنهـا أكثر من ذلك يجب أن تصمم في كل خطوة وفي كل عملية من عمليات المنظمة، ومن ثم يرى Ellen & Chaffee أن قياس الجودة يأتي مـن خلال التأكـد مـن مـدى تـوافر الجـودة في العمليات الموصلة للمنتج أو الخدمة، إن TQM في طريقها للحصول عـلى منتج خالي مـن الأخطاء والحصول على الأشياء صحيحة من أول مرة تقـوم بتأسيس الجودة داخل خطوات عملية الإنتاج. وذلك لأن تركيز الانتباه عـلى النـواتج فقـط يمثل شيئا مستمرا، واحتمالات الإنتاج تكون معاكسة بـدون التركيـز القبلي المعطي للعمليـات المصممة لإحـداث النـواتج المرغوبة.

وبذلك يصبح الاهتمام في المنظمات التي تدار بالجودة الشاملة ليس على الأشخاص ورقابتهم، ولكن الاهتمام بنصب على العملية، بتعظيم جودة كل عملية تؤدى بالمنظمة، وهذا يعني ضرورة تركيز انتباه العاملين والإدارة العليا على كل عملية بتحقيق جودتها، إن أضعف عملية من عمليات الجودة الشاملة لابد وأن تكون جيدة، ومن ثم فالجودة في التعليم لا تشتق من جودة المدخلات، ولكن على نحو كبير من خلال خدمة احتياجات الطلاب، ومن خلال تقديم خدمة تعليمية متميزة، بالإضافة إلى خدمة احتياجات عملاء التعليم الآخرين.

ويعتمد هذا المدخل - التركيز على العملية- على فلسفة المنع والوقاية Prevention من الأخطاء، بدلاً من اكتشاف الأخطاء بعد تحقيقها، وهذا ما عبر عنه Crosby بالأخطاء الصفرية أو الحصول على الأشياء صحيحة من أول مرة.

ط – التدريب والتعليم المستمر:

إن الحاجة لتقديم فرص التدريب والتعليم المستمر لقوى العمل في المؤسسة هي السلطة العليا في تأسيس TQM، حيث تدعم وتعزز TQM بقوة عمليات التدريب وعمليات التعليم المستمر، وذلك للاعتبارات التالية:

- أن فلسفة TQM تعطي أهمية كبيرة للعنصر البشري في المؤسسة، فأثمن ما تمتلكه المؤسسة ليس هو الأصول المالية بل هو الناس الذين يعملون فيها، وما يحملونه في رؤوسهم، ومستوى قدرتهم على التعاون معا.

- أن مشكلات الإدارة وكما يؤكد "جوران" ترتبط بأخطاء العنصر البشري، وذلك لأن الأشخاص في صورتهم العادية موارد غير جاهزة للاستعمال Resources People Are Untapped، وأن الإدارة لابد وأن توحد الطرق لتجهيز عقولهم ولتعظيم قدراتهم ومهاراتهم.

- أنه عندما يتم الحديث عن التحسين المستمر للنظام، فيجب أن تضع المؤسسة في اعتبارها أن الناس هم أيضاً أجزاء مهمة وحاسمة من النظام، ويجب تحسينهم هم أنفسهم بشكل مستمر، لأنه لا يوجد شئ في الحياة ساكن إما أن يتحسن أو يزداد سواء.

- أن كل شخص في المؤسسة لابد وأن يكون قادراً على معرفة موقع المؤسسة القائم، وأين تريد أن تذهب -المستهدف-، وكيف لها أن تحصل على ذلك -الوسائل-، أي ضرورة معرفة العمليات وعلاقات السبب بالنتيجة.

ولقد ركزت فلسفة "ديمنج" بقوة على التعليم والتدريب، حيث تحدث في النقطة السادسة من نقاطه الأربعة عشر المشهورة عن تدريب كل العاملين، ثم عاد في النقطة الثالثة عشر ليصف الحاجة لإعادة التدريب للاحتفاظ بالقدرة على مسايرة الحاجات المتغيرة للعميل من خلال تغيير العملية والمنتج، وأكد "ديمنج" ضرورة التدريب على الأساليب الإحصائية وكذلك اهتم "كروسبي" بالتعليم والتدريب حيث أكد في النقطة الثامنة من نقاطه الأربعة عشر على تعليم وتعلم الجودة من خلال تطوير ثقافة الجودة داخل المنظمة، أما "جوران" على الرغم من ذكره للتعليم والتدريب في نقاطه العشر إلا أنها جاءت عنده غير واضحة مثل سابقيه.

ويرى البعض أن TQM تركز أكثر على التعليم وليس التدريب وهذا هو محك اختلافها عن الإدارة التقليدية، حيث يرى Ishikewa أننا بحاجة إلى التعليم والتعليم و التعليم وليس مجرد التدريب، وذلك لأن التعليم يتصل -كما يقول ديمنج- بأي شئ يحافظ على تنمية عقول الناس، بصورة مستمرة، فالتعليم لا ينتهي أبدا، أما التدريب على المهارات ينتهي عندما يتم تعليم المهارة.

وقد يكون التركيز بقوة على التعليم والتدريب، لأن تطبيق TQM يتطلب قوى عاملة ذات مهارات متعددة، منها: القدرة على مواجهة الظروف المتغيرة، العمل في فريق، تحسين الاتصالات أساليب حل المشكلات، الأساليب الإحصائية، التقويم والتطوير الذاتي.

و - الشمولية:

لفظ "الشمول" يشير إلى تمام الشئ واكتماله واحتوائه على كل العناصر المكونة له فشمولية نظام ما تعني أنه يحتوي على العناصر والمكونات اللازمة له والداخلة في تكوينه

ويعبر مصطلح الشمول عن دراسة ثلاثة جوانب: العمليات، المهام والوظائف، والأشخاص، فالجودة يجب أن تشمل كافة الأنشطة والعمليات لي كافة المستويات وفي جميع العمليات. ويجب أن لا تمثل نشاطاً منفصلاً، إنها لا تكون شيئا ما يفعل بالإضافة إلى الموضوعات التنظيمية الأخرى، بل إنها تكون حول كل عمليات وجوانب التنظيم وكل شئ تقوم به المنظمة.

ويتضمن مفهوم الشمول أيضا كل الأشخاص الذين لهم صلة مباشرة أو غير مباشرة بالتنظيم، فالمؤسسة يجب أن تحقق الرضا الشامل للعميل من خلال تلبية كل احتياجاته الحالية والمستقبلية، وأن يتعاون الكل سواء أكانوا في داخل التنظيم أم خارجه، ولابد أن تتضافر جهودهم للوصول إلى الجودة الشاملة، فالشمول قد يتضمن أيضا عمليات اجتماعية مساندة لأنشطة المنظمة.

ك - بناء قاعدة متكاملة من البيانات والمعلومات:

تعتقد TQM بقوة في الإدارة بالحقائق، حيث تقود البيانات والمعلومات الدقيقة ذات المعنى القرارات الإدارية وربما يرجع ذلك إلى أن الجزء الأكثر حيوية ودلالة في دينامية الجودة يأتي من انسيابية المعلومات بحرية ومن تبادل وتشاطر البيانات والمعلومات حول الظروف والحاجات المتغيرة الحالية والمستقبلية.

ولذلك تعتمد TQM بقوة على جمع البيانات بصورة جدية وتحليلها كوسيلة لرقابة الجودة وقياس التغير وكوسيلة للتحسين المستمر للجودة، وهذا ما يتطلب امتلاك معلومات لقياس أين نحن -الموقع- ولتحديد أين نحب أن نكون -الهدف.

وهذا يتطلب إعطاء الفرص للعاملين لأن يقدموا البيانات والمعلومات حول أنشطتهم المختلفة، وأن يأخذوا المبادرة فيجمع البيانات وتحليلها وتوليد معلومات ذات معنى، وأن تكون عملية جمع البيانات والمعلومات عملية منظومية متكاملة وشاملة للمصادر الخارجية والداخلية وللبيانات الكمية والنوعية، وهذا يتطلب أيضا وعلى نحو كبير إنشاء بنية تحتية مرتكزة على الكمبيوتر ونظم المعلومات الحديثة لجمع وتحليل البيانات وتوليد المعلومات ذات المغزى ثم إعادة بثها لتحسين عمليات المؤسسة وتوليد الجودة التي تحقق حاجات العميل وتوقعاته المحددة مسبقا، ولتحسين معدل سرعة الاستجابة للظروف المتغيرة.

ل – التغذية الراجعة : Feed back

يؤكد "Sallis" على إقامة حلقة مغلقة Loop وقوية من التغذية الراجعة يمثل عنصرا مهما وحيويا في أي عملية لضمان الجودة، وذلك لأن التغذية الراجعة تتيح لمبادئ TQM السابقة إمكانية تحقيق النتائج المطلوبة منها.

والجدير بالذكر أن التغذية الراجعة في فلسفة TQM تكون أكثر حيوية وتعدداً في قنواتها وتحققاً في الوقت الملائم مقارنة بالنماذج الإدارية الأخرى، وذلك في ضوء مبادئ TQM السابقة.

وبعد عرض القيم والمبادئ التنظيمية لفلسفة TQM يأتي الدور على عرض عمليات TQM كنموذج إداري:

* عمليات إدارة الجودة الشاملة:

أولاً: قيادة الجودة الشاملة:

إن القيادة بما تمتلكه من فلسفة ونمط تفكير وسلوك تمثل العامل الجوهري في قدرة TQM على إحداث التغير في ثقافة وطريقة العمل بالمنظمة، إنها تمثل عنصراً أساسيا في التنفيذ الناجح للتغير على نطاق واسع، وبدونها على كل مستويات المنظمة فإن عملية التحسين لا يمكن أن تعزز أو تبقى طويلاً، وذلك لأن الناس بدون القيادة اللائقة يسعون لتكوين بيروقراطيات فاقدة الوعي.

والقيادة هي القدرة على تطوير رؤية تدفع الآخرين للتحرك مع الرغبة في ذلك، وقائد TQM يعرف بأنه الشخص الذي يؤثر في سلوك الآخرين ويدفعهم إلى اعتناق وقبول مبادئ TQM.

إن التعهد والالتزام بالجودة يمثل الدور المبدئي لأي قائد، لذلك فالقائد يوضح الحاجة ويضع الرؤية، ويحدد العرض الأساسي والأهداف ويحدد كذلك متغيرات أو متطلبات TQM ويحتاج لأخذ منظور طويل المدى، ويجب أن يكون قادراً على دفع الآخرين للعمل داخل العملية.

وتهدف القيادة إلى إحراز التغير الثقافي المنشود نحو TQM، ومن ثم فهي تركز على إدارة، ورقابة العملية، وليست إدارة ورقابة الأشخاص، إنها تنبثق من الحكمة

المتجمعة لدى القائد -الخبرة- وليس من الرقابة الأوتوقراطية للأشخاص، إنها قيادات تحترم الأشخاص وتمتلك توقعات عالية لهم، وتمكن المساعدين من إحراز جودة العمل ومستوى عال من الأداء.

وتضع قيادة TQM في اعتبارها أن العمليات تشتق من العميل، وبناء على ذلك فإنه يجب أن تفوض أولئك الأشخاص المسؤولين عن العملية لمواجهة وتجاوز توقعات العميل باختيار المنهج الملائم للعمل، وأن القيادة ظلت تحتفظ بمفتاح باب التحسين المستمر في يدها وحدها، فإن المنظمة لن تملك الفرصة لتصبح قائدة الجودة.

وقيادة TQM تساعد الأشخاص على صناعة قرارات قائمة على الحقائق، وتسمح للآخرين بالاندماج الفاعل في أدوار القيادة من خلال مدخل أكثر مرونة للقيادة، إنها مسؤولة عن ابتكار الثقافة التي تتيح للأشخاص استخدام قدراتهم العقلية لتحسين العملية، ومسؤولة على أن تذهب صناعة القرار في كل حالة إلى أولئك الأشخاص الذين يملكون معرفة أكثر عن هذه الحالة - وضع الرجل المناسب في المكان المناسب- كما أنها تعزز تحسين العمليات من خلال العمل معا في فرق.

وتعزز قيادة TQM مبدأ "القيادة بدون خوف" من خلال خلق وابتكار البيئة التي تشجع الناس على الحديث بحرية وأخذ المبادرة، ومن خلال تشجيع العاملين وتقدير انجازاتهم ومساعدتهم على الانتقال إلى نجاحات أعظم، إنها تعمق لديهم التقدير الذاتي الإيجابي، إنها بكل هذا تسعى إلى خلق الشعور العائلي داخل محيط المؤسسة Create a sense of family الذي فيه كل واحد ربما يعمل بفاعلية داخل النظام المؤسسي.

وتنطلق قيادة TQM في سعيها إلى إحداث التغير الثقافي المطلوب نحوTQM من خلال القيادة بإعطاء المثل حيث تعمل القيادة كنماذج للعمل وترسل الإشارات والعلامات التي تشير إلى أن TQM مهمة للنجاح بالمنظمة.

وفي ضوء ذلك فالقيادة في TQM يجب أن تجتاز مرحلة الحديث -تتعدى مرحلة الكلام- لتصبح الجودة المكون الأكثر أهمية للعمل، فالقائد يجب أن يفعل ما يقول أنه ذاهب لفعله بحيث ينسجم القول مع العمل.

ونمط قيادة TQM هو الذي يملك القدرة على الإدارة من خلال التجـول داخـل المؤسسـة والوجود في الموقع وسط العاملين، فتحقيق التميز لا يمكن أن يأتي من خـلال الاتصـال المبـاشر بالخط الأمامي -Line front- للعمل والعمليات الخاصة بالمؤسسة، هذا النمط مـن القيـادة يساهم في توصيل الرؤية والقيم الخاصـة بالمؤسسـة للآخرين ويقـوم بنشـرها بـين الأعضـاء والعملاء.

وقائد الجودة الشاملة لابد وأن يمتلك مجموعة من السمات والخصائص التي تمكنـه مـن النجاح قي أداء أدواره منها: القـدرة والقـوة، المهـارة في مواجهـة الظـروف الغامضـة، المثـابرة يكتسب ثقة الآخرين، لدية ثقة هو في نفسه، ولدية القدرة والرغبة في التأثير في الآخرين.

وتوجد مجموعة من المهارات الضرورية لنجاح القيادة في إنجاز أهداف الجـودة الشـاملة: منها، القدرة على الاتصال بنجاح مع الآخرين، القدرة على بناء الفريق، القـدرة عـلى القيـاس والحكم على الأشياء، وأن يكون القائد ميسر ومسهل لمهمة الآخرين، معلـم لمهـارات العمـل بالمنظمة، إضافة إلى القدرة على صناعة القـرار، التخطيـط الاستراتيجي، والقـدرة عـلى الإدارة الذاتية.

ثانياً: التخطيط طويل المدى – الاستراتيجي:

الجـودة لا تحـدث مصـادفة، إنهـا يجـب أن تخطـط، وبحاجـة لأن تكـون بنـداً رئيسـاً في إستراتيجية المؤسسة، وربما يرجع ذلك إلى أن النقطة المبدئيـة في تأسـيس TQM تتمثـل في قبول التعهد والالتزام طويل المدى للتحسين المتواصل، وهذا يتطلب رؤية للمستقبل وخططـا طويلة المدى لجعل هذا التعهد ممكنا.

وعلى الرغم من أن الخطط قصيرة المدى مفيدة في حد ذاتها، إلا أنها لا تؤكـد عـلى التعهـد والالتزام بفلسفة TQM، لأنها أكثر احتماليه للتركيز عـلى الأهـداف قصـيرة المـدى أكـثر منهـا طموحات طويلة المدى، ويرتبط بذلك أنه من الأفضل تطوير الإجراءات العمليـة التـي تجعـل من الممكن القيام بالعملية صحيحة من أول مرة -ضمان الجودة- وليس مجرد المراجعـة أو الفحص باستمرار للتأكد من الأشياء نفذت بطريقة صحيحة.

لذلك يؤكد "Sallis" أن بناء رؤية استراتيجيه قوية تمثل واحدة من العوامل الحاسمة للنجاح بأي مؤسسة ولذلك فإن التخطيط الاستراتيجي يمثل واحدة من البنود الرئيسة في TQM، لأنه بدون التوجه طويل المدى الواضح، فإن المؤسسة لا يمكن أن تخطط لتحسين الجودة.

ويؤكد مشاهير الجودة الثلاث: ديمنج، جوران، وكروسبي المدخل الاستراتيجي لنظام الجودة حيث يؤكد "ديمنج" في أولى نقاطه الأربعة عشر على خلق اتساق في الهدف، وهذا يمكن فقط إنجازه في إطار استراتيجي، كما يؤكد في النقطة الأخيرة على ابتكار وبناء مناخ مستمر يعزز تنفيذ النقاط الثلاثة عشر الأولى باستمرار، وفلسفة "جوران" تؤكد على تكوين مجلس الجودة كمرشد لعملية التحسين المستمرة للجودة، أما "كروسبي" فالنقطة الثانية من نقاطه الأربعة عشر تقوم على ابتكار فرق التحسينات المستمرة للجودة، وهذا التأكيد على الاختراق المتتابع لعملية تحسين الجودة يتضمن ابتكار أساليب تشخيص وتحليل المشكلات وتتبع جذورها، وأساليب حل المشكلات وتنظيم الأولويات والموارد وهذا كله سعياً لوضع رؤية طويلة المدى لتحسين الجودة.

وتؤدي الإدارة العليا بالتعاون مع المؤسسات الحكومية والعامة الدور المحوري في وضع الخطط طويلة المدى، والتي ينبثق عنها خطط تكتيكيه إجرائية على المستوى التنفيذي للإدارة المتوسطة، وما تلبث أن تتحول أهداف وأغراض الإدارة المتوسطة إلى خطط إجرائية على المستوى العملي التطبيقي في كل مستويات المنظمة.

ويوضع في الاعتبار دائما أن الخطة ليست أداة صارمة، ولكنها لابد وأن تكون مرنة، بحيث من الممكن أن يطرأ عليها التعديل لو تطلبت ذلك الظروف الداخلية والخارجية ذات المغزى.

ثالثاً: التنظيم

التنظيم هو الإطار الذي تتم فيه العملية الإدارية بما فيه من مسارات عمل ومسؤوليات وسلطات وعلاقات وتفاعلات بين القائمين بالعمل على اختلاف المستويات.

والتنظيم في مدخل TQM يتحول من البنية البيروقراطية الرأسية -السلطوية- إلى بنية إدارية مسطحة Flatter على نحو كامل، حيث يأخذ تنظيم الأعمال الشكل الأفقي، حيث تتداخل الأعمال والتخصصات المختلفة مع بعضها البعض بحيث تكون شبكة من العلاقات المتداخلة ومن ثم فأن هذا المدخل يقطع ويزيل الحدود الفاصلة بين التخصصات والعلوم المختلفة ويجعل العملية سلسة من الخطوات المتداخلة والمترابطة.

ويرى "Sallis" أنه لا يوجد شكل واحد صحيح للتنظيم الخاص بمؤسسة TQM، حيث تكون بعض الأبنية التنظيمية أكثر مناسبة وملائمة من الأخرى، وذلك لأنها يجب أن تلاءم وتيسر عملية TQM، ولكن النقطة التي لا يختلف عليها هي أن مؤسسات TQM تستبعد كلية التنظيمات الهرمية hierarchy وتتحول إلى تنظيم ذو بنية أكثر جاذبية وذات روابط متداخلة ومتفاعلة قوية غير المؤسسة Cross-Institutional.

وعموم القول فإن البنية التنظيمية في مؤسسات TQM تتميز بمجموعة من الملامح البارزة منها:

- أن التنظيم يوجه بكليته نحو خدمة العملاء، ولتحقيق هذا الهدف فإن كل الأجزاء والأنظمة بالمؤسسة يجب أن تتكاتف، لأن النجاح لأي وحدة بالمنظمة يؤثر في أداء الكل.
- أن مؤسسات TQM تنظم حول العمليات وتوجه بها، على عكس المؤسسات التقليدية التي تبنى حول الوظائف.
- أن عمليات المنظمة يمكن تحسينها فقط من خلال إشراك كل العاملين في المنظمة من الإدارة العليا إلى الإدارة الدنيا عبر النظام الأفقي في مرور الأعمال، وعلى التعاون بين الوحدات والأقسام المختلفة لإنجاز الأهداف بدلاً من التنافس فيما بينهما.
- أن الناس في هذا التنظيم يتحملون المسؤولية المباشرة عن مجال أنشطتهم الخاصة بالارتباط والتعاون مع الأنشطة المتشابهة والمكملة، وتنشأ المسؤولية من التفويض المعطى لكل الأعضاء على كل المستويات.

- أن هذا التنظيم يعزز ويستند بقوة على فرق العمل ذات الإدارة الذاتية، إنه يدعو وينادي بمدخل "لا تتدخل" للإدارة مع التأكيد على إعطاء التسهيلات أكثر من إعطاء الأوامر وبهذا يتضح أن TQM تركز على الفلسفة اللامركزية في الإدارة.

- أن هذا التنظيم يتبنى المدخل المنظومي، حيث ينظر إلى المؤسسة كنظام مفتوح، مما يساهم في تقديم رؤية شاملة للتحسين.

رابعاً: الاتصال

تمثل الاتصالات الجيدة عنصرا عظيم الأهمية في بيئة الجودة الشاملة، ومكوناً حيويا في محاولة التحسين المستمر للجودة إنها تلعب في ثقافة TQM دوراً رئيساً في نجاح المنظمة.

والاتصال يعرف بأنه عملية إرسال الإشارات والرموز والرسائل التي تحفز وتثير التفكير المستهدف في عقل الشخص، وتكون عملية الاتصال فعاله عندما يدرك المستقبل الهدف من الرسالة وتستمر في إدراكه وتأخذ المسلك والفعل المرغوب من قبل المرسل.

ولإقامة منظمات الجودة الناجحة يجب أن يمطر العاملون على كل المستويات وعلى نحو متواصل بوابل من الرسائل المتعلقة بالجودة، والتي تسعى إلى استثارة وتحفيز قواهم ومهاراتهم العقلية لتحسين عملياتهم، وحتى يكونوا قادرين على أداء أعمالهم بطريقة صحيحة من أول مرة.

وجميع الرسائل التي ترسل لجميع العاملين على كل المستويات يجب أن تترك الآثار التالية في وجدان العاملين: فعل الأشياء صحيحة من أول مرة، مواجهة توقعات العملاء، فلسفة وقيم ومعتقدات ومبادئ الجودة، تخطيط الجودة، وإستراتيجية الجودة

وفي منظمة TQM يكون التركيز منصباً على الاتصال الجانبي -الأفقي horizontal أكثر من الاتصال الرأسي Vertical حيث تصبح الاتصالات الأفقية عملا يوميا، يتم بسهولة ويسر وبصورة متكافئة بين الوحدات والأقسام المختلفة، وعلى كل المستويات التنظيمية بالمنظمة فالعاملون لا يحذرون ولا يتخوفون من الاتصال، بل

هم يتمتعون بالحرية الكاملة لوضع الاقتراحات التي قد تساهم في تحسين أعمالهم وفي تحسين المنظمة بوجه عام.

وفي ضوء ذلك فإن الاتصال في منظمة TQM يكون، إلى حد بعيد، أكثر انفتاحاً وانسيابية وصدقاً، إن المعلومات لا تنساب بالضبط من القمة -قمة المنظمة، إنها تأتي من كل الاتجاهات وتنساب بحرية كاملة من تبادل وتشاطر البيانات والأفكار من خلال العمل معا في جو من الثقة والاحترام المتبادل، والمعلومات لا يحكم عليها في ضوء كونها مفيدة -موجبة- أو غير مفيدة -سالبة-،ولكن يحكم عليها في ضوء القدرة على توظيفها لخلق فرص التحسين المستمر.

وتتنوع طرق الاتصال وأساليبه في منظمات TQM، فالاتصال قد يتم من خلال المنشورات مثل الصحف والإعلانات، ومن خلال دوائر الجودة، طرق العمل، مجالس الجودة، وقد يتم من خلال المناقشات والمحادثات عبر الوسائل التكنولوجية.

خامساً: رقابة الجودة الشاملة Total Quality Control

من بين المصطلحات التي تستخدمها بعض المؤسسات تشير إلى برنامجها التنظيمي الشامل لتحقيق الجودة، ومصطلح رقابة الجودة الشاملة TQC، وهي تستخدمه بديلاً عن المصطلح الأكثر شيوعاً TQM، وهذا يشير إلى أن عملية رقابة الجودة عملية جوهرية في نظام TQM.

وهذا المصطلح يشير إلى تلك الأنشطة التي تقوم بها المؤسسة والعاملون بها بغية ضمان أن العمليات التنظيمية تقدم منتجات أو خدمات ذات جودة عالية.

وتعرف رقابة الجودة الشاملة بأنها عملية التأكيد من أن الأعمال والإجراءات تتطابق وتتماثل مع إطار المعايير الموضوعة لها، وتقويم ما إذا كانت معايير المنتج أو التصميم ثم الوصول إليها ومقابلتها بواسطة المنتج أو الخدمة النهائية، أم لا.

وتعرف أيضا، بأنها تشير إلى الإجراءات المفصلة لضمان أن الأهداف ثم الوصول إليها وأن الأداءات تتطابق مع المواصفات والخصائص المحددة، إنها ميكانيزمات داخل المؤسسة لصيانة وتعزيز جودة التدابير، وتهدف أساساً لتحديد مدى الوفاء بالمعايير المحددة للجودة ضمن عملية الإنتاج أو الأداء عموما، ومن ثم تحسين جودة المخرجات.

وعملية رقابة الجودة الشاملة عملية ليست ختامية تتم على المنتج النهائي، ولكنها عملية تتم في كل خطوة من خطوات الإنتاج، وتشمل كل عناصر المؤسسة بدءاً بالمدخلات وانتهاء بالمنتج، ويشارك فيها كل العاملين بالمنظمة، إنها الرقابة لكل عمليات التحول التي تقوم بها المنظمة لإرضاء ملائم لحاجات العميل، وبطريقة اقتصادية استثمارية.

ويحدد "جوران" ثلاث مراحل أساسية لعملية رقابة الجودة هي:

1- تقويم الأداء الفعلي للعملية.

2- مقارنة الأداء الفعلي بأهداف الجودة والمقاييس المحددة سلفا.

3- القيام بالعمل بناة على الاختلافات بين الواقع والمستهدف.

ويعتبر مصطلح "رقابة الجودة" من المصطلحات الأكثر جوهرية في إدارة الجودة الشاملة في اليابان، ويرى Ishikawa -وهو أحد المرشدين البارزين لإدارة الجودة اليابانية – أن رقابة الجودة تتضمن تطوير، تصميم، تقديم تسويق وخدمة المنتجات أو الخدمات مع تعظيم قاعدة الكلفة -الفعالية والاستخدام الكامل للخدمة بما يجعل العميل يرضى عن الخدمة المقدمة، ولإنجاز هذا الهدف يجب أن تناضل كل الأقسام بالمؤسسة في أنظمة متعاونة لإعداد وتنفيذ المقاييس على نحو كامل.

وأنشطة رقابة الجودة تشمل حلقة مهمة للتغذية العكسية، حيث تقدم معلومات شاملة حول المنظمة ككل، لأن إجراءات رقابة الجودة الشاملة تتيح الفرص للحصول على المعلومات المرتبطة بالعملية في الوقت المناسب، والقدرة على الحصول على المعلومات في الوقت المناسب سوف يسهل تحديد مشكلات العمل ويسهل حلها.

وتتنوع أساليب رقابة الجودة، ولكنها يمكن أن تصنف تحت نوعين رئيسين، هما:

الرقابة الخارجية: والتي تقوم بها مؤسسات أو وكالات حكومية أو مستقلة للتأكد من مدى توافق المؤسسات مع شروط ومعايير الجودة المحددة، وقدرتها على توظيف واستغلال الموارد المحددة لها لتحقيق الأهداف المحددة، ومن أنواع هذه الرقابة: الاعتماد المؤسسي، التقارير السنوية، المحاسبية.

وينتقد Lee Harvey نظام الرقابة الخارجية للجودة، حيث يؤكد أنه ربما يؤدي إلى الإذعان من قبل المؤسسات التعليمية أكثر من كونه أداة فعاله لقياس الثراء أو التغيرات في الطلاب أنفسهم.

ويرى .Michael L"، et، al" أن المحاسبية الخارجية قد تعمل في اتجاه مضاد للملامح اللامركزية لفلسفة TQM، مثل: رضا العميل، التنظيم الأفقي، وتفويض المعلمين.

الرقابة الداخلية: وهي أساس فلسفة TQM، حيث ترتكز TQM على الرقابة الداخلية أو أن تقوم أبدا كينونة إنسانية على نحو دقيق، لذلك فإن TQM تعزز التقويم الذاتي كجزء من عملية التحسين المستمر، ويشرح Glasser الأهمية المتعلقة بالتقويم الذاتي في منظمة الجودة بقوله: **"أن الاختلاف الرئيس بين الناس السعداء وغير السعداء هو أن الناس السعداء دائما يقومون سلوكياتهم ويحاولون بصورة دائمة تحسين ما يفعلونه، أما الناس غير السعداء على الجانب الآخر، دائما ما يقومون سلوك الآخرين ويقضون أوقاتهم في النقد، الشكوى، والحكم على الآخرين في محاولة لإكراههم على تغير ما يفعلونه".**

وبعد عرض القيم، والمبادئ، والعمليات التنظيمية التي ترتكز عليها فلسفة TQM، يأتي الدور على عرض الواقع التطبيقي لفلسفة TQM في المؤسسات والقطاعات التنظيمية المختلفة.

* رسالة الجودة الشاملة بين الرأي المؤيد والمعارض:

في منتصف السبعينات من القرن العشرين واجهت TQM في الولايات المتحدة حملة انتقاد شديدة ومكثفة على صفحات العديد من الصحف الأمريكية: ففي مجلة USA Today طرح سؤال حول ما إذا كانت إدارة الجودة الشاملة قد ماتت؟-?TQM Dead، وفي مقالة لمجلة "وول ستريت" Wall Street طرح تساؤل حول هل إدارة الجودة الشاملة أصبحت أخبارا بايته؟ أم أنها ما زالت متألقة ومشرقة؟ Is TQM Yesterday News or Does it Still Shine? ، وهي تستند في تساؤلها هذا إلى مسح أجرته وتوصلت فيه إلى أن حوالي -80%- من محاولات TQM فشلت برمتها،وفي العام التالي ارتفعت هذه النسبة إلى -90%.

ووضعت مجلة الوشنطن بوست تعبير إدارة الجودة الشاملة في صيغة الماضي Quality Management Totaled وتحدثت مجلة إيكونومست The Economist عن التصدع في الجودة The Cracks in Quality، وتحدثت عن مقاومة الجودة Straining of Quality.

وفي مقالة عن بدعة الإدارة Management fads في مجلة العمل الأسبوعية الأمريكية أعلن صراحة أن إدارة الجودة الشاملة ماتت تماما مثل ما يعانق الهاوية TQM is as dead as a pet rock، وفي العناوين الأخرى تم عنونت TQM كموضة أو بدعة كبيرة في الإدارة والتي هي الآن متعثرة ومتخبطة، هذه البدعة أو الموضة أصبحت بالنسبة للعديد من الشركات غير واضحة وغير مشجعة، أو ببساطة فهي كموضة الشهر التي أتى وقتها ومضى Simply As A Fad of the Month Whose Time Has Come and Gone.

وربما استندت هذه الآراء على العديد من المسوحات لتجارب العديد من الشركات التي تبنت TQM: ففي دراسة اشتملت على -950- مؤسسة خدمية وصناعية سعت لتطبيق TQM تبين أن حوالي -35%- من استجابات هذه المؤسسات تقرر وجود مشكلات خطيرة في تنفيذ TQM، وفي مسح لآراء مديري والأقسام والنواب في -70- مؤسسة خدمية وصناعية استخدمت TQM، تبين أن نسبة -51%- من استجابات المديرين تشير إلى مشكلات تنفيذ خطيرة.

وفي دراسة تمت من خلال مسح بريدي لحوالي -113- منظمة مطبقة لإدارة الجودة الشاملة، اقترحت أن العديد من المنظمات يفتقد: الرؤى الضرورية لتعزيز وتنشيط هذه الأنشطة على المدى الطويل، التركيز الداخلي، ومستوى إجراءات TQM، بالإضافة إلى ضعف الوعي والفهم، وفقدان القياس، والتدخلات والمناقشات غير الفعالة.

ويرى "Vinod & Kevin" أنه على الرغم من أن النتائج المستخلصة من هذه المسوحات تستخدم لصناعة مشكلة ضد TQM إلا أنها لا تمثل شيئا ذات قيمة، لأن هذه النتائج ليست أكثر من مجرد أراء وملاحظات، وانطباعات حول قيمة TQM وليس قائمة على بيانات موضوعية حديثة عن فوائد العمل الي تم إحرازها من خلا استجابة المنظمة لإدارة الجودة الشاملة.

وتعليقا على هذه البيانات والتصاريح الصحفية يؤكد"Lee" أن هـذه البيانـات والتصـاريح خاطئة، حيث ترجع حالات الفشل إلى أنه ربما لا تكون بسبب تصدعات في المفهـوم الأسـاسي لإدارة الجودة الشاملة، ولكن على الأصح هو القيـام بتنفيـذ TQM مـع قلـة تـوفر المسـتوى الكافي من المعرفة والفهم لكيفية التنفيذ.

ورغم هذه الانتقادات فالاهتمام مازال متزايداً لاستخدام جوائز الجودة ومعـايير بالـدريج لتحقيق جودة المؤسسات ومازالت الدعوى متكـررة، ملحـة ومتناميـة لسـيمنارات للتـدريب على TQM. ويبدو أن تنامي الشعبية الجارفة لإدارة الجودة الشاملة هو الذي يعرضها حـتما للانتقادات، ولكن وكما يؤكد البعض أن الانتقاد بأن TQM عديمة الحيوية غير مؤكد والإعلان بأن TQM ماتت هو إعلان مبتسر -ناقص- فإدارة الجودة الشاملة جيـدة وحيويـة والفوائـد سوف يتم إدراكهـا في نهايـة المطـاف، ويجـب إدراك أن TQM مـازال أمامهـا طريـق طويـل تسعى لبلوغ نهايته.

ولقـد تبلـورت العديـد مـن الفوائـد للتطبيـق النـاجح لإدارة الجـودة الشـاملة في بعـض المؤسسات الصناعية والإنتاجية والخدميـة منهـا: زيـادة رضـا العميـل الخـارجي، الاقتصـاد في النفقات بنسبة 10%، تحسن في القيم التي يعتنقها الفريـق وفي مسـتوى التـزامهم بالتنفيـذ، زيادة الدافعية للإنجاز وابتكـار أسـاليب جديـدة في الإدارة لتحقيـق أهـداف مشـتركة، وضـع أسس للمسألة، والمشاركة الفعالة في العمل، والارتباط الوثيق بـين أنشـطة المؤسسـة ورغبـات العميل، والإمكانات الكبيرة لتنمية فرص الابتكـار، وخلـق البيئـة المناسـبة للعمـل مـن خـلال مواجهة القضايا التنظيمية للعمل والبنية الثقافية له وليس التحكم في العاملين، وعـلاوة عـلى ذلك زيادة الإنتاجية وتحسين القدرات الاستثمارية للمؤسسة.

* معالم الثقافة الغربية المعاصرة :

إن فلسفة إدارة الجودة الشاملة والتي اكتملت ملامحها وشروطها قبيـل نهايـة الثمانيـات من القرن العشرين، نشأت وترعرعت في أحضان المجتمعـات الغربيـة وتشربـت مـن أصـولها الثقافة والفلسـفية حيـث عـاش مؤسسـو TQM أمثـال: ديمـنج، جـوران، وكروسـبي في تلـك المجتمعات وتشربوا ثقافتها وتأثروا بمبادئها، ذلك الذي انعكس بوضـوح في مبـادئ فلسـفتهم الإدارية TQM .

والجدير بالذكر أن الملامح الأساسية لثقافة المجتمعات الغربية التي نضجت في كنفها فلسفة TQM لم تأتِ وليدة الفترة القادمة، ولكنها تعبر عن تاريخ ثقافي ممتد لعدة قرون، فقد ترجع البدايات الأولى لها إلى عصر التنوير في القرن السابع عشر،ولكنها أخذت في النمو والتجدد من خلال عمليات الحذف والإضافة، وبما يتوافق مع متطلبات اللحظة التاريخية حتى وصلت إلى وضعها الحالي .

وترتكز ثقافة المجتمعات الغربية المعاصرة على ثلاثة مقومات رئيسة متزامنة ومتداخلة هي: العولمة، ما بعد الحداثة، الرأسمالية متعددة القوميات -الرأسمالية الحديثة أو الإمبريالية الجديدة -حيث يعبر البعض عن هذا التداخل بالتأكيد على أن العولمة الراهنة مجرد انتقال من حداثة عارية إلى ما بعد حداثة بازغة، في حين يعتبرها الماركسيون نوعا جديدا من الإمبريالية قائمة على التكنولوجيا .

أما " فريدريك جيمسون" " Frederic Jameson" فيعبر عن هذا التداخل في كتابه المعنون "ما بعد الحداثة: المنطق الحضاري الرأسمالية المتأخرة" بحيث يربط بين ما بعد الحداثة والرأسمالية الجديدة، كما يوضح أيضاً التداخل والتشابك يمكن وجوده، ليس فقط بين المداخل النظرية المعاصرة ولكن أيضا بين هذه المداخل وواحدة من الفترات التاريخية المبكرة .

ويرى "جيمسون " أن ما بعد الحداثة هي محاولة التفكير في الحاضر من منظور تاريخي، وذلك عندما يعتمد "جيمسون" بجانب "جون ماكون John Mc Gowan" على مبادئ الكرونولوجيا Chronology ويفضلان التعبير عن رأيهما بأن ما بعد الحداثة ترمز إلى مصطلح زمني يشير إلى الفترة التاريخية التي تحددت من خلال إطار من الخصائص التي تعمل عبر حقب تاريخية كاملة.

ويؤكد ذلك "سان هاند Sean Hand" بقوله: لا يمكن ببساطة أن نقول إنه يوجد في الفلسفة مرحلة أو اتجاه معين يمثل في حد ذاته "ما بعد الحداثة" ويرتبط بها بشكل مميز ذلك لأن أحد التأثيرات البارزة الملازمة لهذا المصطلح هي ما يمكن أن نسميه نفاذية Permeability .

* مداخل إدارة الجودة الشاملة:

لقد أحدثت مداخل إدارة الجودة الشاملة ثورة كبيرة في الفكر الإداري، الأمر الـذي أدى إلى حدوث تغييرا كبيرا في التفكير الإداري والممارسة الإدارية في كافة المنظمات بصفة عامة ومؤسسات التعليم بصفة خاصة، وهذه المداخل تعبر عن فلسفة إدارية تركز عـلى مجموعـة من المبادئ الأساسية تساعد الإدارات من خلال الأخذ بها على فهم العمليات المختلفة وقياس جودة أدائها في ضوء احتياجات المستفيدين سعيا لتحقيق أهدافها، وتتمثل هـذه المـداخل فيما يلي:

1- مدخل الرواد :

يرجع الفضل في ظهور إدارة الجودة الشاملة إلى مجموعـة مـن الـرواد الأوائـل والعلـماء الذين تأثروا بالتطور الذي حدث في الفكر الإداري وساهموا في تطوير مفهـوم إدارة الجودة الشاملة وتأصيل عناصرها ومبادئها الأساسية أمثال والتر شـيوارت Walter Sewhart وديـمنج Deming وجوران Guran وكروسبي Cosby وإيشيكاو Ishikawa وغيرهم، حيث أن لهـم السبق في طرح أفكارهم وفلسفاتهم فيها، وفيما يلي توضيح مـدخل تحسـين الجودة لهؤلاء الرواد واستخلاص أوجه الاستفادة منها .

أ- **شيوارت Walter Sewhart:** ويـرى "شيوارت" أن التطـوير المسـتمر يعـد أحـد مظاهر إدارة الجودة الشاملة ولـذلك فلقـد وضع مـدخلا يتشابه إلى حـد كبير مـع الطريقة العلمية في التطـوير المسـتمر أطلـق عليـه دائـرة الجودة (الخطـة- العمـل- المراجعة- التنفيذ) ويوضح الشكل التالي مدخل شيوارت في إدارة الجودة الشاملة.

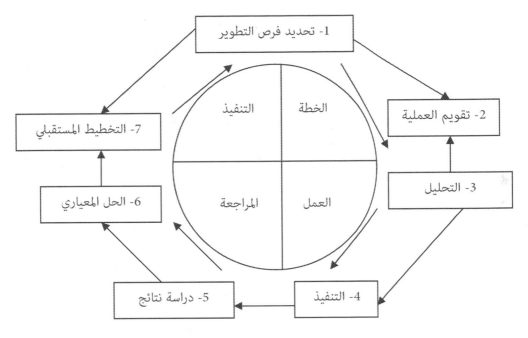

شكل يوضح مدخل شيوارت في إدارة الجودة الشاملة

ومن خلال تحليل هذا المدخل يتضح أنه يتميز بما يلي:

1- الاعتماد على الأساليب الإحصائية والتحليل الإحصائي للبيانات وهذا ما يجب توافره في الإدارة الحديثة.

2- استخدام أسلوب الرقابة في الأنظمة والعمليات الإنتاجية.

3- التفكير بطريقة موضوعية .

4- يهدف إلى رقابة أفضل العمليات وتقليل حالات عدم المطابقة في المنتج.

5- العمل على التحسين والتطوير المستمر لوسائل وطرق الإنتاجية وأداء الخدمة.

ومن عيوب ذلك المدخل ما يلي:

- أن دورة شيوارت تبدو وكأنها صراع بين الأطراف المسؤولة عن التخطيط والتنفيذ والفحص بدلا من العمل الجماعي والتنسيق لحل أي قصور في الخطة مما يؤدي إلى ضياع الوقت في المناقشات حول من هو المسؤول عن الأخطاء.

- أن دورة شيوارت تركز على العمليات الداخلية أكثر من تركيزها على احتياجات العميل أو المستفيد من المنتج أو الخدمة .

- تحتاج إلى فاحص لديهم الخبرة والمهارة في استخدام الأساليب الإحصائية وخرائط الرقابة وتحليل البيانات .

- يحتاج هذا المدخل إلى وقت وجهد وتكاليف حيث يعتمد على نظام التجريب.

- يعتمد على الرقابة والتفتيش بدلا من التوجيه والإرشاد .

ب- ديمنج: يعتبر "ديمنج" من أبرز المؤسسين لإدارة الجودة الشاملة وأول من وضع مبادئها وهو الذي علم اليابانيين السبيل إلى تحقيق الجودة العالية بتكاليف منخفضة بعد الحرب العالمية الثانية.

وتعتمد العملية الإدارية لكي تصل إلى الجودة المطلوبة داخل المؤسسة على عشرة عوامل أساسية أوردها ديمنج وطبقت في اليابان عام 1951 وبحلول عام 1989 طبقت في معظم مؤسسات دول العالم المتقدم وسميت هذه العوامل باسم جائزة ديمنج Deming Prise وتعمل هذه العوامل فيما يلي:

- **السياسة:** ضرورة وجود سياسة تحدد الأهداف والإجراءات للإدارة.

- **التنظيم:** ضرورة وجود تنظيم واضح يحدد المسؤوليات وينظم العمل ويستخدم المديرين الجيدين.

- **التدريب:** ضرورة وجود برامج تدريبية جيدة من خلال وضع الخطط التي تناسب احتياجات الأفراد .

- **المعلومات:** وجود قاعدة للبيانات والمعلومات داخل المؤسسة .

- **التحليل:** ضرورة وجود التحليل الجيد للمشكلات التي تواجه الإدارة وسبل تطويرها.

- **المعايير:** وهو ضرورة وجود معايير للعمل تعمل في ضوئها الإدارة وتحدد أدائها.

- **الضبط:** ضرورة وجود نظام الضبط داخل المؤسسة أو الإدارة يعتمد على التغذية الراجعة ودوائر الجودة.

- **توكيد الخدمة**: ضرورة وجود نظام لتوكيد وضمان الجودة داخل الإدارة التعليمية يعتمد على المراجعة الداخلية للجودة وتقييم النتائج.

- **التأثير والفعالية**: ضرورة وجود التأثير والفعالية للإدارة بين الإدارات الأخرى عن طريق خدمتها وتكلفتها.

- **التخطيط المستقبلي**: ضرورة وجود تخطيط مستقبلي للإدارة التعليمية بحيث يكون هناك علاقة بين متطلبات الجودة والخطط على المدى القريب والبعيد.

ومن خلال تحليل مدخل ديمنج يتضح أنه يتميز بما يلي:

- إنه يهدف إلى التحسين المستمر من خلال استخدامه دائرة شيورات.

- أنه يركز على النتائج والعمليات معا.

- إنشاء بيئة عمل متعاونة بدلا من بيئة العمل المنافسة.

- ضرورة إشراك العاملين في التخطيط وصناعة القرار بدلاً من مركزية الإدارة.

- إتاحة الفرصة للعاملين من إنجاز التحسين المستمر واختيار أفضل الطرق لأداء العمل.

- العمل على إيجاد تنظيم واضح يحدد المستويات وينظم العمل .

- التشديد على أهمية القيادة الإدارية في تحفيز العاملين لإنجاز الجودة الشاملة.

- استخدام الأساليب الإحصائية والأسس الكمية.

- أهمية استخدام المعايير التي تحدد وتقيس أداء العمل.

- تقليل الحاجة إلى التفتيش والاتجاه نحو التدريب والتوجيه ومبنى الجودة بهدف تحسين الخدمات والعمليات .

- يركز مدخل ديمنج على نظرية (y) في السلوك التنظيمي والتي تميل إلى الاعتقاد في كفاءة الأفراد ورغبتهم في العمل وميلهم إلى المعرفة وحبهم لأعمالهم وإمكانية تحفيزهم من خلال إشباع حاجات أخرى غير الحاجات المادية.

- التشديد على أهمية التعليم والتدريب المستمر كعنصر أساسي من عناصر التحسين.

ج - **جوران Guran:** يعتبر "جوزيف جوران" من أهم رواد إدارة الجودة الشاملة في العصر الحديث بعد ديمنج وشيورات ويرى جوران أن الجودة يجب أن تكون على مستويين هما دورة الإدارة في تقديم خدمة ذو جودة عالية، ودور كل قسم داخل الإدارة في أن يقوم بالعملية الإدارية بمستوى جودة مرتفع، كما يرى أن الإدارة في يدها مفاتيح النجاح في أي شئ ويقول في ذلك أن أقل من 20% من الأخطاء سببها العمال والباقي سببه الإدارة لذلك فإن مدخله يركز على ثلاث عمليات أساسية لإدارة الجودة متمثل فيما يلي سميت باسم ثلاثية جوران لإدارة الجودة.

- تخطيط الجودة وتتكون هذه العملية من ست خطوات :

- تعريف العميل - من هم العملاء .
- اكتشاف الاحتياجات -ماذا ترغب فيه أو تحتاجه .
- ترجمة الاحتياجات إلى لغة المنظمة -ماذا تعني هذه الاحتياجات بالنسبة لنا .
- تصميم العمليات -ما هي خصائص الخدمة التي تحقق هذه الاحتياجات .

في ضوء ما سبق من أهداف، فإنه يمكن تحقيق ذلك في:

- اختيار موضوع الرقابة ويجب أن يكون موضوع الرقابة شامل بدرجة كافية لتصميم أداء المنظمة وأن تعرف طبقا لكل معيار سمات المنتج وأن تكون الرقابة ذات مصدقيه وملائمة وسهلة الفهم ويمكن ترجمتها إلى أرقام .
- اختيار وحدات القياس وهي مقدار بعض سمات الجودة التي تسمح بهذه السمات .
- وضع الأهداف وهي أن يكون لكل موضوع رقابة هدف يوضع في عبارة توضح النتائج المرغوب إنجازها .
- قياس الأداء الحقيقي وهو قياس الأداء الذي تم انجازه فعلا حتى يتم تحديد النتائج .

- التوجه للأعمال الصحيحة في ضوء القياس وهي تحدد في ضوء القياس وتحديد أفضل الأعمال التي تؤدي الخدمة التي يحتاجها العميل .

أما عملية تحسين الجودة: وهي عن طريق تحليل المشاكل الخاصة للجودة وعلاجها فيرى جوران أن تحقيق طفرة في الجودة وحل المشاكل يتطلب إتباع ثلاث خطوات أساسية هي:

- دراسة الأعراض .
- تشخيص الأسباب .
- وضع العلاج الملائم .

ولقد لخص جوران فلسفته في تحسين الجودة في عشر خطوات وهي:

1. خلق وإنشاء الوعي الإدراكي لعملية التحسين لدى المديرين .
2. وضع أهداف للتحسين على أن تحتوي على أسس كمية .
3. الإعداد والتنظيم لتحقيق الأهداف .
4. توفير فرص التدريب والتعليم للعاملين حتى يتمكنوا من أداء أدوارهم ووظائفهم .
5. تنفيذ مشروعات التحسين .
6. إعداد تقارير توضح مدى التقدم ومراحل تكوين العمل .
7. مكافأة وتحفيز العاملين طبقا لإنجازهم وتقديرا لنشاطهم .
8. مشاركة الجميع في معرفة النتائج لتأسيس الوعي بالجودة .
9. الاحتفاظ بسجلات الجودة كمرجع للإدارة للمحافظة التقدم .
10. الاحتفاظ بمعدلات التحسين المستمرة كجزء من النظام العام للإدارة.

ويرى بيكفورد Beckford أن هذا المدخل به بعض نقاط الضعف تتمثل فيما يلي:

- لم يتعرض للعلاقة بين الدوافع والقيادة وذلك رغم تأكيده على مسؤولين الإدارة في التحسين .

- تجاهل مساهمات العاملين: حيث شدد جوران على العمليات الإدارية وعلى النظام الفني ولم يأخذ في اعتباره مساهمات الأفراد في التحسين حيث

يفترض أن صالح الإدارة هـو صالح الأفراد وتجاهـل أهـداف الأفراد العاملين واحتياجاتهم الأمنية والحالية .

- أن هذه الطريقة تقليدية ولم يتبادل الأساليب التكنولوجية التي تساعد في تحسين أداء العاملين بل أنه ركز على استخدام الأساليب الإحصائية التي قـد لا يتداركها معظم العاملين بالإدارة.

د- **فليب كروسبي Phillip Crosby**: يقـوم مدخل كروسبي للجودة على أنها التطابق مع المتطلبات وفي الزمن الطويل بـدون تكلفة عنـدما نصـل إلى حالـة اللاعيوب، وإن إدارة الجودة الشاملة تعد الأسلوب الأمثل الـذي يساعد في منـع وتجنب حدوث المشكلات وذلك من خلال التشجيع على السلوكيات الجيـدة والاستخدام الأمثل لأساليب التحكم التي تـؤدي إلى حالـة اللاعيوب وتحول دون حدوث هذه المشكلات.

ويختلف مدخل فيليب كروسبي عن مدخل ديمنج وجوران حيث أن كروسبي يركز على الجانب البشري والتنظيمي في عملية التطوير أكثر من التركيز على الأساليب الإحصائية كما يـرى "ديمـنج وجـوران" "Deming & Guran"، وبالتالي إذا كـان ديمنج قد اهتم بتوجيه العلميات والتوسع في الأساليب الإحصائية والعمل على الحد من الانحرافات، فقد ركز مدخل جوران على مشاركة الإدارة والتخطيط للجودة ومراقبة الجودة والتحسين المستمر لها .

ولكن "كروسبي" قد أخذ مجالاً آخر وهو التشديد على المخرجات عن طريق الحد من العيوب في الأداء وتجنب المشكلات، كما اهتم بوضع بعض المعايير التي لا تقيس الخلل فقط، وإنما تقيس أيضا التكلفة الإجمالية للجودة، وقد اتفق كروسبي مع ديمنج في مسؤولية الإدارة.

ولقد قدم كروسبي Crosby أربعة عشر خطوة تساعد الإدارة في تحسين الجودة تتمثل فيما يلي.

1- **التـزام الإدارة**: وتتمثـل في ضرورة التـزام الإدارة بمفهـوم الجـودة والإصرار والجدية في تحقيق التحسين وأن يتسلسل هذا الالتزام من أعلى إلى أسفل عن طريق السياسات المكتوبة وأن يتحدث المديرين دائما بلغة الجودة لكل

فرد في الإدارة حتى تتأكد من التزام الجميع بالجودة والتعاون على تحقيقها.

2- **تكوين فريق**: لتطوير الجودة من جميع الأقسام بالإدارة: يجب على الإدارة أن تكون فريق لتحسين الجودة وأن يكون هذا الفريق ممثلا لجميع أقسامها وإدارتها.

3- **قياس الجودة**: وتتمثل هذه الخطوة في وضع مقاييس ملائمة لكل نشاط من أجل التعرف على نقاط القوة والضعف وتحديد المشكلات الحالية والمستقبلية.

4- **تقييم تكلفة الجودة**: ويتم فيها تقدير تكلفة الجودة للتعرف على أكثر مناطق التحسينات منفعة وفائدة وأكثر ربحية.

5- **الوعي بالجودة**: وهو جعل جميع العاملين بالإدارة على دراية تامة بالجودة وأهميتها ويمكن أن يتم ذلك من خلال الإرشادات واللوائح المكتوبة أومن خلال التوجيه لتغير اتجاهات العاملين إلى الجودة والاهتمام بها.

6- اتخاذ قرار لتصحيح أي خطأ في الخطوات السابقة: والهدف الأساسي لإجراء التصحيح هو تعريف ومنع المشاكل التي تسبب عدم المطابقة وتقديم الاقتراحات المناسبة.

7- **التخطيط للوصول إلى اللاعيوب**: حيث تقوم الإدارة بالتخطيط لتنفيذ الأعمال ومن أول مرة بدون عيوب.

8- **تدريب المشرفين**: يجب أن يتم تدريب كل مستويات الإدارة كلا حسب الدور الذي يقوم به في تحسين الجودة وتدريبهم على كيفية تنفيذ أعمالهم.

9- **التأكد من عدم وجود معيب**: بشكل يومي لجعل العاملين يشعرون بهذا التغيير وأن يتم التأكد في ضوء مجموعة المعايير المناسبة لذلك.

10- **وضع الأهداف**: حيث يتم تحويل الالتزام إلى فعل ووضع أهداف محددة وقابلة للقياس على أن يكون الهدف الرئيس هو المطابقة وعدم وجود عيوب.

11- **تشجيع العاملين على الاتصال بالإدارة**: لوضع حد لمعوقات تحسين الجودة وتحقيق أهدافها.

12- **تشجيع الابتكار الفردي داخل الإدارة:** ومكافأة وتحفيز من يقدم جهود غير عادية في تطوير وتحسين الجودة وأن يكون التقدير والمكافأة علنا لتشجيع باقي العاملين وتوجيه حماسهم نحو التطوير .

13- **إنشاء مجلس للجودة:** يجتمع بصفة منظمة وأن يكونوا من ذوي الخبرة العملية حتى يتوصلوا إلى أفكار وبرامج تدعم عملية التحسين والتطوير .

14- **التأكيد الدائم على أن برامج التحسين لا تنتهي:** وأنه ليس هناك نهاية لعملية التحسين مما يساعد على التطوير والتجديد المستمر في ضوء المتغيرات والمستجدات التي تحدث.

ويحدد "كروسبي" Crosby أربعة معايير لابد منها لضمان دخول الإدارة إلى الجودة الشاملة هي:

- التكيف أو التعديل طبقا لمتطلبات الجودة .

- وصف نظام تحقيق الجودة على أنه الرقابة من الأخطاء يمنع حدوثها من خلال وضع معايير للأداء الجيد .

- تحديد مستويات الأداء للأفراد ومع حدوث الأخطاء من خلال ضمان الأداء الجيد.

- تقويم الجودة فإذا ما تم تحقيق الجودة يتم تقويمها من خلال قياسها بناء على المعايير الموضوعية.

وفي ضوء ماسبق فإنه يمكن الاستفادة من مدخل كروسبي في تحقيق جودة الإدارة في المؤسسات حيث أن هذا المدخل يؤكد على أهمية الإدارة بالالتزام بالجودة ونشر الوعي بأهمية الجودة وتدريب العاملين والتأكيد على التعليم المستمر ومراجعة وتقييم التحسينات واعتبار الجودة عملية مستمرة ولا نهائية .

كما أنه يشجع الابتكار من قبل العاملين وتحفيزهم من قبل الإدارة وتقدير مساهماتهم ووضع معايير لتقييم أدائهم كما يؤكد هذا المدخل على الممارسات الإدارية وتحديد الأهداف مسبقا كما يتميز بالوضوح وسهولة الفهم، ورغم ما تميز به هذا المدخل إلا أنه أكد على بعض نقاط الضعف والتي تتمثل فيما يلي:

1. عدم ترابط خطوات كروسبي فضلا عن افتقارها إلى المنهجية وحتى الإرشادات التنفيذية لها .

2. استخدامه لمعيار العيوب الصفرية أو اللاعيوب فهناك دائما خطر انحراف السلوك والعمليات ولذلك لابد أن تشمل البيئة الثقافية للجودة تحليل الاختلافات وتقليل التعلم من الأخطاء .

3. عدم الاهتمام باحتياجات العاملين .

4. عدم توضيح المعوقات التي يمكن أن تعترض الجودة .

5. عدم الاهتمام بالأساليب الإحصائية في جمع وتحليل البيانات واهتمامه بمعيار اللاعيوب من أول مرة .

هـ - كارو ابشيكاوا Kauro Ibshikaua: يتمثل مدخل كارو ابشيكاوا في أن الجودة مسؤولية الإدارة وكل العاملين وتقوم فلسفته على أسس من الفكر الإداري وتنظيم العمل وأسلوب اتخاذ القرارات والتركيز على أهمية العميل المستفيد وإرضاءه وإشباع رغباته، ويمكن القول بأن فلسفته للتطبيق كانت من منظور شمولي للمؤسسة ككل بالإضافة إلى اهتمامه بقنوات الاتصال والمشاركة فيما بين المستويات المختلفة للإدارة وإن هذه المشاركة يجب أنه تكون فعلية وفعالة ولذا يلزم زيادة الدافعية نحو المشاركة لجميع العاملين لتحقيق الجودة الشاملة.

ولقد حدد "ابشيكاوا" عدة نقاط لضمان تحقيق نجاح الجودة تتمثل فيما يلي:

- مشاركة جميع العاملين في وضع حلول للمشكلات التي تواجهها الإدارة .

- التركيز على التدريب والتعليم المستمر لتوفير الوعي في تحسين العمل .

- استخدام الطرق الإحصائية لحل مشاكل الجودة .

- توفير المناخ المناسب الذي يساعد العاملين على البحث المستمر .

- توفير عمل الإدارة بواسطة أعضاء مجلس الجودة .

- تقويم العلاقة بين العاملين في الإدارة دوافعهم تجاه العملاء .

و – فنجن بوم: ويعتمد مدخل فنجن بوم لتحسين الجودة على عملية الرقابة على الجودة الشاملة في سبيل تلبية الطلبات الخاصة بالعملاء على أن تبدأ الرقابة

على الجودة الشاملة من بداية عملية التصنيع للمنتج إلى أن تذهب السلعة ليد المستهلك ويعني ذلك تبني الإدارة لجودة خدماتها منذ بداية التخطيط لها وبمشاركة كافة العاملين وقد أشار إلى عنصر القياس أو ما يعرف بتكلفة تشغيل الجودة وأقسامها الأربع التي تتسم بالوصف الذاتي وهي تكلفة الوقاية بما في ذلك التخطيط للجودة الشاملة وتكلفة التصميم بما في ذلك تكلفة الفحص وتكلفة الفشل الداخلي بما في ذلك إعادة التشغيل وإعادة العمل تكلفة الشكاوي ويؤكد فنجن بوم أن هناك عنصرين أساسيين لتحقيق الجودة كاستراتيجيه عمل هما:

1. تحقيق الرضا للمستفيدين قبل أن يكون الهدف الرئيس للجودة .
2. تحقيق الأهداف ويجب أن يقود النظام الجودة الشاملة.

ويؤكد "فنجن بوم" على ثلاثة مبادئ أساسية لرقابة وضبط الجودة تتمثل فيما يلي:

- عملية الضبط عملية مستمرة تبدأ الأهداف وتنتهي بمدى تحقيقها .
- إنشاء سجلات للجودة يسمح برؤية واضحة لأداء العمال .
- يجب أن يتميز نظام ضبط الجودة بالمرونة وتقديم عدة بدائل .

كما يؤكد على ضرورة قياس الجودة في ضوء معايير محددة وأن تشمل أربعة خطوات أساسية هي:

1. وضع معايير للجودة حتى يتمكن عن طريقها تحديد مدى ملائمة الخدمة المقدمة أو المنتج .
2. تقييم مدى مطابقة الخدمة لهذه المعايير .
3. تعديل المعايير عندما يزيد العيار أو المبالغة فيه بحيث لا يمكن تحقيقه .
4. التخطيط للتحسين في المعيار حتى تتمكن الإدارة من الوصول إلى المعيار الذي يناسب إمكانيتها ومدى الملائمة التي يريدها العميل .

ح - جون س أوكلاند Johun S. Oakland: ويركز مدخل جون أوكلاند على أن ممارسات الجودة تعمل على التكامل والتنسيق بين جميع الأقسام داخل الإدارة من خلال عدد من الأساليب والمبادئ الإدارية المختلفة كما أنه يؤكد على أهمية مراقبة العملية الإحصائية وتحليل الوقت

والتخطيط الإستراتيجي بحيث تصبح ممارسة عناصر الجودة من قبل جميع الأقسام المنشأة هدفا يسعى لتحقيقه الجميع لذلك فهو ينظر إلى إدارة الجودة الشاملة بأنها مجموعة من التنظيمات الإستراتيجية طويلة الأجل تساعد الإدارة على توفير مبادرات التحسين من خلال جميع الأقسام.

وتتبلور أهم أفكاره في النقاط الآتية:

- الجودة تعني تلبية حاجات العملاء .
- أغلب مشكلات الجودة تنبع من الخلافات بين الأقسام .
- تتكون الرقابة على الجودة من مراقبة أسباب مشكلات الجودة والعثور عليها والحد منها .
- يقوم ضمان الجودة على الوقاية من الأخطاء ونظم الإدارة والتدفيق والمراجعة الفعالة .
- يجب التأكيد على إدارة الجودة لأنها لا تأتي بالمصادفة .

ويتكون نموذج تطبيق الجودة الشاملة لأوكلاند من سبعة أبعاد تتمثل فيما يلي:

1. إيمان الإدارة العليا بالتغيير: حيث أنه بدون إيمان الإدارة بالتغيير وتوجيه العاملين إليه وتشجعيهم عليه لا يحدث أي تغير كما يجب أن تعترف الإدارة العليا بأهمية أسلوب الجودة الشاملة في تحسين الأداء ورفع كفاءة العاملين.
2. وضع رؤية واضحة: يجب أن يكون لدى الإدارة رؤية واضحة تعمل على أساسها في ضوء معلومات وبيانات حقيقية .
3. وضع المعايير للقياس: حيث يجب على الإدارة أن تضع مقاييس لجميع عملياتها تقيس في ضوئها أداء العاملين ومدى تحقيقهم لأهداف الإدارة وأن تكون هذه المعايير ملائمة ومناسبة لإمكانية الإدارة المادية والبشرية .
4. تحديد عوامل النجاح في ضوء الرؤية المحددة: حيث أن الإدارة يجب أن تحدد في ضوء المعايير الموضوعية مدى تقدم العاملين في أداء مهامهم وأن تحدد لهم العوامل والطرق والأساليب التي تساعدهم في تحسين أدائهم .

5. فهم العمليات: يجب أن يكون لدى العاملين بدأ من الإدارة العليا وانتهاء بجميع العاملين دراية تامة بالعمليات التي تقوم بها الإدارة وكذلك طرق وأساليب أداء هذه العمليات .

6. تقسيم العمليات إلى مراحل وأنشطة ومهمات: يجب أن يكون هناك تقسيم للعمليات إلى مراحل وأنشطة ومهمات يجب أن يعرف كل فرد المهام المطلوبة منه.

7. ملائمة العمليات للتغيرات التي تحدث في بيئة العمل: بعد تقسيم العمليات إلى مراحل وأنشطة يجب أن تتأكد الإدارة بأن هذه العمليات ملائمة للتغير التي ترغب في تحقيقه في بيئة العمل .

2- المدخل الياباني في تحسين الجودة:

تؤكد العديد من الدراسات على أن التفوق الياباني الاقتصادي على الولايات المتحدة الأمريكية يرجع إلى أسلب إتباع الجودة الشاملة في الصناعة والتعليم وكذلك في مجال إعداد القوى البشرية الملائمة لتطوير الصناعة حيث لليابان تجربة طويلة في هذا المجال حيث بدأت تطوير هذا الأسلوب بعد الحرب العالمية الثانية فكان لها الأثر الكبير في التنمية في اليابان، فلقد باتت هذه التجربة حديث العالم كله ومدخل إعجابه ومقدرة ومجالا خصبا لدراساته وتحليلا للوقوف على أسرار نجاحه ومحاولة الإفادة منها سواء في تقدمها التكنولوجي والصناعي أو نظامها الاقتصادي أو التعليمي أو في كيفية الإدارة والاستثمار الأمثل لمواردها الطبيعية والبشرية، كما يؤكد الباحثين والكتاب على أن هذا التفوق يكمن بالدرجة الأولى في نموذج الإدارة التي أتبعته المؤسسات اليابانية الصناعية والخدمية والذي يقوم على العناصر التالية:

- الاهتمام بالجودة العالية وخفض النفقات .

- الاتجاه لتطوير مجموعات كبيرة من نماذج المنتجات بمواصفات متعددة .

- استخدام أساليب التقنية المتعددة في أداء خدماتها .

- التعامل مع الموارد البشرية باعتبارهم أهم الأصول في المؤسسة .

- تطبيق فكرة علاقات العمل الدائمة حيث ارتباط العاملين بمؤسساتهم بصفة دائمة .

- القيادة القائمة على الاتفاق والتوافق وإشراك العاملين في حلقات الجودة والمشاركة الجماعية في حل المشكلات وتطوير الأداء .
- السعي لتحقيق أهداف بعيدة المدى وليس الاقتصار عل الأهداف العاجلة .
- التركيز على التحسين المستمر للعمليات الإدارية والإنتاجية .

والمدخل الياباني في تطبيق الجودة لا تختلف عناصره عن مداخل رواد الجودة الشاملة داخل النظام الإداري لجميع المؤسسات بما يتناسب مع ثقافتهم القومية وبطريقة تختلف عن الفكر الإداري التقليدي وهذا ما يميز المدخل الياباني في تحسين الجودة حيث أنهم لم يركزوا على مدخل معين دون الآخر فمن خلال مدخل ديمنج استخدموا الأساليب الإحصائية في الرقابة على الجودة في بداية الخمسينات من القرن العشرين.

كما طبقوا دورة التحسين المستمر عام 1962 وأنشأ ما يعرف باسم حلقات الجودة على يد كارواشيكاو والتي أصبحت بمثابة برنامج يطبق على نطاق واسع بالشركات اليابانية وهي مجموعة تطوعية من نفس مستوى العمل داخل قسم واحد يتعامل أسبوعيا لدراسة مشاكل الجودة التي تحدث داخل قسمهم ومن أكثر فوائدها التي تحدث بالإضافة إلى تأكيدها لأهمية الجودة هي تأثيرها على إشباع الأفراد وعلاقاتهم واتجاهاتهم السلبية لإدارة المنظمة.

وتستخدم المنظمات اليابانية مجموعة الأدوات التي حددها الرواد في مجال تطبيق الجودة الشاملة وهي:

- مخطط هيكل السمكة أو مخطط السبب والنتيجة.
- مخطط بارتيو (الرسوم اليابانية).
- خريطة سير الإجراءات (التدفقات).
- خريطة سير العمل.

وذلك في تحليل مشاكل العمليات وتنشر الملاحظات على لوحة ويطلق عليها محطة إدارة الرقابة وبهذه الطريقة فإنها لا تتيح للعاملين معرفة أسباب المشاكل فحسب بل تعطيهم الفرصة للتغلب عليها وتحسينها فمن المعتاد أن يذهب العاملون إلى هذه المحطات لأخذ نقاط الجودة في الاعتبار وتبديل المعلومات وباستخدام دائرة التحسين المستمر والتي جمعها ديمنج وجيوران أو التي وضعها والتي تسمى كارين لاماي.

ويؤكد العلماء والباحثون أن هناك بعض العوامل التي ساعدت على نجاح تطبيق الجودة الشاملة في اليابان ويمكن الاستفادة منها عند تطبيق إدارة الجودة الشاملة وتتمثل فيما يلي:

1. نظم التعليم اليابانية: تعتبر نظم التعليم اليابانية أحد المقومات الأساسية في تقدم المجتمع الياباني فاليابان تمتلك أحسن النظم التعليمية في العالم على الإطلاق والتي تعمل على تخريج العاملين المهرة القادرين على الابتكار والتجديد والعمل بجودة عالية.

2. خصوصيات الثقافة اليابانية: العوامل الذاتية التي تتعلق بطبيعة وتكوين النسيج الثقافي والتراث الياباني وما يتصف بم من المرونة والقابلية للاقتصاد والاستيعاب للمفاهيم والأفكار الأجنبية وقدرته على التكيف معها وصبغتها بالصبغة اليابانية.

3. الإدارة بالمشاركة وجماعية القرار: حيث يشترك جميع الأفراد في عمل الإدارة ومناقشة المشروعات واتخاذ القرارات اللازمة بشأنها مقابل أن تتسرع المؤسسة في تنفيذ مشروعاتها، يقوم العاملين بدراسة المشروع بصورة كاملة.

4. تنمية وتدريب العاملين: تهتم المؤسسات اليابانية بالتدريب لجميع العاملين وتعتبره من أكثر العوامل التي تساعد على تحسين الأداء وبناء الجودة وتختلف المتطلبات على حسب نوع الوظيفة والمستوى الإداري ويوجد ثلاثة أنماط للتدريب تتمثل فيما يلي:

أ- التدريب خارج العمل: ويهتم هذا النمط بتطوير اتجاهات العاملين وطريقة تفكيرهم وكذلك استخدام الأساليب الإحصائية ومبادئ الجودة الشاملة.

ب- التدريب أثناء العمل: وتقع مسؤوليته على الإدارة من خلال التوجيه والإرشاد.

ج- التطوير الذاتي: حيث تشجع الإدارة العملين لديها على التعلم الذاتي المستمر والدراسة الحرة والقراءة كما تقوم المؤسسات بدفع ثلث الرسوم التي يتكلفها الموظف في التعليم أثناء العمل.

وتقع المسؤولية في تطوير وتحسين أداء العاملين داخل المؤسسات اليابانية على الإدارة حيث أنها تقوم بتشجيعهم على تقديم الأفكار الجديدة والمعلومات التي تساعد في التحسين والتجويد.

5. استخدام دوائر الجودة: فلقد أدى استخدام دوائر الجودة إلى نجاح أسلوب الجودة الشاملة في اليابان حيث أن الأفكار والآراء التي يطرحونها كانت تترجم لأفعال وتصرفات وبالتاي تعظيم السلوك لكل الأعضاء المشاركين في كل دائرة كما أنها تعتبر كوسيلة من وسائل الاتصال الفعالة بين العاملين بعضهم وكذلك بين الأقسام.

6. استخدام أساليب الرقابة الإحصائية والاحتفاظ بالبيانات اللحظية: حيث أن المؤسسات اليابانية تستخدم الأساليب الإحصائية والرسوم اليابانية في الرقابة على الأداء وتوضيح المشاكل وتوضيح مدى التقدم الذي يتحقق وتسجيل ذلك ورقيا ومرئيا وذلك للتأكد من مدى التقدم والتحسن المستمر.

ويتضح مما سبق أهمية المدخل الياباني حيث أنه يجمع المداخل السابقة في تطبيق الجودة كما أنه يتميز بما يلي:

- التخطيط طويل الأجل ومشاركة العاملين.

- الاهتمام بالتدريب والتعليم المستمر للعاملين.

- استخدام الأساليب الإحصائية وأدوات رقابة الجودة من كل المستويات الإدارية.

- استخدام نظام دوائر الجودة في المؤسسات اليابانية.

3- أوجه الاستفادة من مداخل الجودة الشاملة:

من خلال ما سبق من مداخل الرواد والمدخل الياباني للجودة الشاملة فإنه يمكن الاستفادة في بناء نموذج إدارة الجودة الشاملة في المؤسسات كما يلي:

● استخدام منهجية شيورات كمنهجية رئيسة لعمليات التطوير والتحسين المستمر وكذلك استخدام الأساليب الإحصائية والتحليل الإحصائي للبيانات واستخدام أسلوب الرقابة.

- الاستفادة من مبادئ ديمنج في تشكيل معايير أساسية في بناء النظام الاجتماعي والفني للجودة الشاملة وكذلك استخدامه لمفهوم الرقابة الإحصائية للتعرف على الاختلاف والاستفادة من المعايير التي وضعت في جائزة ديمنج وكذلك تركيزه على النتائج والعمليات مها وإشراك العاملين في التخطيط وصنع القرار والتشديد على أهمية التعليم والتدريب.

- الاستفادة من ثلاثية جوران لإدارة الجودة وكذلك خطوات تحسين الجودة.

- الاستفادة من مدخل كروسبي في خطواته الأربعة عشر والتي تساعد الإدارة في تحسين الجودة وكذلك تشديده على النتائج ووضع المعايير التي تقيس الخلل وكذلك التكاليف.

- الاستفادة من مدخل "كارو ابشيكاوا" في استخدام حلقات الجودة وكذلك استخدام أسلوب الهيكل العظمي للسمكة لتتبع شكاوي العملاء عن الجودة وتحديد مصادر الخطأ والقصور واستخدام خرائط التدفق.

- الاستفادة من مدخل "فيجن بوم" في قياس جودة الخدمة عن طريق وضع المعايير تقييم مدى المطابقة وتأكيده على أهمية الإدارة ومدى مسؤوليتها عن الجودة وكذلك تأكيده على أهمية الجانب الإنساني.

- كما يمكن الاستفادة من مدخل "جون أوكلاند" من خلال مدى التكامل والتعاون بيت الأقسام بالإدارة بحيث تكون الجودة هدفا يسعى الجميع لتحقيقه وكذلك استخدام الأساليب الإحصائية.

- الاستفادة من مدخل "ماساكي اماي" في عملية التحسين المستمر والمعروفة Kaizen– في تحسين العمليات.

- الاستفادة من المدخل الياباني في تطبيقه لمداخل رواد الجودة وجميع أفكارهم في تكوين منهج متكامل يتناسب مع ثقافة اليابان وكذلك تركيزه على التعليم والتدريب وأهميته في تخريج الكوادر القادرة على أداء العمال بطريقة جيدة وكذلك استخدام أسلوب الإدارة بالمشاركة وسمات القيادة واستخدام حلقات الجودة الشاملة وأساليب الرقابة الإحصائية والتخطيط الاستراتيجي.

وفي ضوء ما سبق فإن المدخل المراد تطبيقه لإدارة الجودة الشاملة في المؤسسات يجب أن يتميز بما يلي:

- أن يكون مدخلاً شاملاً يشمل كل الإدارات والأقسام وجميع المستويات والوظائف.
- أن يهدف إلى التحسين المستمر في العمليات الإدارية.
- أن يعتمد على التخطيط والتنظيم الجيد .
- أن يعتمد على مشاركة جميع العاملين وإقناع كل الأفراد.
- أن يعتمد على التوجيه بدلا من التفتيش وتصيد الأخطاء.
- أن يعتمد على العمل الجماعي وليس العمل الفردي.
- أعتماده على الأساليب الإحصائية في جمع وتحليل البيانات.
- اعتماده على الوسائل التكنولوجية في حفظ البيانات والمعلومات واسترجاعها.
- إعطاء العاملين الفرصة والسلطة اللازمة لأداء أعمالهم دون التدخل في كل صغيرة وكبيرة من جانب الإدارة والجهات الخارجية.
- إعطاء الفرص للعاملين في إظهار مواهبهم وتقديم أفكار جديدة تفيد العمل.
- تنمية وتدريب العاملين وتشجيعهم على التعليم المستمر.
- الاهتمام بالمستفيدين من الخدمة وتقديم الخدمات التي تناسب احتياجاتهم .
- النظر إلى عملية تطوير وتحسين الجودة من قبل الإدارة والعاملين بأنها عملية مستمرة.
- تحذير العاملين وتشجيع انتمائهم للإدارة.
- مشاركة جميع العاملين والمستفيدين في وضع معايير لقياس الأداء وقياس الخدمة المقدمة.
- الاهتمام بنظام أو أسلوب دوائر الجودة في جميع الإدارات تكون مهمتها البحث عن أفضل طرق للأداء الجيد وكذلك البحث عن احتياجات العاملين المستفيدين من الخدمة وأهم المشكلات التي تعوق أدائهم وتقديم الحلول.

***

الفصل الثالث

المعايير الدولية
لإدارة الجودة الشاملة في المؤسسات

تمهيد

يتطلب تحقيق جودة العمليات الإدارية بالمؤسسات تحديد المرجعيات (المعايير القياسية والمستويات) التي يجب توافرها في كل عملية بداية من التخطيط وانتهاء بالرقابة والتقويم وهذه المعايير تساعد الإدارة في قياس أدائها نحو تحقيق الجودة الشاملة في ضوء هذه المعايير وتزخر العديد من المراجع والدراسات العربية والأجنبية بقوائم من المعايير ولكن أي منها تم تقديم إطاراً متكاملاً لمعايير الإدارة أو العمليات الإدارية بها ولكن ومن خلال مراجعة الأدبيات التي تناولت وضع المعايير بصفة عامة لقياس الجودة، فإننا نرى ضرورة عرض هذه المعايير العالمية في هذا الفصل.

1- معيار ديمنج:

أسست اليابان جائزة ديمنج عام 1951 وقد تم تسميتها باسم العالم الأمريكي ديمنج تقديراً لجهوده البارزة في حركة الجودة في اليابان وتقوم جائزة ديمنج على مجموعة من المعايير التي وضعها إتحاد العلماء والمهندسين الياباني، وقد ركزت الجائزة على النجاح في الرقابة الإحصائية على الجودة كوسيلة لتحسين الجودة كما ركزت على التزام الإدارة ومشاركتها في برامج لتحسين الجودة وتعتبر جائزة ديمنج من أشهر جوائز التميز على المستوى العالمي.

وتتمثل معايير جائزة ديمنج على مجموعة من مؤشرات الجودة تتمثل فيما يلي:

- **السياسة:** كيف يتم تحديد ونشر السياسات وما هي النتائج التي تحققت وتناولت السياسات –الإدارة - طرق وضع السياسة - مناسبة وتماسك السياسات - استخدام الأدوات الإحصائية – انتشار وتنظيم السياسات – فحص السياسات ودرجة تنفيذها – العلاقة بين التخطيط طويل المدى وقصير المدى.

- **المنظمة وإداراتها وتتمثل فيما يلي:**
  - كيف يتم تحديد نطاق السلطة والمسؤولية .
  - التفويض المناسب للسلطة.
  - مدى التعاون بين مختلف الأقسام.
  - اللجان وأنشطتها.

- استخدام دوائر الجودة.
- تشخيص الرقابة على الجودة.

- **التعليم والتدريب:**

- برامج التدريب والتعليم والنتائج.
- درجة فهم الجودة والرقابة.
- التعليم والتدريب على الطرق والأساليب الإحصائية ودرجة انتشارها.
- أنشطة دوائر الجودة.
- اقتراحات التحسين.

- **الجمع بين الاتصالات ومنفعة المعلومات:**

- جمع المعلومات من خارج المؤسسة .
- نقل المعلومات بين الأقسام والأفراد .
- التحليل الإحصائي للمعلومات .
- سرعة نقل المعلومات واستخدام الحاسب الآلي وتسجيل البيانات .

- **التحليل ويتمثل في:**

- اختيار المشاكل والموضوعات الهامة والرئيسة.
- مناسبة وملائمة طرق التحليل.
- استخدام الأدوات الإحصائية.
- الربط بين الأساليب التكنولوجية الحديثة.
- تحليل الجودة وتحليل العمليات.
- استخدام نتائج التحليل والاستفادة منها.
- إيجابية مقترحات التحسين.

- **المعايير:**

- نظام المعايير وهي كيفية تنظيم المعايير ووضعها في نظام.
- طرق إنشاء المعايير ومراجعتها وتعديلها أو إلغاء بعضها.
- طرق تسجيل النتائج.

- استخدام الطرق الإحصائية.
- التراكم التكنولوجي.
- مدى الاستفادة من المعايير.

- الرقابة:
- نظم الرقابة على الجودة والتكاليف المرتبطة بها والكمية.
- بنود ونقاط الرقابة.
- مدى الاستفادة من الرقابة الإحصائية وخرائط المراقبة.
- مساهمة أنشطة أداء دوائر الرقابة على الجودة.
- محطات الرقابة وعمومية الرقابة.

- توكيد الجودة:
- إجراءات وتطوير الخدمة أو المنتج.
- رقابة العمليات وتحسينها.
- تصنيف الجودة، التحليل، والاعتماد، ومراجعة التصميم.
- المسؤولية القانونية.
- المقاييس والفحص.
- صيانة المعدات والرقابة على المشتريات والخدمات الخارجية.
- نظام تأكيد الجودة ومراجعته.
- استخدام الأدوات الإحصائية.

- النتائج:
ويقصد بها قياس الأداء والخدمات وهل هناك تحسين في الجودة، وكمية الخدمات والتكاليف وهل تحسنت المنظمة ككل في مجالات الجودة وكذلك طريقة التفكير والرغبة في العمل والأداء من جانب العاملين وتتمثل المعايير كما يلي:
- قياس النتائج.
- مدى الجودة في الخدمة - ووقت الأداء - والتكاليف والعائد.

- إجراءات التغلب على العيوب والمشكلات التي تعوق الأداء.

- التعرف على النتائج غير الملموسة.

- **الخطط المستقبلية:**

ويقصد بها مدى قدرة وملائمة الخطط المستقبلية داخل المؤسسة ويتمثل في:

- مدى تحديد الوضع الراهن بما فيه من حقائق دون تحريف أو مغالاة.

- وضع خطط لمزيد من الازدهار والتحسين في أداء الخدمات.

- مدى الربط مع الخطط طويلة الأجل.

- وضع استراتيجيات للتغلب على المشكلات والعيوب في الأداء.

- مدى الاستفادة بآراء العاملين وكذلك المستفيدين في وضع الخطط.

إن المعايير السابقة يمكن تنفيذها داخل الإدارة التعليمية كما يمكن استخلاص بعض المعايير التي تفيد موضوع البحث وهي معايير العمليات الإدارية وذلك من حيث وضع معايير للأهداف وكذلك معايير الإدارة من حيث التفويض المناسب ومشاركة العاملين وتنمية وتدريب العاملين أيضا من خلال معايير المعلومات وكيفية الاستفادة منها ومدى ملائمتها واستخدام الوسائل التكنولوجية والأساليب الإحصائية في تحليلها كذلك معايير الرقابة والتخطيط وقياس النتائج واستخدام الإدارة لفرق دوائر الجودة ومدى مساهمتها في تحسين جودة الأداء وتحديد احتياجات العملاء والمستفيدين من خدمات الإدارة ومدى الاستفادة من توصيات تفيد جودة الأداء للخدمة سواء كانت داخلية أو من خلال آراء المستفيدين من الخدمة.

2- معايير بالدريج Malcain Baldrige:

وقد أنشأ المعهد القومي للمعايير والتكنولوجيا بالولايات المتحدة الأمريكية في عام 1987 جائزة "مالكوم بالدريج" لتمنح للشركات الأمريكية فقط المتميزة في مجال الجودة، وسميت الجائزة باسم "مالكوم بالدريج" والذي كان يشغل منصب وزير التجارة في حكومة ريجار تكريماً له حيث ظل ينادي بتطبيق مفهوم الجودة الشاملة وحتى وفاته عام 1987، ومدا اهتمامه بالتعليم حيث انتقل مفهوم الجودة الشاملة في مجال التعليم على يده وأصبح تطبيق الجودة في التعليم حقيقة واقعة حينما أعلن رونالد

براون عام 1993 أن جائزة مالكوم في الجودة قد امتدت لتشمل قطاع التعليم إلى جانب الشركات الأمريكية.

ولقد اهتم مالكوم بتطبيق مبادئ الجودة الشاملة في التعليم والتي يتمثل فيما يلي:

- أن الإداريين والعاملين والمعلمين يجب أن يسعوا جميعا إلى تحقيق الجودة.

- التركيز يجب أن يتم على إرضاء الطلاب والمستفيدين من الخدمة التعليمية.

- الاهتمام بنتائج الأداء التعليمي.

- تنمية الموارد البشرية.

- تطوير القيادات التعليمية.

- بناء شبكة معلومات متطورة.

- استعمال الضبط الإحصائي بدقة لتحسين عمليات الإدارة والعائد من الطلاب.

ولقد أصبح دليل إرشادات معايير جائزة "بالدريج" واحد من أكثر المواد المطبوعة شعبية وانتشارا في دوائر الأعمال الأمريكية في السنوات الأخيرة حيث تقوم على الدرجات التضمينية تتكون من 1000 نقطه (درجة) تتوزع على معايير وبنود الجائزة المختلفة كما أنها تقوم بعدد من الأبعاد التي تعتبر في غاية الأهمية لعملية الإدارة ذات الأفق الواسعة.

ويؤكد " وم وجوبادنبيل Woom & Ghobadinal " على إمكانية استخدام قائمة المعايير كمقياس يمكن الاعتماد عليه في تقيم الجودة بقطاع الخدمات (التعليم) وذلك من خلال المعايير التي تحددها الجائزة وإعادة تصميمها لتتوائم مع طبيعة المؤسسات التعليمية وتتمثل المعايير ودرجاتها كما يلي:

*   القيادة والإدارة والمسؤولية العامة:

-   القيادة وتتمثل في:

- مدي تضامن المدير في خلق وتأسيس بيئة الجودة.

- مدى تركيزه على العميل.

- يضع توقعات الجودة ويخطط ويراجع تقدمها.

- مدى اتصاله بالعاملين واعترافه وتشجيعه لإسهاماتهم وابتكاراتهم.

- مدى معرفة المدير بجودة العملاء داخليا وخارجيا.

- مدى قدرته على قيادة العاملين وتهيئة الجو في التميز في مجال الجودة.
- تقييم العاملين وتحسين فعاليتهم وأدائهم.

- الإدارة وتتمثل في:

- يتم التركيز على العميل ومتطلباته في كل مستويات الإدارة والمشرفين لأدوار ومسؤوليات الجودة داخل وحدات التنظيم.
- يتم تحليل الهياكل التنظيمية لكي تخدم جودة العميل بكفاءة وفاعلية.
- وضع خطوات لتدعيم الوحدات التي لم يصل أداؤها إلى مستوى الخطط والأهداف.
- وجود طرق ومؤشرات أساسية لتقييم وتحسين وعي وتكامل الجودة على كل المستويات.

- المسؤولية العامة وتتمثل في:

أخلاقيات العمل والصحة العامة وحماية البيئة وتقوم على مجموعة من المعايير كما يلي:

- كيف يتم تحديد وتحليل الأخطاء .
- الأهداف كيف توضع.
- طرق التحسين.
- مؤشرات الجودة لكل مجال.
- كيف يتم مراجعة التقدم.
- الحصول على المعلومات وتبادلها.
- نظرة الإدارة إلى المستقبل وتوقع احتياجات العملاء.

* التخطيط الإستراتيجي للجودة:

ويتمثل في:

- كيف تؤمن الاتجاهات الإستراتيجية.
- كيف تحدد أسس ومتطلبات التخطيط.
- متطلبات الخطة تترجم إلى نظام إداري فعال.

- عملية تخطيط أداء المنظمة.

• **توافر المعلومات وتحليلها:** وتحـدد مـدى فعاليـة الإدارة في اسـتخدام البيانـات والمعلومات وتحليلها عـلى مستوى الإدارة واستخدام الأسـاليب الإحصـائية لقياس الأداء وتحليل الأداء التنظيمي في ضوء المعايير الموضوعة .

• **تنمية الموارد البشرية:** وتتمثل في

- تعليم وتدريب العاملين.

- أداء العاملين بعد تدريبهم.

- الروح المعنوية داخل الإدارة ومدى رضا العاملين.

- مشاركة العاملين في التخطيط للبرامج التدريبية.

• **إدارة العمليات:** وتتمثل في

- مدى إدارة العمليات وجودتها.

- مدى تركيز العمليات على العملاء.

- مدى مساهمة العمليات المدعمة في التعليم.

- مشاركة العاملين.

- وجود اتصالات فعالة بين الأقسام والعاملين.

• **التركيز على العملاء وإرضائهم (مدارس وطلاب وأولياء أمور):** وتتمثل في

- تحديد احتياجات العملاء من الخدمة وتوقعاتهم.

- وجود علاقة بين الإدارة والمنتفعين من الخدمات.

- قياس مدى نجاح العمل في رضا العملاء والمنتفعين.

- وجود مؤشرات ومعايير لقياس رضا العملاء.

• **نتائج الجودة** وتتمثل في:

- نتائج جودة الخدمات.

- قياس نتائج أداء الطلاب.

- قياس نتائج أداء العاملين.

- نتائج الفعالية التنظيمية.

- قياس نتائج العمليات الإدارية والخدمات المساعدة.

وفي ضوء ما سبق فإن معايير جائزة "بالدريج" تقوم في ضوء أرقام عادية للحكم على نظام الجودة وتوضيح مستوى الأداء مقارنة بالمعايير الموضوعة ويمكن استخلاص بعض المعايير المفيدة مثل معايير القيادة الفعالة واستخدام المعلومات وتحليلها. ويلخص "كلمن باك وبرنيس" أهم مزايا وعيوب الاعتماد على معايير كل من جائزة "ديمنج وبالدريج" فيما يلي:

أ- المزايا:

- اعتمادها على معايير دولية يمكن على أساسها القياس.
- أكثر مناسبة لظروف المنظمات والمؤسسات المحدودة في تنفيذها بدقة.
- أنها تقوم على تجارب أفضل المؤسسات نجاحاً.
- أنها تساعد على توحيد القياسات في جميع المؤسسات.
- اعتماد جائزة بالدريج على نقاط يمكن عن طريقها قياس الجودة داخل المؤسسات التعليمية.

ب- العيوب:

- ثبات المعايير: فعوامل النجاح تتغير بصفة مستمرة وما هو مناسب اليوم لا يناسب الغد في ضوء التغير المستمر.
- عدم مشاركة العاملين في وضع المعايير.
- صعوبة تطبيقها بدقة.
- عدم توضيح كيفية تحسين مستوى الأداء والذي يحتاج إلى توافر نظرية للتطبيق.
- أن الاعتماد على هذه المعايير يفرض أن الإدارة قد وصلت إلى مرحلة من النضج في تطبيق إدارة الجودة.

3- مقاييس الأيزو:

في عام 1976 اجتمعت عشرون دولة لوضع عدة معايير لأداء نظم الجودة أطلقوا عليها ISO 9000 وهي الحروف الأولى من International Standardization

Organization وتعني المنظمة الدولية لتحقيق القياس وهي منظمة دولية تستهدف رفع مستويات القياس ووضع المعايير والأسس والشهادات المتعلقة بها من أجل تشجيع تجارة السلع والخدمات على المستوى العالمي وقد حقق هذا النظام نجاحاً كبيراً في وتنبته عدة دول ليكون معياراً قومياً لها.

وتعرف مواصفات الأيزو بأنها مواصفات عالمية تتناول كل ما يخص جودة المنشأة ككل فهي ليست مواصفات للمنتج سواء كانت سلعة أو خدمة ولكنها تقيس درجة جودة الإدارة ومدى تحقيقها لرغبات العاملين والمتعاملين على حد سواء بشكل يكفل استمرارية المنشأة في الأداء المتميز وبالمستوى الرفيع من الجودة.

ويتعلق الأيزو بكافة الاعتبارات ذات التأثير على كفاءة وجودة الأنشطة وتأثيرها على جودة المنتج أو الخدمة النهائية فمن خلال المواصفات الفنية والمعايير الدقيقة التي تستخدم يمكن التأكد من أن الإدارة والخدمة والعمليات تكون مطابقة للأغراض التي وضعت من أجلها بصرف النظر عن نوع وحجم وطبيعة المؤسسة.

وتتكون الأيزو من خمسة مواصفات تضم أرقاما متسلسلة للمواصفات القياسية الدولية ولكل مواصفة رقم غيرها ويتمثل فيما يلي:

* **الأيزو 9000 (ISO 9000):**

وهي مواصفات توكيد وإدارة الجودة وتوضيح الخطوط العريضة لكيفية اختيار المواصفات التي تتناسب مع طبيعة المؤسسة والأساليب اللازمة للتنفيذ أي أنها خريطة توضيحية إلى المواصفات الأخرى في سلسلة التعريفات الرئيسة والمفاهيم الأساسية واستخدام معايير الجودة للأغراض التعاقدية.

* **الأيزو 9001 (ISO 9001):**

وهي مواصفات تمثل نموذجاً متكاملاً لتنفيذ متطلبات الجودة للمؤسسة فهي تشمل قواعد تصميم وتطوير المنتج وقواعد التفتيش والاختيار والتدريب والتركيب والخدمة ويتطلب ذلك الوفاء بعشرين مبدأ للجودة.

* **الأيزو 9002 (ISO 9002):**

وهي مواصفات تمثل نموذجاً لتوكيد متطلبات الجودة أثناء مراحل الإنتاج وقواعد التفتيش والاختيار والتدرب وتمثل ذلك الوفاء بثمانية عشر مبدأ للجودة.

* **الأيزو 9003 (ISO 9003):**

وهي مواصفات تمثل نموذجاً لتوكيد الجودة بالفحص والاختيار للمنتج النهائي ويتطلب هذا النموذج الوفاء بعشر شروط للجودة.

* **الأيزو 9004 (ISO 9004):**

وتختص بالتوجيهات والإرشادات اللازمة لإدارة الجودة أي أنها توجيهات عامة لنظام الجودة وإدارة الجودة لوضع وتطبيق نظام فعال ويقارن الشكل التالي التغطية التي توفرها كل مواصفة .

وقد امتدت معايير الأيزو من مجال الصناعة إلى جميع المجالات الخدمية ويؤكد "ريكارد وفرانك" أن من بين العشرين مقياس التي تستخدم في مجال الصناعة، وهناك أثنى عشر معياراً يمكن استخدامها في التعليم والتدريب هي:

المعيار الأول: مسؤولية الإدارة

وتقع مسؤولية الإدارة في المركز الأول حيث تدور حولها جميع المواصفات وتتمثل مسؤولية الإدارة في تحديد سياسات الجودة وتنظيم الجودة والتحقق من الانجازات والمراجعة المستمرة لتأكيد استمرارية التحسين فالإدارة هي المسؤولة عن كافة الإجراءات الضرورية حتى تكون سياسة الجودة مفهومه لجميع العاملين.

المعيار الثاني: نظام الجودة

ويقصد بنظام الجودة طبقا لما أشارت إليه المواصفات الدولية مجموعة أساسية من الجوانب تشمل ما يلي:

- كيفية التعرف على احتياجات العملاء من خدمات.
- كيفية تحويل هذه الاحتياجات إلى مواصفات يمكن تحقيقها.
- كيفية مراقبة أداء الخدمات.

- كيفية وضع خطط للتطوير والتحديث الدائم.

- كيفية تقييم الأداء سواء للعاملين أو المستفيدين (المدارس والعاملين بها والطلاب).

- إعداد الإجراء الخاص بنظام الجودة الموثق بالمستندات والتعليمات.

المعيار الثالث: مراجعة العقد

ويقصد به إجراءات التأكد من ملائمة الاتفاقيات ومصطلح العقد مأخوذ من ISO 9000 وهو مثال نموذجي لأحد مصطلحات التصنيع التي يصعب ترجمتها في مجال التعليم.

ولكن يمكن ترجمته في مجال الإدارة التعليمية حيث أن من مهام الإدارة هو إجراء مناقصات وممارسات على بعض الأشياء التي قد يحتاجها المدرس من مواد وأدوات تكنولوجية ووسائل تعليمية وأدوات مدرسية ومكاتب وخلافه لذا فإن من أهم المعايير هو التأكد من أن هذه الاتفاقات ملائمة واحتياجات المدارس والتلاميذ ومدى ملائمتها من حيث التكلفة ودرجة الجودة وأن تكون هذه الموارد والمطالب مدعمة بالمستندات وفي حدود إمكانية الإدارة التعليمية.

المعيار الرابع: وقاية التصميم

ويقصد به مجموعة الإجراءات اللازمة لمراقبة تصميم المنتج والتحقق منه لضمان الوفاء بالمتطلبات المحددة وفي التصنيع نجد أن التصميم هو كل مرحلة بدءاً من الفكرة المبدئية لأحد المنتجات الجديدة ومروراً بالخطط التفصيلية والتي تؤدي إلى تصنيع منتج جيد.

وفي الإدارة التعليمية فإن رقابة التصميم تعني اتخاذ الإجراءات اللازمة بالتحاق الطلاب بالمدارس ومراقبة انتظامهم والتأكد من خطط المنهج ومراجعة مواد التصميم وخطط المقرر الدراسي، وأماكن الطلاب ووضع الخطط التفصيلية لذلك، وكذلك مراقبة أداء المعلمين ومدى قدرتهم على توظيف المنهج الدراسي.

المعيار الخامس : الشراء

حيث يتم التأكد من أن المكونات التي تم شراؤها من أدوات وأجهـزة ومـواد التعليميـة اللازمة للمؤسسة التعليمية تتفق تماما مع المتطلبات التي تم تحديدها.

وحتى تتضمن جودة الشراء في المؤسسات التعليمية يجب مراعاة ما يلي:

- تحديد الاحتياجات المطلوب الحصول عليها وشراؤها بدقة.
- أن تكون البنود المشتراة مرتبطة بالهدف الذي يتم الشراء من أجله.
- أن تكون المواد المشتراة كاملة وسليمة وخالية من العيوب.

المعيار السادس: الرقابة على العملية الإدارية

يجب أن تكون هناك رقابة ومتابعة مستمرة على جميع العمليات التي تحـدث داخـل الإدارة التعليمية من تخطيط ونظام ورقابة وتصميم للتأكد أن جميع خطواتها تـم كـما هـو مطلوب لتحقيق جودة الأداء داخل الإدارة والعمل على إزالة جميع المعوقات التي تعـوق أي عملية.

المعيار السابع: مراقبة المنتج

في مجال الصناعة يكون تحديد المنتج غير المتوافق أو غير المطابق أمـراً في غايـة السـهولة حيث بنظر إلى المنتج عـلى أنه غير مطابق للمواصفات والـذي قـد يكـون تـم صنعه وبـه عيوب،أو لا يتناسب ومتطلبات العملاء نظراً لسوء جودته، أما في مجال التعليم فيصف الطلاب على أنهم هم المنتج وإن المنتج غـير المطابق هـم هؤلاء الطلاب الـذين رسـبوا في الامتحانات، وهذا التميز قد يكون مجحفاً في حق الطلاب لذلك فإن هذا البند لا يقتصر سوى على المنتجات التي تستخدم في عملية التعليم والتعلم وتعد غير مطابقة ويشمل ما يلي:

- الكتب التالفة أو التي بها أخطاء علمية أو أخطاء في التفاهم ومهمة الإدارة مراجعـة ذلك .
- مواد التدريب التي لا تلائم المنهج الحديث .
- بنود وطرق التقويم الغير سليمة أو التي لا تصلح للتطبيق .
- مهمة الإدارة هو مراقبة ذلك والاتجاه إلى تصحيحه حتى يتلائم ومجريات الأمور.

- وجود مدرسين غير أكفاء فمهمة الإدارة تنميتهم وتدريبهم .

- وجود أجهزة ووسائل للتدريس غير صالحة للاستخدام وإذا كانت صالحة يجب مراقبة مدى استخدامها .

المعيار الثامن: الإجراءات التصحيحية

ويرتبط هذا المعيار بالمعيار السابق حيث أن مهمة الإدارة هو الكشف عن الخلل والمشكلات والعيوب ومحاولة تصحيحها وبتطبيق ذلك بالتوجيه والإرشاد في الإدارة التعليمية وكذلك اتخاذ الإجراءات اللازمة للعمل على عدم وجود منتج غير مطابق واتخاذ الإجراء التصحيحي لذلك في حالة وجوده.

المعيار التاسع: سجلات الجودة

وتعني سجلات الجودة في نظام الأيزو كل المعلومات والبيانات التي يتم الاحتفاظ بها لبيان أن النظام يعمل حسب الخطة وحسب الإجراءات التي وضعت لذلك.

لذلك فإن الإدارة التعليمية يجب أن تلزم بوضع سجلات معتمدة وموضح بها مدى التقدم في تحقيق الجودة ومدى فعاليتها في ضوء معلومات وبيانات حقيقية يمكن الرجوع إليها عند اللزوم ومتابعة مدى التقدم وهناك مجموعة من الشروط التي يجب توافرها في سجلات الجودة تتمثل فيما يلي:

- الوضوح يجب أن تكون السجلات محددة وواضحة وتحتوي على بيانات دقيقة .

- سهولة التعرف عليها .

- يمكن استرجاعها بسهولة عند الحاجة .

- لها فترة استيفاء محددة لا يتعدى سنة دراسية .

- أن تكون معتمدة ومرقمة ولا يستخدم بها أي قشط وذلك للتأكد من مصدقيه بياناتها .

المعيار العاشر: استخدام الأساليب الإحصائية والوسائل التكنولوجية

حيث يجب على الإدارة أن تستخدم الأساليب الإحصائية في جمع وتحليل البيانات والمعلومات وكذلك استخدام الوسائل التكنولوجية في حفظ هذه البيانات والمعلومات حتى يمكن الرجوع إليها عند اللزوم.

المعيار الحادي عشر: التدريب

تهتم جميع المعايير الدولية بأهمية التدريب باعتباره الوسيلة الأساسية في تنمية أداء العاملين كما تؤكد على أهمية الاستمرارية ليس فقط لمواجهة التغيرات التكنولوجية بل أيضا التغيرات البيئية التي تعمل المؤسسة في ظلها.

فلذلك يجب على الإدارة التعليمية الاهتمام بعملية التدريب والتعليم والتنمية الوظيفية لجميع العاملين بالمدارس وحتى يكون التدريب فعالاً يجب أن يمر بالخطوات الآتية:

- دراسة الاحتياجات التدريبية.
- تحويل الاحتياجات لخطة تدريب.
- تحديد وصياغة أهداف التدريب.
- تحديد وإعداد المستوى التدريبي.
- اختيار المدربين الأكفاء.
- تحديد طرق وأساليب التدريب المناسبة.
- العمل على إعداد القاعات المناسبة للتدريب.
- الإشراف على برامج التدريب ومدى جدية تنفيذها .
- متابعة الأداء أثناء التدريب .
- تقييم نهاية وما بعد البرامج .

المعيار الثاني عشر: المراجعة الداخلية

وتهدف إلى التأكد من قيام جميع الأقسام بالإدارة وكذلك بالمدارس من تطبيق الإجراءات والتعليمات الخاصة بالنظام واكتشاف حالات عدم المطابقة وتعديلها في ضوء المواصفات العالمية للأيزو وتعتبر المراجعة الداخلية للجودة إحدى دعائم استمرارية منظومة الجودة داخل الإدارة التعليمية ومتابعة مدى كفاءتها.

4- معايير النموذج الأوربي للامتياز في الإدارة:

قامت أربعة عشر شركة من كبرى الشركات الإدارية بوضع هذا النموذج في عام 1988 وذلك بغرض اتخاذ معياراً أساسياً لتقييم المؤسسات المتقدمة لجائزة الجودة الإدارية ومنذ ذلك العام وحتى اليوم يتم تطوير النموذج وإدخال التعديلات اللازمة عليه

حتى يظل مواكباً للتطورات والمستجدات على الساحة وحتى يتجانس مع متغيرات السوق، ويتكون النموذج من تسعة معايير وينقسم إلى مجموعتين:

- **المجموعة الأولى:** تتمثل في الأساليب التي تتبعها المؤسسة للوصول إلى الجودة وهي توضيح مجموعة المعايير التي يجب أن تقوم بها الإدارة من أجل تحقيق الجودة والامتياز، وعددها خمسة معايير رئيسة.

- **القيادة:** ولا تقتصر القيادة على المدير فقط بل على جميع الهيئة الإدارية في الإدارة التعليمية فلابد من وجود هيئة إدارية قوية توجه وتدعم العاملين في الإدارة والمدارس، وتضع الأهداف وتحدد القيم لاستمرار النجاح وتطبيق الأساليب الملائمة ومراقبة النظام للتأكد من أن النظام الإداري ناجح ويتم تطبيقه وتطويره.
- **السياسة والإستراتيجية:** كيف تقوم الإدارة بتنفيذ مهامها ورؤيتها من خلال إستراتيجية واضحة ومدعومة بالسياسات اللازمة وكذلك الخطط والأهداف.
- **الموارد البشرية:** كيف تقوم الإدارة بإدارة مواردها البشرية وكيف تقوم بتطوير أدائهم وتطوير معارفهم وكيف يتم تخطيط الأنشطة اللازمة لذلك.
- **الشراكة والموارد:** كيف تخطط الإدارة وتدبر شركائها الخاريجين وكذا موادها الداخلية بغرض دعم إستراتيجيتها .
- **العمليات:** كيف تقوم الإدارة بتصميم وإدارة وتحسين عملياتها .

- **المجموعة الثانية:** وتتمثل نتائج ما حققته المؤسسة بفضل تطبيق الأساليب السابقة وتوضح هذه المجموعة نتائج ما تم تحقيقه بإتباع الأساليب السابقة مقاساً بطريقة كمية وعددها أربعة معايير رئيسة وينقسم كل معيار إلى مجموعة من المعايير الفرعية.

- **نتائج العملاء:** ما الذي تحققه المدرسة في علاقتها بعملائها الخاريجين (مدارس وطلاب ومعلمين ومديري مدارس وأولياء أمور).
- **نتائج العاملين:** ما الذي تحققه الإدارة في علاقتها بالعاملين فيها سواء مديري المراحل والأقسام أو الموظفين.

- **نتائج المجتمع**: ما الذي تحققه الإدارة في علاقاتها بالمجتمع المحلي .

- **نتائج الأداء الرئيسة**: ويتناول نتائج الأداء الذي تم تخطيطه مسبقاً.

5- معايير المجلس القومي للإدارة التعليمية بالولايات المتحدة الأمريكية:

قام المجلس باقتراح مجموعة من المعايير للإدارة التعليمية أثناء قيامه بإعداد بعض القيادات التعليمية وتتمثل هذه المعايير فيما يلي:

المعيار الأول: وتطوير وتنظيم وتنفيذ رؤية الإدارة

حيث أن الغرض من هذا المعيار هو أن تؤمن الإدارة وتلتزم بتوفير البيئة المناسبة لتعليم الطلاب واكتساب المعرفة والمهارات والقيم اللازمة لإعداد أفراد قادرين على مواصلة التقدم والنجاح.

أن مسؤولية الإدارة هي خلق وتوضيح رؤية المعايير العالمية لجميع العاملين داخل الإدارة والمدرسة بحيث يشترك كل العاملين في الاستفادة منها ويتم دعمها من المجتمع ككل وأن يكونوا قادرين على تشجيع مناخ من التحسين المستمر الذي يشمل جميع العاملين والمستفيدين ويتكون هذا المعيار من عدة معايير فرعية تتمثل في:

- **التطوير والتنظيم**: وهي تنظيم رؤية تعلم للمدارس الواقعة في نظامها بحيث تدعم نجاح كل الطلاب وتبنى هذه الرؤية على نظريات ومعارف مناسبة تميز بها الإدارة وتدعمها لجميع مديري المدارس واستخدام المعرفة لخلق رؤية تشمل تنوع المتعلمين وحاجاتهم من الإدارة وكذلك من المستفيدين من خدماتها.

- **التنفيذ والإشراف**: أن تكون لدى الإدارة القاعدة المعرفية اللازمة لتوجيه هيئة التدريس والطلاب والآباء وتحفيزهم على تحقيق رؤية الإدارة التعليمية وأهداف التعليم كما يجب أن تقوم الإدارة بتوضيح الأهداف وتسهل العمل الجماعي والتأكيد على استخدام التقييم المناسب للطلاب وتؤثر على الدعم والمسؤولية المشتركة وتصميم السياسات والممارسات الإدارية اللازمة للتنفيذ الكامل لرؤية الإدارة كما يجب أن تقوم الإدارة بمراقبة التنفيذ بها دوري والإشراف على عملية التنفيذ.

ج- إشراك المجتمع في بناء رؤية مشتركة:

تقوم الإدارة بإشراك المجتمعات المدرسية والمجتمع المحيط في تحقيق الرؤية المدرسية والاتصال مع كل المساهمين داخل المنظمة من أجل تنفيذ الأهداف وهذا ما يستلزم مهارة الاتصال اللازمة للعمل الفعال من أجل تحقيق هذه الغاية.

المعيار الثاني: دعم ورعاية ثقافة المدرسة والبرامج التعليمية التي تؤدي إلى فعالية الطلاب والارتقاء المهني للعاملين

الغرض من هذا المعيار هو وجود إدارة تؤمن بأن التعليم الجيد هو الهدف الجوهري ويتطلب المعيار أن يكون المديرون معلمين يمثلون ويشجعون التعليم مدى الحياة فهم مسؤولين عن القرارات الخاصة بالمنهج وإستراتيجيات التدريس والتصميم والتطوير المهني ونجاح الطلاب سوف يكون مضموناً عندما تتدخل ثقافة المدرسة مع التعليم من خلال المشتركين في المدرسة كم يجب أن تتأكد الإدارة أن جميع العاملين والطلاب يتم معاملاتهم بعدل وكرامة واحترام الإدارة الناجحة هي القادرة على اجتياز الحواجز التي تعوق مهامها ويتكون هذا المعيار من المؤشرات التالية:

أ- الثقافة حيث أن مهمة الإدارة العمل على التحسين والمحافظة على ثقافة المنطقة المدرسية والتي تشمل نواحي متعددة للتنوع والاختلاف مثل اللغة والحالة الاجتماعية والاقتصادية.

ب- تطوير البرامج التعليمية: حيث أن مهمة الإدارة هي استخدام البيانات الكمية والتنمية ووسائل البحث المناسبة والتكنولوجيا ووسائل المعلومات من أجل تطوير البرامج التعليمية وتصميمها وتحسينها كما يجب أن تدعم التكنولوجيا وأنظمة المعلومات من أجل إثراء المنهج يجب ألا يتوافق مع الحاجات المتنوعة لجميع الطلاب.

ج- تحسين طرق تعلم الطلاب وتنوعها.

د- الارتقاء المهني للعاملين ولأعضاء هيئة التدريس عن طريق وضع وتنفيذ خطط الارتقاء التي تعكس الالتزام بالتعليم مدى الحياة وتطبيق التكنولوجيا في

التطوير المهني والتركيز على المهام والمراقبة والأساليب الأخرى لضمان معرفة ومهارات جديدة في مكان العمل.

المعيار الثالث: التأكيد على إدارة التنظيم والعمليات والموارد من أجل تحقيق أهداف العملية التعليمية

والهدف من هذا المعيار هو مدى قدرة الإدارة على إدارة الأفراد واستخدام التسهيلات والتكنولوجيا والمعدات لتوفير مناخ تعلم فعال يجب أن يكون قائماً على ممارسة تنظيمية صحيحة ومراقبة وتقييم الأنظمة الإجرائية وتحليل العمل والإشراف وأن تقوم بتحديد الأدوار الوظائف وعين المهام والبحث عن موارد إضافية ومشاركة المجتمع في صنع القرارات ويقوم هذا المعيار على مجموعة من المعايير يتمثل فيما يلي:

أ- **التنظيم:** يجب تطوير التنظيم داخل الإدارة بحيث يتضمن المساواة والفعالية والكفاءة.

ب- **العمليات:** إشراك العاملين في وضع الأولويات وربط الموارد برؤية المنطقة وتطوير خطة اتصال للربط بين كل المدارس وأقسام الإدارة واستخدام التكنولوجيا في الإدارة وإجراءات العمل.

ج- **الموارد:** وضع إستراتيجية طويلة الأجل والتخطيط الإجرائي الذي يعتمد على تطبيقات التكنولوجيا في التوزيع الفعال والمتكافئ للموارد والبحث عن موارد جديدة لتيسير عملية التعليم.

المعيار الرابع: دعم التعاون مع أعضاء المجتمع والاستجابة لإهتمامات والإجابات المتنوعة للمجتمع وتعبئة موارده

والغرض من هذا المعيار هو توضيح أن التفاعل بين الإدارة والمجتمع المحيط هو شئ أساسي لتحقيق أهدافها ويجب على الإدارة أن تنظر إلى المدرسة على أنها جزء تكاملي مع المجتمع المحيط ويؤكد هذا المعيار على أهمية التعاون والاتصال والبحث عن الاتجاهات التي تؤثر على المدرسة والإدارة وتصميم الظروف والتوقعات والأولويات اللازمة للمجتمع والعمل على تطوير الخدمات اللازمة والملائمة ويقوم هذا المعيار على ما يلي:

أ- **التعاون**: ويقصد به مدى علاقة الإدارة بالمجتمع والأسرة ومدى التعاون مع المنظمات الأهلية والحكومية في التوصل إلى أنماط جديدة في التعليم ومدى اجتياز الأداء للفروق الدينية والسياسية للمجتمع ودعم أهدافه ودعم الخدمات الصحية والاجتماعية للعاملين والطلبة ودعم إشراك الأسر في تعليم أطفالهم .

ب- **اهتمامات وحاجات المجتمع**: وهي مدى قدرة الإدارة على الاهتمام باحتياجات المجتمع من التعليم وتحسين أداء خدمة المجتمع وتحقيق أهدافه وحاجاته المتنوعة.

ج- **موارد المجتمع**: وهي مدى استخدام موارد المجتمع بشكل مناسب بما في ذلك خدمات الشباب لدعم العملية التعليمية وحل القضايا ذات الاهتمام المشترك.

المعيار الخامس: المحافظة على أداء العمل من خلال التكامل والعدل والأسلوب الأخلاقي

والغرض من هذا المعيار هو مدى قدرة الإدارة على وضع الأسلوب الذي يؤدي إلى التفاعل بين الموظفين والطلبة وهيئة التدريس مع بعضهم البعض وكذلك جميع العاملين في الإدارة ويتمثل هذا المعيار فيما يلي:

أ- **التكامل**: وهو احترام حقوق الآخرين في الثقة والكرامة والاحترام والأمانة .

ب- **العدل**: في توزيع الموارد والخدمات والوظائف.

ج- **الأخلاق**: وهو صنع القرارات بناء على مبادئ أخلاقية وقانونية.

المعيار السادس: الفهم والاستجابة والتأثير على البيئة السياسية والاجتماعية والاقتصادية والثقافية

ويقصد به مدى قدرة الإدارة على الاستجابة للتيارات الاجتماعية والاقتصادية والثقافية الموجودة في البيئة والتأثير عليها وتتكون من:

أ- معرفة البيئة المحيطة والسباق السياسي والاجتماعي والاقتصادي وكذلك القوانين التي تحكم ذلك والتنظيمات التي تطبقها السلطات المحلية والتي تؤثر على الإدارة المدرسية وأثر ذلك على التوزيع المتكافئ للفرص التعليمية ومدى

تأثير السياسات والمعايير والقيم المتأصلة في المجتمع وأثارها على تحسين الفرص التعليمية لمجتمع الإدارة والمدرسة ومدى استعداد الإدارة للاستجابة لهذه التغيرات.

ب- مدى قدرة الإدارة على تطوير الأنشطة والسياسات التي تفيد العملية التعليمية بالمنطقة وتأثيرها على السياسات والقوانين التي تؤثر على المنطقة بشكل مباشر وتدعيم فرص التعليم المتكافئ.

المعيار السابع: مدى قدرة الإدارة على تطبيق المعايير وتدعيم التخطيط لها ويتكون هذا المعيار مما يلي

أ- الخبرة الواقعية: وهي خبرة رجال الإدارة والعاملين بالمعايير الموضوعية وكيفية تنفيذها على جميع المستويات وخبرة الإدارة بالمعايير القومية والمحلية.

ب- التدعيم: في ضوء خبرة الإدارة بالمعايير كيف تقوم الإدارة بتدعيمها وتطبيق المهارات والمعارف لتنفيذها.

ج- إنعكاس الخبرات على المعايير: تعكس الخبرات تطبيق المهارات والمعرفة في تنفيذ المعايير.

د- متابعة تنفيذ المعايير في الأماكن الحقيقية: وهو قدرة الإدارة على متابعة تنفيذ المعايير في العمل داخل الإدارة وكذلك داخل المدارس الواقعة في نظامها.

في ضوء ما سبق يتضح أن هذه المعايير عامة وتفيد الإدارة بصفة عامة ولكن لم تتناول خطوات تنفيذها كما أنها لم تحدد معايير لتحسين جودة العمليات الإدارية داخل الإدارة.

وفي ضوء العرض السابق للمعايير العالمية يمكن التوصل إلى مجموعة من المعايير التي يمكن تطبيقها على المؤسسات التعليمية وغير التعليمية:

أ- معايير جودة عملية التخطيط:

يقوم التخطيط على مجموعة من المعايير التي تتمثل في ضوء المجالات التالية:

- **تحديد الأهداف:**

تتمثل تلك الأهداف في المؤشرات التالية:

- أن تكون محددة وقابلة للقياس فالأهداف المحددة تشجع العاملين في التفكير في الخطوات المقبلة للعمليات والسلوك والمهارات التي تحتاج إلى تطوير الأنشطة الواجب الأخذ بها.
- أن نعني بالاحتياجات الحقيقية .
- أن ننسق الأهداف مع المهمة الرئيسة.
- فعالية الأهداف وإمكانية تحقيقها.
- ملائمة الأهداف مع الموارد .
- يجب أن تحقق تضامن الأفراد لانجازها.
- مراعاة خصائص التطور التكنولوجي عند وضع الأهداف.

- **تحديد الإمكانيات والوسائل التي سيعتمد عليها تنفيذ الخطة:**

وتتمثل في المؤشرات التالية:

- قدرة الإدارة في تحديد الإمكانيات المادية والبشرية وتوفيرها.
- استخدام المعلومات الحقيقية والبيانات.
- تمكن كل العاملين من الإطلاع على المعلومات والتي تحصي احتياجات العملاء.
- استخدام الأساليب البحثية في جمع المعلومات عن احتياجات وتوقعات العملاء وكذلك المشكلات التي تواجه عملية التنفيذ.
- مدى قدرة الإدارة في التنبؤ بالتغيرات التي ستحدث في المستقبل.
- توفير الوسائل التكنولوجية المناسبة واستخدامها لوضع وتقييم وإدارة الأنظمة العملية الإدارية وتوفير تكنولوجيا الاتصال والتعاون بين المدارس وكذلك الأقسام داخل الإدارة.
- استخدام الوسائل التكنولوجية لتجميع وتحليل وتفسير البيانات.

- **تحديد الأولويات ودرجة الأهمية للأهداف:**

- تحديد مدى مشاركة العاملين في وضع الأهداف وكذلك التخطيط لها والتعاون من أجل تحقيقها.

ب- معايير جودة التنظيم:

والتنظيم هو تقسيم أوجه النشاط اللازم لتحقيق الخطط والأهداف ويمنح كل نشاط في إدارة مناسبة ويمكن اقتراح بعض المعايير الخاصة بالتنظيم الجيد ويتمثل فيما يلي:

- **وضع الهيكل التنظيمي: وتتمثل في المؤشرات التالية:**

- تقسيم العمل بصورة محددة وقاطعة بالنسبة لكافة الأعمال.
- تحديد العلاقات تحديداً واضحاً حيث أن كل فرد يعرف مكانه وعلاقته التنظيمية برؤسائه أو مرؤوسيه.
- الاعتراف بالتخصص واعتباره أحد الأسس الرئيسة التي يتم في ضوئها تقسيم العمل.
- تجنب الازدواج في الأعمال عن طريق تجميع الوظائف والأعمال المتشابهة في قسم واحد.
- الاتجاه نحو اللامركزية والتحول من التنظيمات الهرمية إلى التنظيمات المفلطحة قليلة المستويات بما يكفل المرونة والسرعة في اتخاذ القرارات وإتاحة الفرصة للعاملين للمشاركة في تحمل المسؤولية وممارسة الصلاحيات وتنمية العمل الجماعي.
- خطوط السلطة والمسؤولية الواضحة (معايير جائزة ديمنج).
- التفويض المناسب للسلطة (معايير جائزة ديمنج).
- التعاون بين مختلف الأقسام (معايير جائزة ديمنج) .
- وجود دوائر للجودة بين الهيكل التنظيمي (معايير جائزة ديمنج).
- التوازن التنظيمي بين تقسيمات وأنشطة ومستويات التنظيم.
- التنسيق: وتتمثل في المؤشرات التالية:
- تحقيق الربط والتكامل بين أجزاء التنظيم.

- مراعاة أهداف ورغبات العاملين بالتنظيم وجميع العاملين بالمدارس بحيث لا يتعارض مع أهداف الإدارة.

- إلغاء الفجوة المكانية بين الأقسام وبعضها أي التحرر من قيود المكان والمسافات بين الأقسام لسرعة أداء الخدمات.

- الوضوح في تحديد المسؤوليات بحيث يعرف كل فرد في التنظيم عمله بدقة ووضوح.

- شبكة فعالة للاتصالات: حيث يضمن تدفق المعلومات من أدنى التنظيم إلى المستويات العليا فيه وذلك بسرعة فائقة ودون عوائق.

- وجود تنسيق بين أوجه النشاط المختلف.

- تحديد نطاق الإشراف الممكن.

- **التفويض: وهو تفويض للعاملين في حق التصرف واتخاذ القرارات وتطبيق مبدأ المشاركة في الإدارة**

- وحدة الأمر: وهو يتمثل في أن يكون لكل عامل رئيس مباشر واحد فقط حيث لا يتلقى العامل تعليماته من أكثر من رئيس حتى لا تتعارض التعليمات بين الرؤساء.

- استخدام الوسائل التكنولوجية في جمع البيانات وتحليلها وتصنيفها وتحديد الإدارات والاختصاصات وتخزين المعلومات والتنسيق بين الإدارات وسرعة عملية الاتصالات واستخراج المعلومات بسرعة وبساطة ويسر وتحديد المهام وتوضيح الالتزام واستخراج الأخطاء الإدارية وتحديد العلاقات بين الأقسام.

ج- معايير جودة الإشراف والتوجيه: وتتمثل في المؤشرات التالية:

- مساعدة العاملين والمعلمين على النمو المهني حيث يسهم الإشراف والتوجيه التربوي في تنمية العاملين والمعلمين وتدريبهم بشكل فعال في المؤشرات التالية:

- نقل الأفكار والأساليب إلى العاملين وإثارة اهتمامهم بها.

- أن يساعد على تدريب العاملين على أداء المهارات ورفع مستوى أدائهم.

- مساعدة المعلمين في تحليل المناهج.

- مساعدة المعلمين على ابتكار الوسائل التعليمية.

- مساعدة المعلمين على إجراء الاختيارات وطرق إعدادها.

- أن يساعد على تشجيع العاملين على التفكير والتجريب المهني.

- تشجيع العاملين على تنمية معلوماتهم واكتسابهم مهارات جديدة.

• أن يشمل الإشراف والتوجيه كافة مجالات العلمية التعليمية بين معلم وتلميذ ومنهج ومبنى مدرسي ونشاط تدريسي ووسائل وطرق التدريس.

• الاتجاه إلى التوجيه بدلا من التفتيش وتصيد الأخطاء ويتمثل في المعايير التالية:

- أن يستمد الموجه سلطته ومكانته من قوة أفكاره ومهارته الفنية والمهنية والمعلوماتية المتجددة باستمرار بدلا من التفتيش وتصيد الأخطاء للعاملين والمعلمين.

- أن يكون غرض التوجيه وسيلة لتقويم المعلم وتحسين مستوى أدائه والارتقاء بمستواه.

- أن يقوم التوجيه على أساس المشاركة والتعاون بين المعلم والموجه وهذا يتطلب أن تكون العلاقة بينهما على أساس ديمقراطي سليم.

- تشجيع العاملين على القيام بالتجريب والتفكير الناقد البناء في أساليب أدائهم لأعمالهم.

- أن يتركز التوجيه حول مساعدة العاملين والمعلمين على النمو المهني وتحسين مستوى أدائهم المهني.

- أن يكون هدف التوجيه هو تصحيح الأخطاء التي تواجه المعلم قبل وقوعها.

• توفر الإدارة المناخ الملائم لممارسة الموجه لمهامه وتتمثل في المؤشرات التالية:

- تفعيل دور الموجه والاستفادة من خبراته ومشاركته في وضع الأهداف وصنع القرار الخاص بالعملية التعليمية.

- مراعاة الظروف الاجتماعية والمادية للموجه حتى يمارس مهامه.

- العدالة في توزيع الموجهين على المدارس والعمل على تقليل عدد المدارس التي يقوم بزيارتها.

- مراعاة تحقيق تصورات ومقترحات الموجهين التي يرفعونها للإدارة.

- رفع كفاءة الموجهين من خلال الدورات التدريبية والندوات.

- استمرارية التفتيش والتوجيه بحيث يكون على مدار العام وعلى فترات متقاربة لتوصيل كل ما هو جديد للمدارس.

- يتوافر لدى الموجهين المهارات اللازمة لأداء مهامهم.

- يراعي الموجهين الفروق الفردية بين العاملين بعضهم لبعض وكذلك بين العاملين.

د- معايير جودة الرقابة والتقويم:

وتتمثل في المجالات التالية:

- **تقويم التلاميذ ويتمثل في المؤشرات التالية:**

- تركز عملية التقويم على جميع جوانب نمو المتعلم حتى يمكن التعرف على قدرات المتعلم في البحث عن المعرفة والملكات النقدية والفكر المستقبل.

- تسير عملية التقويم وفق قوائم التشخيص وملف للإنجاز وما وصل إليه المتعلم من إنجاز مع تحديد نقاط القوة والضعف في كل إنجاز.

- استمرارية عملية التقويم للمتعلم.

- وجود سجلات توضح نتائج ملاحظة أداءات المتعلم المعرفية والمهارية والوجدانية.

- تراعي عملية التقويم الفروق الفردية بين المتعلمين.

- تنوع أساليب الرقابة وتقويم الأداء للطلاب.

- استخدام نتائج التقويم بصفة دورية لوضع إستراتيجية لتحسين تعليم الطالب.

- **تقويم البرامج التعليمية:**

- التأكد من أن البرامج التعليمية تقابل احتياجات التعليم للطلاب.

- التأكد من استخدام الوسائل التكنولوجية في البرامج التعليمية.

- التأكد من طرق تقديم البرامج التعليمية.

- يكشف عن قيمة الوسائل والطرق والأساليب التي تستخدم في تنفيذ البرامج.

- **المباني المدرسية والتجهيزات:**

- يكشف عن مدى تجهيز المباني المدرسية بما يتماشى مع إعداد الطالب للحياة العامة.

- كثافة الفصول ومدى ملائمتها لرفع مستوى التلاميذ وزيادة التفاعل بين المعلم والتلاميذ.
- مدى وجود التجهيزات اللازمة.
- مدى توائم المبنى المدرسي مع المفاهيم التربوية الحديثة.
- الاهتمام بالمبنى المدرسي والفناء لممارسة الأنشطة الطلابية.
- يهتم بالتأكد على المحافظة على وجود المبنى المدرسي .
- استخدام نتائج التقويم في إعادة تقويم فاعلية المدرسة والمنهج والأداءات التدريبية وطرق التدريس ومراجعة المنهج الدراسي وإعلان ذلك المجتمع المدرسي.
- مدى استخدام تكنولوجيا المعلومات وتوظيفها.

***

الفصل الرابع

إدارة الجودة الشاملة في التعليم ما قبل الجامعي

تمهيد:

ثمة تحديات عظمى نتيجة للثورة العلمية والتكنولوجية التي يشهدها العالم في العصر الحالي، لذلك أصبحت كافة المؤسسات بما فيها المؤسسات التعليمية بحاجة لتبني فلسفة الجودة الشاملة وتحديث الأساليب الإدارية التي تأخذ بها لمواجهة مختلف صور التحديات والتغيرات.

فجودة التعليم من أهم القضايا التي تشغل أذهان التربويين والاقتصاديين وغيرهم من أفراد المجتمع.

ومن ثم فقد تزايد الاهتمام عالمياً، في الأونة الأخيرة بجودة التعليم للارتقاء بالثروة البشرية، وذلك الهدف لا يحققه إلا تعليم تتوافر فيه شروط الجودة الكلية في كافة مراحله ومستوياته.

ولكي تتحقق الجودة الشاملة في التعليم يجب أن تتحول ثقافة المؤسسات التعليمية من ثقافة المنح إلى ثقافة المنفعة المتبادلة، ومن ثقافة الذاكرة إلى ثقافة الابتكار والإبداع ومن ثقافة ردود الفعل Reactive إلى ثقافة الوقائية Protective.

فجودة المؤسسة التعليمية تؤكد على التفاعل القوي وتبادل المعلومات والتقويم المستمر للجهود المبذولة، والتعرف على جوانب القصور ومعالجتها وتجنب الخطأ، وذلك لأن الجودة تهدف للتحسين المستمر وليس التوقف عند مستوى معين، والإسهام في حل كثير من المشكلات التي تعوق العملية التعليمية.

ومن ثم فلابد من الاهتمام بجودة التعليم، وذلك لأن النظام التعليمي بمصر بحاجة لإعادة النظر فيه ومراجعة وتصويب مساره وعلاج مشكلاته وذلك على أسس علمية.

وفيما يلي عرض مفهوم الجودة الشاملة في التعليم، وتعريفها، ومبادئها، وروادها، وتطبيقها، وكذا مميزات وفوائدها.

أولاً: مفهو الجودة في التعليم

اهتم الإنسان منذ القدم بالجودة، وكان اهتمامه يأخذ أشكالاً بدائية وعفوية غير منظمة، فاهتم الإنسان البدائي بجودة طعامه ومدى صلاحيته للأكل من عدمه،

وجودة ملابسه وهل تقيه من العوامل الطبيعية أم لا؟، كما اهتم بجودة أدوات الصيد وجودة أسلحته الخشبية هل هي قوية أم لا.

وتعرف الجودة في التعليم بأنها "قدرة النظام التعليمي على تحقيق السبق والامتياز في ظل عمليات التحول والمتغيرات المتسارعة، كما تعني أيضاً توافر معايير للجودة المحددة من قبل هيئات ضمان الجودة ومراقبتها في مختلف عناصر منظومة التعليم بما في ذلك المدخلات والعمليات والمخرجات النهائية، حيث تتلاشى نسبة الخطأ تقريباً".

وهي "عملية تحسين تتصف بالاستمرارية في مراحل العمل التعليمي كافة وعلى نحو متواصل. ويشكل هذا الأسلوب فلسفة إدراية جديدة لبرنامج عمل محدد يحمل مبادئ هامة تستهدف عملية التحسين المستمر في أداء مؤسسات التعليم".

كما تمثل الجودة "عملية تطبيق للأنظمة واللوائح والتوجيهات بهدف تحقيق نقلة نوعية في التعليم، والارتقاء بمستوى الطلاب في جميع الجوانب، من خلال إتقان الأعمال الخاصة بالعملية التعليمية بالمدرسة وحسن إدارتها.

يمكن النظر إلى الجودة من منظورين:

- منظور داخلي للمؤسسة يتضمن مدى المطابقة لمواصفات التصميم.
- منظور خارجي يتضمن مدى انطباع المستهلك عن الجودة، وفاعلية الاستخدام.

وبتحليل التعريفات السابقة نجدها قد ركزت في جملتها على ما يلي:

- رضاء واستحسان العميل (الطالب) في الخاصية المميزة للجودة الشاملة.
- عمل الأشياء الصحيحة بالطريقة الصحية من أول مرة.
- الإبداع والابتكار. فعن طريقة الجودة تشجع المؤسسة العاملين على التحول من التفكير المنطقي إلى التفكير الإبتكاري الإبداعي.
- التحسين المستمر لكافة أنظمة وعمليات المؤسسة وكذا التقنيات المستخدمة.
- تنمية مبدأ روح الفريق بين جامعة العمل لتحسين الجودة بدلاً من الجهود الفردية.
- الكفاءة فتنخفض التكلفة دون المساس بمستوى جودة الأداء.

- الجودة تعادل السرعة في العمليات، فتحقق الأهداف في أقل وقت دون المساس بمستوى الجودة.

ثانياً: تعريف إدارة الجودة الشاملة في التعليم

يتكون مفهوم الجودة الشاملة من ثلاث مفردات هي:

* إدارة Management وتعني أسلوب تسيير العمل.

* الجودة Quality وهي درجة التميز في المنتج أو الدرجة المقدمة.

* الشاملة Total وتعني أن المسؤولية الخاصة بتنفيذ هذا النظام تشمل جميع فريق المدرسة، وتعني أيضاً أن الجودة تشمل جميع مجالات العمل وعناصرها صغيرة كانت أم كبيرة في المدرسة.

وإدارة الجودة الشاملة تعني: "أسلوب لتحسين فاعلية ومرونة العمل بشكل عام، وأنها طريقة للتنظيم تشمل المنشأة بأكملها، وفي ذلك جميع الأقسام والأنشطة والموظفون على جميع المستويات".

وهي أسلوب لتأكيد الفاعلية، والكفاءة القصوى للمنظمة بتطبيق العمليات، والنظم التي تؤدي للتفوق، وتمنع الأخطاء وتؤدي إلى أن يكون كل نشاط بالمنظمة مرتبط بحاجات العملاء.

وتعني "ثقافة تنظيمية تهدف لإشراك وإدماج كل أعضاء المؤسسة في العمل المستمر من أجل تحسينه، والهدف النهائي من ذلك هو تحقيق رضا العميل".

فهي "عملاً يلتزم به جميع العاملين في المنظمة وبشكل متواصل في إطار تضافر الجهود وتعاون الأفراد لتحقيق الأهداف المنشودة".

وتعرفها هيئة المواصفات البريطاني British Standards Institulion (BSI) "أنها مجموعة صفات، وملامح، وخواص المنتج أو الخدمة التي تحمل نفسها عبء إرضاء الاحتياجات الضرورية".

وهي "فلسفة مبنية على مبادئ وأسس تتمثل في مشاركة الإداريين في خلق ثقافة تنظيمية تقود للجودة، وتهتم بوعي العميل ورأيه، والبحث المستمر عن الأفضل".

وهي "شكل تعاوني لانجاز الأعمال يعتمد على القدرات والمواهب الخاصة بكل من الإدارة والعاملين لتحسين الجودة الإنتاجية بشكل مستمر عن طريق فريق العمل".

ويتجسد في هذا التعريف المقومات الثلاثة الرئيسة لنجاح إدارة الجودة الشاملة في أية مؤسسة وهي:

1- إدارة مشاركة: فيجب الاعتراف بقدرات وإسهامات العاملين والسماح لهم بالمشاركة بشكل رئيس مع الإدارة العلمية التعليمية.

2- التحسين المستمر: فيجب العمل على تحسين العملية التعليمية لتحقيق الأهداف المنشودة.

3- استخدام فرق العمل: ويتضمن كل فريق مجموعة من الأعضاء الذين يمثلون جزءاً من العملية التعليمية بدءاً من الأفراد الذين ينفذون العملية، والموردين للخدمات والموارد المستخدمة في العملية، والمستفيدين والعملاء.

ثالثاً: مبادئ إدارة الجودة الشاملة في التعليم

تنظر فلسفة إدارة الجودة الشاملة للمؤسسة التعليمية على أنها نظام فني، واجتماعي يحتوي على أفراد تتفاعل مع بعضها البعض في مواقع العمل، ومن ثم يكون الهدف تحقيق التكامل بين النظامين الفني والاجتماعي من خلال نظام ثالث هو النظام الإداري الذي يهتم بتحقيق حاجات العاملين بالمؤسسة وأصحاب الاموال مع تحقيق المتطلبات الفنية في نفس الوقت.

وتتمثل مبادئ إدارة الجودة الشاملة في المؤسسة التعليمية في:

1- التوجيه بالعميل (العميل الداخلي - العميل الخارجي)

تحقيق رغبات العملاء يعتبر المهمة الأساسية للمؤسسة والتي سوف يترتب عليها تحقيق كافة الأغراض الأخرى التي تسعى المؤسسة إلى تحقيقها مثل الاستمرارية، النمو، الربحية، وعلى ذلك فإن معايير الأداء يجب أن تبنى على تحقيق رغبات العملاء.

2- الوقاية من الأخطاء قبل وقوعها:

فتأخذ إدراة الجودة الشاملة بمبدأ الوقاية من الأخطاء والعيوب عن طريق الفحص والمراجعة والتحليل المستمر سعياً لمعرفة المشكلات وإيجاد الحلول المناسبة لها لتفادي

وقوعها بدلاً من الانتظار حتى وقوع المشكلة ثم البدء بالبحث عن حلول لها، خاصة وأن تكلفة الوقاية أقل بكثير من تكلفة العلاج.

3- التركيز على العمليات والنتائج معاً:

فيجب الاهتمام بإدارة وتحسين كافة العمليات داخل المؤسسة وليس المنتج النهائي فقط ولا شك أن استخدام المدخل الهيكلي لحل المشاكل يجعل بالإمكان التحرك المستمر نحو تحسين جودة الخدمات.

4- العنصر البشري هو الأساس:

فالعنصر البشري هو أعلى ما تملكه المؤسسة، وهي الوسيلة الأولى لتحقيق التميز والجودة، وتنظر إدارة الجودة الشاملة إليه على أنه أهم عناصر المنهجية الجديدة فهو الذي سيتولى عملية القيادة والتنفيذ لهذه المنهجية لذلك يجب التركيز على الأمور التالية:

أ- التدريب:

فالتدريب أوسع نطاقاً في نظام إدارة الجودة، لأنه يجب أن يشتمل على التدريب على المهارات المحددة اللازمة، والتدريب على العمل كفريق وكذا التدريب على الاتصال الفعال فيجب الاهتمام بتدريب جميع العاملين ليعكس ذلك بالإيجاب على المؤسسة "فالتدريب ليس مسألة رفاهية.

ب- بناء فريق العمل:

فلابد من تشكيل فرق عمل وإشراكه في تجديد أهداف المؤسسة حيث يزيد ذلك من قوته وحماسه.

ج- التحفيز:

فلابد من الاهتمام بالتحفيز لما له من فوائد إيجابية على المرؤوسين، منها انخفاض نسب التغيب، سلوك أفضل للعاملين، تحقيق الأهداف بفاعلية وفي أقل وقت، وانخفاض معدل فقدان أو تضرب العاملين.

د- **الإبداع والابتكار:**

فعلى القائمين على أمر المؤسسة أن يشجعوا العاملين على الانتقال والتحول من التفكير المنطقي إلى التفكير الإبداعي والابتكاري لاستمرار نجاح المؤسسة وسط ظروف المنافسة الشديدة.

5- اتخاذ القرارات بناءاً على البيانات:

"فتتيح إدارة الجودة الشاملة للمؤسسة أن تتبنى مفهوماً مؤسساً لحل المشكلات من خلال ما يطلق عليه فرص التحسين، ويشترك في تنفيذه كافة العاملين على اختلاف مستوياتهم بالإضافة إلى المستفيدين، وهذا يتطلب الاعتماد على جهاز كفء لنظم المعلومات في المؤسسة". فيجب الاعتماد على البيانات والمعلومات الرسمية المتاحة بدلاً من الآراء الشخصية في اتخاذ القرارات التي تخص مستقبل المؤسسة.

6- تحديد مشاريع تحسين الجودة:

فعلى إدارة المؤسسة تحديد عدداً من مجالات العمل التي يمكن أن تنفذ بها برنامج تحسين الجودة لمساعدتها على التأكد فيما إذا كانت المؤسسة لديها القدرة على تطبيق مفاهيم إدارة الجودة الشاملة والشعور بأنها أسلوب جديد لمعالجة مشكلات العمل.

7- المناخ التنظيمي:

ولنجاح تطبيق إدارة الجودة الشاملة، يجب زرع الثقافة الهادفة للجودة بين العاملين في مختلف مستوياتهم لتهيئة العاملين في المنظمة لتبني مفاهيم إدارة الجودة الشاملة وتقليل مقاومتهم للتغير إذ أن ذلك من شأنه خلق ثقافة تنظيمية تتسم مع ثقافة المؤسسة ككل في إطار الجودة وتكامل الأبعاد التي تنطوي عليها.

كما نجد أن الجودة الشاملة ترتكز أيضاً على مبدأين أساسيين:

المبدأ الأول: المشاركة الفعالة: فالهدف الأساسي لأي إدارة هو تحقيق رضا عملائها، وهذا لا يتحقق دون مشاركة كل أعضاء المؤسسة التعليمية (الإدارة - المعلم - الطالب) في اتخاذ القرارات الخاصة بهم، وذلك حيث أنه بدون هؤلاء المشاركين لا يكون هناك عمل، وبدون عمل لا يكون هناك مؤسسة فمن خلال المشاركة الفعالة

تزداد دافعيتهم للعمـل، وترفـع الـروح المعنويـة لهـم ومـن ثم يتحقـق الرضـا عـن العمليـة التعليمية (ديمنج 1986).

المبدأ الثاني: ويتضمن احتياجات الإدارة للاستماع إلى المصادر الغير تقليديـة للمعلومات من أجل تطبيق الجودة، فالعاملين بحاجة لتطبيق الجودة في العمل ولديهم القدرة على هذا التطبيق، ولكن لن يتم ذلك إلا إذا أعطتهم الإدارة حقهم في الاستماع إلـيهم والأخـذ بـآرائهم وأفكارهم (ديمنج).

ومن ثم يمكن الخروج بمجموعة من الأسس والتي من الممكـن أن تنطلـق منهـا المؤسسـة التعليمية لتحقيق أهدافها بكفاءة وفعالية.

- تجنب الأخطاء والانحرافات بدلاً من معالجتها.

- الـوعي بمفهوم إدارة الجودة الشاملة في المؤسسة التعليميـة لـدى جميـع الإداريين والعاملين بها، وخلق ثقافة تنظيميـة تنسجم مـع ثقافـة المؤسسـة ككـل في إطار الجودة حتى يسهم الجميع عن اقتناع في نجاح تنفيذ الجودة الشاملة.

- الأخذ بمبدأ العلاقـات الإنسـانية في البيئـة التعليميـة، والاعتـراف بأهميـة العنصـر البشري وقيمة مساهماته في التحسين والتطوير.

- تعد عملية تحقيق حاجات ورغبات العميل (المستفيد من الخدمة التعليميـة) مـن أهم أسس الجودة الشاملة.

- إتبـاع الأسـلوب العلمـي في حـل المشـكلات، والاعـتماد عـلى نظـام كـفء لـنظم المعلومات عن طريق الاستخدام الأمثل لتكنولوجيا المعلومات.

- بناء قاعدة عريضة من البيانات للرجوع إليها بصفة دورية بالشكل الـذي يضمن سلامة ما يتخذ من قرارات.

- التقييم المستمر للجهود المبذولـة عـلى جوانـب القصور ومعالجتهـا مـن العناصـر المهمة للجودة.

- الأخذ بمدخل المشكلة في تنفيذ جودة المؤسسة التعليمية، والتغلب على المعوقات التي تواجهها باعتبارها المدخل الملائم لتحسين الجودة.

- تطبيق مبادئ التعليم المستمر والتدريب المتواصل، والتركيز على العمل الجماعي وتحقيق الترابط والتعاون بين المدرسة والمجتمع، وكذا بين الجهات الإدارية والعاملين بالمدرسة وذلك من خلال توحيد الهدف والتركيز على اكتساب المهارات اللازمة للتعامل مع الغير.

وتبعاً للدلائل العلمية فإن مبادئ إدارة الجودة الشاملة تساعد المدرسة في النقاط الآتية:

1- تحديد الأدوار والأهداف ومسؤوليات المدرسة.

2- تطوير المدرسة كطريقة حياة.

3- بناء خطط للتدريب على القيادة لكل المتعلمين في كل المستويات.

4- خلق فريق عمل متطور.

5- استخدام الأبحاث والمعلومات المعتمدة على التدريب لإرشاد كل المهتمين بالعملية التعليمية.

6- تصميم بدائيات تطوير الطالب وتكوينه والتي تحققها أقسام إدارية متنوعة ومؤسسات متعددة.

ومن ثم يستطيع بعض الأفراد تحقيق النجاح السهل مع إدارة الجودة الشاملة عن طريق مهاراتهم في القيادة والإدارة والاتصال بين الأفراد وحل المشكلات والتعاون الخلاق فكل هذه الصفات هامة للتطوير الناجح لـ (TQM).

رابعاً: رواد إدارة الجودة الشاملة

يعود الفضل في الحديث عن الشمولية في إدارة الجودة الشاملة إلى مساهمات العديد من العلماء الأمريكيين واليابانيين الذين بذلوا طاقات هائلة في دراسة قضية الجودة. ويجب التأكيد على حقيقة أن هؤلاء العلماء لم يتطرقوا صراحة لقضايا الجودة في التعليم، إلا أنه لا يمكن استكشاف الجودة والتعرف على معالمها دون التعرف على أفكارهم التي تساهم في إنارة الطريق نحو امتلاك ثقافة للجودة في التعليم مع ضرورة التأكيد على الحذر في التعامل مع هذه الأفكار لأنها نشأت وتطورت أساساً في البيئة الصناعية.

ومن أبرز العلماء ما يلي:

1- والترشيوارت Welter Swhart

وضع شيورات عدة عناصر لإدارة الجودة الشاملة عام 1925 عندما كان يعمل في مؤسسة "بيل" للهاتف الأمريكية، وأشار إلى أهمية تحديد مفهوم الجودة، واستخدام كل مـن التفكير الاستقرائي، والتفكير الاستدلالي، والإحصاء في عملية التحليل والمراقبة، كما ابتكر دورته المشهرة ذات المراحل الثلاث: الأولى: عملية تحديد ما هـو مطلوب، والثانية: عملية ابتكار ما هـو محدد، الثالثة: الحكم على ما إذا كانت الاحتياجات قد تم مواجهتها. وأوضح أهميـة وجـود عاملين لتحقيق الجودة وهما: التفكير بطريقة حقيقية، والعمل كيفما نفكر ونشعر بنتيجـة الموضوعية الحقيقية.

2- إدوارد ديمنج W. Edward Deming

ولا شك أن "ديمنج" مـن أول العلماء الـذين وضعوا الأسـس العلميـة والتطبيقيـة لإدارة الجودة الشاملة، "وقد لقب بـأبو إدارة الجودة الشاملة" فهو الرجل الأمريكي الـذي علم اليابانيين السبيل لتحقيق الجودة العالية مع انخفاض تكاليف المنتج، ويؤكد اسلوبه في الإدارة أنه يساعد على تحويل الأقلية "الصفوة" في التفوق بحيث تكون غالبيـة التلاميـذ في الفصـل الدراسي عالية الأداء، ممتازة المستوى.

وقدم ديمنج إسهامات فعالـة في مجال تحسـين الجودة في الولايـات المتحدة الأمريكيـة، وسافر إلى اليابان وساهم في تحسين أسطوري لجودة المنتجات اليابانية، واعترفت اليابان بهذه الإسهامات اسمياً مرتين هما:

1- إنشاء جائزة عام 1951 تحمل اسمه Deming Prize

2- قيام الإمبراطورية هيروهتيو عام 1960 بمنحه أرفع وسام ياباني.

وأوضح "ديمنج رائد" الجودة عدداً من المبادئ الهامة للإدارة عرفت بالمبادئ الأربعة عشر وهي تعد الأطر المحدد لأسلوب إدارة الجودة الشاملة وهذه المبادئ هي:

1- تحديد أهداف ثابتة للمؤسسة.

2- تبني فلسفة الجودة الشاملة.

3- تعديل وتحسين النظام الإداري باستمرار.

4- التدريب على أسلوب الجودة الشاملة.
5- الإعداد والتدريب على القيادة الاجتماعية.
6- تشجيع التدريب باستمرار لجميع العاملين بالمؤسسة.
7- اتخاذ خطوات إيجابية دائماً للتحسين المستمر.
8- وقف الاعتماد على التفتيش من أجل تحقيق الجودة وذلك ببناء الجودة من الاساس.
9- التخلي عن فلسفة الشراء اعتماداً على السعر وحده.
10- استبعاد الخوف وخلق الثقة وتهيئة المناخ للإبداع.
11- رفع الحواجز بين الأقسام المختلفة.
12- استبعاد الشعارات والتحذيرات.
13- استبعاد النسب الرقمية لتحديد الأهداف والقوى العاملة.
14- إزالة العوائق التي تحرم العاملين من حقهم في الفخر ببراعة عملهم.

ويلاحظ هنا أن السبع مبادئ الأولى يجب إتباعها، في حين أن السبع مبادئ الأخيرة يجب الإقلاع عنها.

3- جوزيف جوران Joseph M. Juran

يرى "جوزيف جوران" أن الجودة تعنى الملائمة في الاستعمال، ويؤكد أن المهمة الأساسية لها تتركز في تنمية برنامج للإنتاج أو الخدمات يقابل احتياجات العملاء.

ويشتمل مفهوم جوران للجودة على الأبعاد الإدارية لـ (التخطيط - التنظيم - التحكم) والمعروفة باسم ثلاثية جوران، وركز على مسؤولية الإدارة لتحقيق الجودة، والحاجة إلى وضع الأهداف وتحقيقها داخل المؤسسات.

فقد أكد على ضرورة التخطيط للجودة، وأن أغلب المشاكل تأتي من سوء الإدارة وأسهم جوران في تطور حركة الجودة باليابان بعد الحرب الثانية، وتمكن من وضع ثلاث خطوات أساسية لتحسين الجودة وتحديد أسلوب باريتو، وكيفية التخطيط للجودة، وأوضح أهمية الجهود المستمرة لتحسين الجودة من خلال السلوكيات الإدارية التشاركية، واستخدام الرقابة الإحصائية، ودوائر الجودة لتحسين الاتصال الوظيفي

بالإضافة إلى أهمية ارتباط تدريب العاملين بمفهوم الجودة ومتطلباتها. وأكد عـلى أن عمليـة التحسين عملية مستمرة لا تنتهي وإنما يجب أن تخاطب العميل وتتوجه له.

4- فيليب كروسبي Philip Crosby

بدأت أفكار كروسبي عام 1961م من خلال كتابه Quality Is Free الذي أسهم في تطوير مفهوم الجودة، ويعتبر كروسبي أول من وضع منع حدوث الأخطاء (Zero Defects) وأنشأ جمعية الجودة عام 1980.

ويحدد كروسبي أربعة منطلقات لإدارة الجودة وهي:

1- يجب أن يعرف كل فرد ما هو المطلوب منه لأداؤه وعمله بشكل صحيح من أول مرة.

2- نظام الجودة هو الوقاية من الأخطاء وليس مجرد اكتشاف الأخطاء.

3- معايير الأداء الممتاز هو الخلو من العيوب، فالأخطاء لا يجب أن تكون متوقعة.

4- مقاييس الجودة هي التكلفة الناتجة عن عدم التطابق.

5- أرماند فيجنبوم Armand Feigenboum

وهو أو من نادى بمفهوم المراقبة الشاملة على الجودة TQC وعرفها على أنها:

نظام فعال لتحقيق التكامل بين جهود كافة الأطراف والمجموعات داخل المنظمـة والتـي تتولى بناء الجودة، والحفاظ عليها وتحسينها بالشكل الذي يمكن مـن إنتـاج السـلع وتقـديم الخدمات بأكثر الاساليب اقتصاداً مع تحقيق الرضا الكامل للعميل.

ويرى فيجنبوم أن هناك عنصرين أساسين لتحقيق الجودة كاستراتيجية عمل.

1- تحقيق الرضا للمستهلكين يجب أن يكون الهدف الرئيس للجودة.

2- تحقيق الأهداف يجب أن يقود الجودة الشاملة.

6- كارو إيشكاوا Kaora Ishikawo

يعتبره اليابانيون الأب الحقيقي لحلقات الجودة وذلك باعتباره أول مـن نـادى بتكـوين مجموعات صغيرة من العاملين تتراوح بين (4-8) عمال ينضمون طواعية لحلقـات الجودة

ووظيفتها التعرف على المشكلات واقتراح الحلول المناسبة لتطوير الأداء وتحسينه مـع مراعـاة البعد الإنساني في العمل.

7- جينيش تاجوشي Genichi Taguchi

عمل "تاجوشي" مستشاراً لعدد من الشركات الكبرى مثل "فورد" و"أي. بي. إم." لمساعدتهم على تطوير السيطرة الإحصائية على جودة عملياتهم الإنتاجيـة ويـرى "تاجوشي" أن الضبـط المستمر للآلات لم يعد فعالاً وأنه بدلاً من ذلك يجب أن تصمم المنتجات بحيث تكون قويـة بقدر كاف ومتحملة لأداء شاق برغم التباينات على خط الإنتاج وفي مواضع الأداء بشكل عام.

ومما سبق يتضح أن إسهامات هـؤلاء العلمـاء قـد أسـهمت في تطوير مفهـوم الجـودة الشاملة، رغم اختلاف إسهامات هؤلاء العلماء إلا أنهم أكدوا عـلى أن إدارة الجـودة الشاملـة خطوة هامة لتحسين المنتج من خلال تركيزها على كل العمليـات التـي تـتم داخـل المدرسـة، وأن الجودة هي جوهر العملية الإدارية وتعتمد بدرجة كبيرة على المشاركة الفعالة للعاملين في إدارة التنظيم، كما أكدوا على أن الجودة تبنى على وجهة نظر العميل، لذلك يجب التعرف على ماذا يريد العميل وما احتياجاته، وكيف يتم تثبيتها؟

خامساً: تطبيق إدارة الجودة الشاملة في المؤسسة التعليمية

أ- متطلبات تطبيق إدارة الجودة الشاملة في المؤسسة التعليمية:

يتضمن تطبيق إدارة الجودة الشاملة في التعليم عدة متطلبات أساسية، والتي تعد بمثابـة التربة الصالحة والبيئة المناسبة لتطبيق هذا المنهج الإداري الجديد، ويجدر الإشارة هنا أنه لا يوجد اتفاق على متطلبـات التطبيـق، والاخـتلاف تجـده في عـدد هـذه المتطلبات وليس في محتواها، وهنا نجد أن "أي خلل في توفير هذه المتطلبات سوف ينعكس بالسلب عـلى نجـاح عملية التطبيق لهذا المنهج الإداري الجديد، ومن متطلبات تطبيق إدارة الجودة الشاملة:

1- **دعم وتأييد الإدارة العليا لبرنامج إدارة الجودة الشاملة:**

فمن أهم العوامل التي تضمن التطبيق الناجح لإدارة الجودة الشاملة هـو دعـم وتأييـد الإدارة العليـا لهـا، والـذي ينبـع مـن اقتناعهـا وإيمانهـا بضرورة التطويـر والتحسـين المسـتمر للمؤسسـة التعليمية، فهي تملك اتخاذ القرار، وتملك القدرة على تطويـر ونشـر رسـالة المؤسسـة التعليمية وأهدافها، ولذلك فإن الدعم والتأييد المطلوب مـن الإدارة العليـا يتمثل في الإعلان عن تطبيق إدارة الجودة الشاملة أما جميع المستويات الإدارية والعاملين والالتـزام بـالخطط والبرامج على كافة المسـتويات، وتخصـيص الإمكانيـات اللازمـة للتطبيـق، وتحديـد السـلطات والمسؤوليات وإيجاد التنسيق بين وحدات المؤسسة.

2- **التمهيد قبل التطبيق:**

فينبغي للمسؤولين عن تطبيق إدارة الجودة الشاملة زرع القناعـة بهـا لـدى جميـع مـن يعملون في المدرسة لتعزيز الثقة بهذه المنهجية، مما يسهل عملية التطبيق، والتـزام العـاملين بها.

3- **تعميق فكرة أن العميل (الطالب) يدير المنظمة:**

فالعميل هو محور كل المجهود في إدارة الجودة الشاملة، وذلك لابد أن تتخذ المنظمة كل التدابير التي تمكنها من تقييم رضا عملائها.

4- **تأسيس نظام معلومات لإدارة الجودة الشاملة:**

فتوفير وتأسيس نظام معلومات لإدارة الجودة الشاملة سيسـهم إلى حـد كبـير في مراقبـة العمليات بصفة مستمرة، وتفسير هذه المعلومات حتى تصبح أداة فعالـة لرفع مسـتويات الجودة، واستمرار جهود التحسين المستمر والتنسيق بين الأنشـطة المختلفـة، ومـن ثـم ترشد عملية اتخاذ القرارات داخل المؤسسة.

5- **تحديد رسالة المؤسسة التعليمية:**

"فتحديد رسالة المنظمة بكل دقة ووضوح يـؤدي إلى إمكانيـة وضع أهـداف لكـل نظام فرعي من أنظمة المنظمة، وبالتالي يمكن تحديد مستويات الأداء المطلوبـة في ظل تطبيق الجودة الشاملة".

6- تتطلب إدارة الجودة الشاملة معارف ومهارات جديدة:

تتطلب إدارة الجودة الشاملة تنمية الموارد البشرية لتأهيلها للعمل بهذا النظام، وعلى إدارات التدريب أن تعمل بسرعة لتحديد الاحتياجات التدريبية، ونترجمها في صورة معارف ومهارات جديدة مطلوبة لتطبيق هذه الفلسفة الجديدة، ونظام تعليم الجودة (QES) يتضمن الأدوات والاساليب التي تساعد على تطبيق الجودة وتجعلها جزءاً من كل وظيفة.

فإدارة الجودة الشاملة تتطب بناء نظام شامل للجودة تتمثل مسؤولياته في قيادة التغيير وتوجيه التطوير، وتنمية ثقافة الجودة، وضرورتها تقنياتها ... إلخ، ويتمير بالقدرة على الانفتاح على البيئة المحيطة والمرونة بالإضافة لوضوح الاهداف والمهام المحددة التي تسعى المؤسسة لتحقيقها.

فتحقيق الجودة في المدرسة يتطلب منها الانفتاح الحضاري، فلا يستطيع المجتمع أن يعيش في عزلة مع عالم اليوم بما فيه من تقدم وانجازات علمية وتقنية متلاحقة حتى تستطيع مجابهة التحديات المختلفة بشكل يساعد المجتمع. لذا يجب تنظيم برامج تدريبية متخصصة لقيادات الإدارة العليا تتضمن مفهو إدارة الجودة الشاملة وأهميتها، وكيفية تحديد متطلبات العملاء، والأدوار والمسؤوليات والسلوكيات للعاملين داخل المؤسسة.

إن متطلبات إدارة الجودة الشاملة من أهم المتطلبات لتطبيق الجودة الشاملة في إدارة المدرسة ما يلي:

- وجود أهداف واضحة ومحددة للتعليم الثانوي يشارك في صنعها جميع المهتمين بالعملية التعليمية بحيث يكون لهذه الأهداف توجه مستقبلي قصير وطويل المدى وتحقيق رغبات الطلاب والعاملين والإداريين وكذا المجتمع بأكمله.
- دعم الإدارة العليا واقتناعها والتزامها بنشر وتطبيق ثقافة الجودة الشاملة بإدارة المدرسة.

- تطوير الهيكل التنظيمي لإدارة المدرسة بشكل يتفق مع إدارة الجودة الشاملة، حيث لم يعد الهيكل التنظيمي التقليدي العمودي الطويل Structure Vertical Organization ذو المستويات الإدارية المتعددة مناسب لمنهجية إدارة الجودة الشاملة، لما يسببه من مشاكل وتعقيد وبطء في العمل، ففي ظل إدارة الجودة الشاملة يكون الهيكل التنظيمي المطلوب هو مدخل النظام المتكامل The Whole Integrated System Approach.

- توفير المدخلات المناسبة لتحقيق إدارة الجودة الشاملة للمدرسة وهذه المدخلات قد لا تعتمد – فقط على التلاميذ والمعلمين- بل أيضاً على الإداريين والتكنولوجيا التعليمية والمعدات الأخرى والتمويل الكافي لتحقيق الجودة الشاملة.

- تأسيس نظام للجودة الشاملة يضمن مخرجات تلبي المتطلبات.

- قيام الإدارة المدرسية بتحديد الأدوار التي يقوم بها كل العاملين بالمدرسة بشكل يحقق إدارة الجودة الشاملة وخاصة أدوار المدير والناظر والمعلم والوظائف الأخرى.

- عقد إدارة المدرسة ندوات توضح مدى أهمية جودة التعليم لجميع العاملين بالمدرسة وأولياء الأمور وكذا الطلاب.

- متابعة القيادات لبرامج الجودة والإشراف على تنفيذها.

ب- مراحل تطبيق إدارة الجودة الشاملة في المؤسسة التعليمية:

على مدير المدرسة الكفء أن يؤمن بتطبيق الجودة الشاملة وأن مؤسساتنا في حاجة لتقليل شكاوي العملاء والاهتمام بقضايا أخرى بالغة الأهمية كالالتزام الإداري وتفادي مقاومة التغيير.

فتطبيق الجودة الشاملة يتطلب التغيير في ثقافة المؤسسة ونشر ذلك التغيير في جميع أنحاء المؤسسة وجعله جزءاً من الثقافة ذاتها.

ولتطبيـق الجـودة الشـاملة في المؤسسـة التعليميـة، فعلينـا التخطيـط للجـودة وتحديـد الخطوات التي تتبع لتحقيق الأهداف الموضوعة والمراد تحقيقها، وهذا بعد أن تقتنع الإدارة العليا للمؤسسة بجدوى الإدارة الشاملة للجودة. ولابد مـن التنظيـم لإدارة الجـودة الشـاملة، وتأتي هنا الخطوة الثالثة في حالة الاقتناع بنجاح التطبيق، ألا وهـي تعميـم فـرق التحسـين المستمر للجودة للقيام بحصر مشكلات الجودة وتحليلها للقضاء على أسباب هذه المشكلات. وفيما يلي عرضاً لتلك الخطوات:

1- مرحلة الإعداد:

وهي مرحلة تهيئة للعاملين بالمؤسسة التعليمية لتقبل مفهوم الجـودة الشـاملة والالتـزام بهذا المفهوم ما يتطلبه من إجراءات ومتطلبات في العمل وتفرض هذه المرحلة على المسؤولين القيام بالخطوات التالية:

1- الالتزام بالجودة: وفيها تلتزم الإدارة العليـا بالمؤسسـة التعليميـة بالبحـث عـن جودة الخدمات والمنتجات التي ستجلب أقصى رضا للطلاب والمجتمع.

2- تحديـد مـدى الاحتيـاج لإدارة الجـودة الشـاملة، بحيـث تتضـح الرؤيـة لجميـع العاملين بالمؤسسة كي تتواجد الرؤى لمستويات الجودة المطلوبة.

3- مجلس الجودة: ويتـولى هـذا المجلس كإطار تنظيمـي المسؤوليـة الكاملـة عـن تطبيق الجودة الشاملة، ويمثل مجلس الجودة المستوى القيادي الأعلى لاتخاذ القرار ويرأسه مدير المدرسة.

2- مرحلة التخطيط:

تحتوي الإدارة الشاملة للجودة على عدد كبير من الأنشطة يقوم بها عدد كبير من الأفراد على جميع المستويات، وبدون التخطيط تصبح هذه الأنشطة جهوداً متنافرة لا تنسيق بينهـا، مما يؤدي لضياع الوقت، والجهد والمال دون تحقيق الأهداف.

وهذه المرحلة تبدأ بإرساء حجر الأساس لعملية التغيير داخل المؤسسة، حيث يقوم الأفراد الذين يشكلون المجلس المشترك للجودة باستعمال البيانات التي يتم تطويرهـا خـلال مرحلـة الإعداد لبدء مرحلة التخطيط الدقيق وبعد ذلك يقوم المجلس المشترك بوضـع خطـة التنفيـذ والالتزام بالموارد وإظهارها إلى حيز الوجود.

3- **التنظيم للجودة:**

وتهدف هذه المرحلة إلى تنفيذ الخطة التي وضعت للتطبيق، فمن أهم مسؤوليات الإدارة يأتي بتنظيم العاملين نحو الجودة مع خلق الظروف المناسبة لتطبيق نظام الجودة. فيتم تحديد هيكل تنظيمي بصفة رسمية على أساس إطار عمل لتخطيط المسؤولية والسلطة. وتتجسد فعالية البناء التنظيمي للمؤسسة بوضوح في الهيكل التنظيمي للمدارس الذي تحدد فيه المهام والمسؤوليات الإدارية والتعليمية، حيث يتم توزيع وتحديد الصلاحيات والمسؤوليات الإدارية لكل إدارة أو قسم.

ولبناء الجودة في ثقافة المؤسسة، يشكل مجلس جودة يتكون من رؤساء تنفيذيين، ومديري الإدارة العليا للمناطق الوظيفية، ومنسق، وربما استشاري، ويكون المنسق شخصاً شاباً لامعاً حيوياً منفذ لقرارات الإدارة العليا يقدم تقاريره إلى المدير التنفيذي.

ولكي يكون الهيكل التنظيمي للجودة ناجحاً فيجب ربطه ببيئة المؤسسة ولتحقيق ذلك يجب على المؤسسة أن تتبع الآتي:

1- التأييد الكامل ومشاركة الإدارة.

2- الاهتمام الزائد بالعاملين بالمؤسسة.

3- الربط مع خطة الوحدات الاستراتيجية.

4- التدريب عند الحاجة والتوسع في مواضيع التدريب.

5- استخدام فرق العمل لأدوات حديثة.

6- توجيه الاهتمام لمختلف فروع الأداء بالإضافة إلى الجودة.

7- المداخل المنهجية للتطوير بواسطة فرق الإدارة يؤدي إلى معدلات ربحية أكبر في المدى الطويل.

4- **التحسين المستمر للجودة:**

ويقصد به تبني الجديد والأحسن بشكل دائم في العملية التعليمية، فالجديد والأفضل هما رمز التميز والبقاء والاستمرار، والتحسين المستمر يشمل كل مدخلات العملية التعليمية وكذا طرق التدريس والوسائل التعليمية وتحسين استخدام

التكنولوجيا. ويمر تحسين الجودة بعدة خطوات هي في مجملها خطوات حل المشكلة وهـي كما يوضحها الشكل التالي:

شكل يوضح خطوات حل المشكلة

ونقدم فيما يلي خطوات التحسين:

1- تحديد المشكلة وإدراكها:

فلابد من تحديد المشكلة وصياغة هذا التحديد صياغة سليمة ودقيقة، وإلقاء الضوء على المشكلة بجمع المعلومات والحقائق وتحديد الأثر المباشر للمشكلة على درجة رضا العميل.

2- تحليل المشلكة:

ويعتمد تحليل المشكلة على قدر مناسب من المعلومات، وتقسيم المشكلة لمكوناتها الأولية وتحديد المكونات الأكثر أهمية التي يجب التركيز عليها لمعرفة الجذور الرئيسة المسببة للمشكلة.

3- حل المشكلة:

وهنا يبدأ فريق الجودة مناقشة الإجراءات التي يجب إتباعها للقضاء على أسباب المشكلة واستنباط الحلول وتقييم جدوى وفعالية كل حل، وتكون الحلول المقترحة على شكل خطط تنفيذية وتحليل التكلفة والعائد لمعرفة الاستثمارات اللازمة لكل حل من الحلول البديلة والعائد لكل منها ويتم اختيار أفضل الحلول.

4- متابعة الحل وتقييمه:

ثمة ضرورة لوضع نظام لمتابعة النتائج التي تحقق بعد تطبيق الحل على مدى فترة زمنية، وهناك العديد من الأدوات التي تسهم بشكل فعال في تحسين الجودة وتتمثل فيما يلي:

1- تحليل السبب والنتيجة:

ويعرف Ishikawa Diagram ويستخدم في تحديد أسباب مشكلة معينة، وتوضع هذه الأسباب على هيئة أسباب تندرج في أهميتها وتسلسلها.

2- العصف الذهني:

وفي طريقة تعتمد على طرح أفكار مبتكرة من خلال المناقشة المفتوحة لمشكلة ما.

3- **خريطة التدفق:**

وتستخدم في توضيح خطوات عملية معينة، خاصة إذا كان هناك خطوات غير واضحة.

4- **شكل باريتو:**

يستخدم بعد تجميع البيانات، وذلك لترتيب أسباب مشكلة معينة طبقاً للأولويات، ولذلك تستخدم هذه الطريقة في معرفة أهمية كل مشكلة بالنسبة للأخرى، وكذلك حجم تلك المشكلة.

5- **خريطة السرعة:**

وهي تبين تتابع نتائج عملية معينة بالنسبة لعامل الزمن مثلة نسبة الناجحين في عام بعينه.

6- **المدرج التكراري:**

وتستخدم لقياس تردد حدوث عملية معينة بالنسبة لشيء ما يحدث.

7- **رسم بياني للعلاقة:**

يبين قوة العلاقة بين متغيرين مثل الارتفاع والوزن وكذلك يبين ماذا يحدث لمتغير معين نتيجة تغيير في المتغير الآخر.

8- **خرائط المراقبة:**

وتعتبر أحدث الأدوات التي تستخدم في تنفيذ إدارة الجودة الشاملة، وتعكس التغير في نظام معين، وكذلك في عرض النتائج حسب ترتيب حدوثها، وتحديد الحد الأقصى والحد الأدنى لمتغير معين.

ويمكننا بلورة خطوات تطبيق إدارة الجودة الشاملة في المؤسسة التعليمية في مجموعة النقاط التالية:

1- فهم وإدراك أهمية تطبيق نظام إدارة الجودة الشاملة من قبل إدارة المؤسسة.

2- تحويل هذا الفهم والإدراك لسياسة مكتوبة ومنشورة للأخذ بها داخل المؤسسة.

3- وضع تنظيم أمثل لتحقيق فلسفة إدارة الجودة الشاملة فالأفراد وحدهم لا يستطيعوا تحقيق الفلسفة بدون وجود تنظيم فعال يحدد الاختصاصات والمسؤوليات بالنسبة لفرق العمل التي تتولى هذه المهمة.

4- القياس: تحديد التكلفة.

5- التخطيط لتطبيق نظام الجودة الشاملة.

6- التصميم.

7- وضع نظام الجودة.

8- التأكد من إمكانية ومقدرة تطبيق هذا النظام.

9- تحديد وسائل الرقابة على نظام الجودة.

10- تكوين فريق عمل.

11- التدريب.

12- التطبيق.

ب- معوقات تطبيق إدارة الجودة الشاملة في المؤسسة التعليمية:

إن تطبيق نظام إدارة الجودة الشاملة لم يكن دائماً ناجحاً، ولذلك يجب الاهتمام بمعرفة الأخطاء الشائعة التي تؤدي إلى فشل تطبيق النظام أو بطئ نجاحه للنهوض بالمؤسسة وتجنب الفشل. فعلى الرغم من أهمية إدارة الجودة الشاملة وفائدتها للنظام التعليمي، إلا أنه يوجد العديد من المعوقات والعقبات التي تقف حائلاً أمام تطوير التعليم والوصول إلى جودة المؤسسة التعليمية، ومن هذه المعوقات ما يلي:

- الافتقار إلى هدف ثابت للتطوير المستمر في برامج التعليم الإداري.

- غياب الفهم الكامل والوعي لمعنى الجودة الشاملة وأهدافها ومسؤولية كل من يعمل في المؤسسة التعليمة عن المشاركة في تحقيقها.

- عدم وجود جهاز إداري نموذجي يستخدم نموذج إدارة الجودة الشاملة فبعض المؤسسات العربية تهتم بالشكل التنظيمي، بغض النظر عن مدى ملاءمته لظروف واحتياجات العمل، حيث يكون التركيز على المبادئ التنظيمية المجردة كتفويض السلطة أو تسلسل خط القيادة دون النظر لمناسبة تلك المبادئ لظروف التنفيذ ومتطلباته.

- التركيز على تقويم الأداء وليس على القيادة الواعية التي تساعد الأفراد في تحقيق جودة أعلى، مما يؤدي إلى أن تتحول الإدارة إلى إدارة بالأرقام، وبالتالي تتحول الإدارة إلى إدارة بالترهيب.

- طول الوقت اللازم لتنفيذ برنامج الجودة الشاملة، وذلك لتعدد خطوات برامج الجودة ولأسباب التعقيدات البيروقراطية السائدة، هذا بالإضافة إلى طول قنوات الاتصال، التي لابد لأي قرار أن يمر من خلالها حتى تتم الموافقة عليه، فعملية استخدام نموذج إداري جديد كإدارة الجودة الشاملة يحتاج إلى وقت طويل يتم خلاله التنسيق بين القيادات الإدارية، وتنمية ما يمكن له البقاء مع القيادات الإدارية الجديدة لتتولى قيادة المنظمة عند الحاجة إليها، وهكذا فإن تأجيل الجودة في المنظمة من أهم وسائل التغلب على هذه المشكلة.

- استخدام الأساليب الإحصائية لحل المشكلات بشكل غير صحيح يؤدي إلى نتائج خاطئة.

- صعوبة التنفيذ، بسبب ضخامة هذه المؤسسات، وتشعب هياكلها التنظيمية، وهيمنة المناخ البيروقراطي، والروتين العقيم، وقنوات الاتصال البطيئة.

- عدم توافر الكوادر البشرية المدربة والمؤهلة في مجال إدارة الجودة الشاملة في العمل التربوي. ونقص كفاءتهم بسبب تدني الرواتب وغياب التحفيز لهم.

- الثقافة غير المناسبة لتطبيق إدارة الجودة الشاملة، فالجودة الشاملة تستخدم مفهوم الاستقلال الذاتي للشخص، وتؤكد في ذات الوقت على ضرورة احترام التكامل بين الأفراد داخل المدرسة، وعندئذ فإن الجودة الشاملة تقدم وسيلة لإدارة كل ما هو متناغم مع نفسه أو مع غيره أخلاقياً وعقلياً ومنطقياً.

  والقضية لا تتعلق بمدى صدق الجودة الشاملة في المجال التعليمي، ولكن بمدى اتفاق رجال الأعمال على الهدف من التدريس وطبيعته.

- ولقد أشار التقرير الخاص The School Teacher Review Board إلى ثمة قضايا متعلقة بفاعلية الإدارة المدرسية وهي:

1- التطبيق غير الفعال للسياسات المتفق عليها في المنهج.

2- الوعي غير الكافي للرؤساء لطبيعة دورهم الإداري.

3- ضعف الصلة بين الإدارة والقيادة مما يساعد على عدم وجود مدخل ملائم للإدارة ليساعد على فاعلية تعلم الطالب.

وقد أوضح "ديمنج Deming" أن هناك عدد من الأمراض القاتلة والتي يجب الابتعاد عنها وتجنبها، وعرفت بأمراض ديمنج السبعة المميتة ومنها.

1- عدم الاستمرارية في الهدف.

2- الاهتمام فقط بالأهداف قصيرة الأجل.

3- تقييم الأداء الفردي والاهتمام بمتابعة انجاز الفرد مما يحطم إمكانيات التعاون وعمل الفريق.

4- كثرة تغيير المديرين وعدم ثبات فريق الإدارة.

5- الاهتمام فقط بالأرقام الظاهرة وما يمكن قياسه في أداء المنظمة وإغفال الأهم وهي الأمور غير الظاهرة.

ومما سبق عرضه، يمكن إيجاز أهم المعوقات التي تحول دون تطبيق إدارة الجودة الشاملة بإدارة المدرسة فيما يلي:

- تطبيق نمط إداري مركزي يبدأ من الوزارة وينتهي بالمدرسة مما يؤدي إلى عدم قدرة المدرسة على توفير متطلبات إدارة الجودة الشاملة.

- الروتين والمنشورات المعمول بها والصادرة عن الجهات الأعلى وعدم استقلالية اتخاذ القرارات.

- عدم اقتناع بعض الكفاءات البشرية بمفهوم الجودة الشاملة، فظلت في أماكنها حتى صدأت ولم تعد تصلح إلا لحصاد الحوافز المجزية والمكافآت بينما تعاني القاعدة "الإدارة المدرسية حتى المعلم" من الجفاف مما أحدث فاصلاً وعازلاً بين القيادات العليا والمستوى الأدنى مما أضعف الطموح للوصول إلى مستوى القمة.

- عدم انتماء الطلبة للمدرسة وذلك لعدم شعورهم بأهميتها، وذلك لتفشي ظاهرة الدروس الخصوصية والتي أفرزت جيلاً في قوالب جامدة غير قادرة على التفكير.

- الانفصال الإيديولوجي بين الواقع وما يجب أن يكون بالاعتماد على الشعارات المكتوبة على الورق دون عمل والاهتمام بالشكليات والابتعاد عن جوهر الإدارة التي تحقق الجودة.

- تدني الثقافة المجتمعية وسلبيتها تجاه تفعيل دور المؤسسات التعليمية وذلك لقلة التعاون بين المدرسة والمجتمع المحلي.

- قصور في الهيكل الإداري للإدارة المدرسية لأنه يقتصر على مدير المدرسة فقط، فقد لا يسمح للمعلم بالمشاركة في اتخاذ القرارات، وإذا سمح بمشاركتهم فتكون "مشاركة ديكورية" أي عدم الاعتراض والتناقض مع فكرة الإدارة.

- نقص تدريب العاملين القائمين بالعملية التعليمية على كيفية تطبيق الجودة الشاملة.

- نقص الإمكانات المادية اللازمة لتطبيق الجودة الشاملة بالمدرسة.

ورغم بعض المشكلات والمعوقات التي قد تعترض تطبيق هذا النظام، إلا أنه يشكل البديل الأمثل للأساليب الإدارية السائدة حالياً والتي لم تحقق الأجهزة الإدارية المستوى المطلوب من الكفاءة والفعالية اللازمة لتحقيق أعلى مستوى ممكن من الجودة في الأداء، ومن ثم يتعين على القائمين على أمور منظومة التعليم أن يبذلوا الجهد اللازم لتلافي مثل هذه المعوقات أو العمل على كل ما من شأنه الابتعاد عنها.

ومما سبق نرى أنه يجب على إدارة المدرسة تطبيق إدارة الجودة الشاملة بفاعلية مع ملاحظة:

- عدم التطبيق لفلسفة الجودة الشاملة دفعة واحدة، حيث أن ذلك سيحدث الفوضى والعديد من المشكلات في المدرسة.

- تجنب القرارات غير المؤسسة على معلومات صحيحة ودقيقة وحديثة لتحسين وتطوير العمليات.

كما يجب تبني أساليب مدروسة لتنمية الموارد التعليمية وتحسين تقنيات التعليم وتطوير المناهج ومرونة في تطبيق نظم وأليات التعليم الجديد المستندة إلى تقنيات المعلومات والاتصالات واستخدام الحاسبات الآلية.

وضع نظم المتابعة وتقويم الأداء والرقابة على مستويات الجودة في جميع مرافق وفعاليات المؤسسات التعليمية، ومنح الإدارات المختصة السلطة الكافية للتدخل لتصحيح الانحرافات والأخطاء ومنع تكرارها.

فوائد تطبيق إدارة الجودة الشاملة في التعليم:

1- إيجاد نمط إداري أكثر تفاعلاً مع جميع العاملين.
2- تفعيل العلاقات بين الأفراد والمنظمة.
3- بناء القرارات على المعلومات والبيانات.
4- زيادة مشاركة الأفراد في عملية اتخاذ القرار.
5- زيادة فعالية عمليتي التعليم والتعلم.
6- تشجيع عمل الفريق.
7- تطوير البرامج الأكاديمية.
8- تفعيل الخدمات للعاملين والطلبة.
9- زيادة رضا المستفيدين.
10- تفعيل عملية الاتصال.

هذا وقد أشار "ماكدونالد (1998)" للعديد من إيجابيات إدارة الجودة الشاملة في التعليم يمكن إيجازها في:

1- التطوير الهائل في الخدمة المقدمة.
2- زيادة الفعالية والإنتاجية.
3- زيادة القدرة على المنافسة.
4- التقليل من الفاقد.
5- مشاركة جميع العاملين.

6- التقليل من الخلافات التي عادة ما توجد في أنماط الإدارة الأخرى.

وتأسيساً على ما سبق فإن الجودة الشاملة تحقق العديد من الفوائد للمدارس ومنها:

1- تساعد إدارة الجودة الشاملة المدرسة في تقديم أفضل خدمة لعملائها من التلاميذ والموظفين.

2- يعتبر التحسين المستمر للجودة الشاملة طريقة مستمرة لتلبية المتطلبات المناسبة للنظام التعليمي.

3- تركز على تطوير العروض وجعلها أكثر إثارة وتغييراً للتلاميذ والمعلمين ومن هنا لابد من العمل على تطوير بيئة التعلم وتطوير عملية التعلم ذاتها.

وبعد عرض فوائد ومميزات تطبيق الجودة الشاملة في المؤسسة التعليمية يمكن الخروج بمجموعة من الإيجابيات والفوائد والتي من الممكن أن تحققها المدرسة بتطبيق الجودة الشاملة منها:

- تطوير المهارات القيادية والإدارية لقادة المدرسة.
- تقليل الفاقد مما يسهم في زيادة قدرة المدرسة على المنافسة ومواجهة التحديات المتجددة.
- خلق روح التعاون والمشاركة. فتطور إدارة الجودة الشاملة الشعور بالذاتية والقيم المشتركة لتحقيق أهداف المستقبل.
- تحسين المناخ التعليمي، فتقدم إدارة الجودة الشاملة المزيد من الإثارة والتحدي للطلاب والمعلمين على بيئة التعلم.
- استخدام مقاييس للجودة واضحة ومرئية وقابلة للقياس ويمكن فهمها وإدراكها حتى من الشخص العادي.
- منع حدوث المشاكل بدل من العمل على تصحيح الأخطاء التي تحدث.
- التخطيط بعيد المدى وترتبط به الخطط القصيرة والمتوسطة.
- جعل المدرسة قادرة على مواجهة مشكلات البيئة، ويعتبر ذلك واجباً أخلاقياً وذلك حيث أن إدارة الجودة الشاملة وقضايا البيئة والمجتمع وجهان لعملة واحدة. وقد أقترح مصطلح (TQEM) بدلاً من (TQM) اختصار Total

Quality Environment Management وذلك دلاله على مدى تركيز واهتمام إدارة الجودة الشاملة بقضايا البيئة والمجتمع.

إن استجابة المدرسة للتحديات التي فرضها عالم معرفي معلوماتي سريع التغير يتطلب منها أن تكون أكثر قدرة على التعلم الدائم من المتغيرات التي تحدث داخل وخارج أسوارها، لأن ما نعتبره اليوم يتسم بالجودة فهو غدا تقليديا بفعل سرعة تغير المعرفة وتجدد احتياجات وتطلعات المستفيدين (الطلاب- المعلمين- أولياء الأمور- المجتمع- أصحاب الأعمال)، لذلك فرحلة المدرسة من التقليدية إلى الجودة مستمرة، لأن الجودة في هذا السياق "هدف متحرك" لا يمكن تحقيقه بل يستلزم التحسين المستمر لمحاولة الوصول إليه.

ومن خلال ذلك تغدو مهمة المدرسة في عصر المعلومات تكوين متعلمين يملكون المرونة والقدرة على التكيف مع المواقف الجديدة في ميدان المعرفة أو في ميدان العمل والمهنة، ويعرفون بالتالي كيف يكتسبون معارف جديدة ومهارات جديدة في شتى ميادين النشاط، القدرة على التعلم مدى الحياة، والقدرة على الابتكار، والقدرة على اكتساب الكفاءات المحورية اللازمة للعمل في شتى المهن (وعلى رأسها اللغات الأجنبية، واستخدام الحاسوب، ومهارات الاتصال، والتمرس بالعلوم والرياضيات، والقيم الشخصية والوطنية)، تلك إذن هي الرؤى الأساسية لمدرسة الجودة.

وبعد نجاح فلسفة إدارة الجودة في الصناعة وتحقيقها لنتائج أوصلت اقتصاد العديد من الدول إلى ذروة المنافسة العالمية، بدأ صناع السياسة التربوية يفكرون بالاستفادة من إدارة الجودة لإخراج التعليم من أزمته التي يواجهها نتيجة تنامي وعي المجتمع باحتياجاته وتطلعاته التي تتزايد تحت ضغط التغير المستمر للمعرفة ومتطلبات سوق العمل والمهنة.

لكن نقل فلسفة الجودة من الصناعة إلى التعليم أحدث جدل كبير حول ما هيه آليات التطبيق، فأهل التربية والتعليم يدركون تماماً أن ما يصلح للصناعة لا يصلح بالضرورة للتعليم "المدرسة ليست مصنعا"، فلا يمكننا في التعليم أن نقوم بتنميط سلوك الطالب كما هو الشأن بالنسبة للمواد الخام والمنتجات المصنعة، وهذا ما أشار إليه تقرير منظمة الأمم المتحدة للتربية والثقافة والعلم (اليونسكو) حول "التعليم للجميع

.. من أجل ضمان الجودة" الصادر في عام 2005م إلى "أن المنهج القائم على الوظيفة الإنتاجية يتجاهل إلى حد بعيد الطرائق التي تقوم من خلالها عملية التعلم والتعليم، التفاعل الإبداعي الذي يحدث في قاعة الدراسة وتأثيره في نوعية التعليم" (اليونسكو، 2005).

لقد قام المهتمين بالإصلاح التربوي بالاستفادة من إدارة الجودة المطبقة في الصناعة من خلال التوافق مع مبادئ هذه الفلسفة وليس التطابق معها،أي من خلال تكييف فلسفة إدارة الجودة إلى نظام التعليم وليس نقلها كما هي . لذلك بدأنا نشهد خلال السنوات الأخيرة تغيراً في لغة الإصلاح التربوي وتمثل التغير في ظهور مصطلحات جديدة مثل المساءلة/ أو المحاسبية "Accountability" وتقييم الأداء "Performance evaluation" وإدارة الجودة الشاملة "TQM" وضمان الجودة "Quality Assurance"، بل أن هذه المصطلحات أصبحت جزءاً من لغة النظام التعليمي سواء في التعليم العام أو الجامعي.

* التحول من المدارس التقليدية إلى مدارس الجودة:

إن الحياة في عصر المعلومات والتميز فيه تتطلب أنماطا جديدة من العمل المدرسي تتسم بالكفاءة والفاعلية في نظام المدرسة، وذلك للوصول إلى مخرجات قادرة دائماً على تلبية احتياجات وتطلعات المستفيدين (أنظر الجدول رقم 1) من نظام التعليم في المدرسة، وبذلك تحقيق التنافسية على الصعيد العالمي.

الجدول رقم (1) : يوضح المستفيدين من نظام التعليم في المدرسة في ضوء فلسفة الجودة

المستفيدون من نظام التعليم في المدرسة في ضوء فلسفة الجودة	
المستفيد الداخلي	المستفيد الخارجي
الطلاب	أولياء الأمور
المعلمين- جميع العاملين في المدرسة	المجتمع- أصحاب الأعمال- الحكومة

كذلك لم يعد مقبولاً أن تقوم المدرسة بإعداد مخرجات تعليمية لإرضاء مجتمعها المحلي فقط، بل التحدي أمام المدرسة يتمثل بقدرتها على إعداد طالب عالمي لديه المعرفة والمهارات التي تمكنه من مقابلة أو تجاوز معارف ومهارات أقرانه على الصعيد

العالمي ومتمسك في الوقت ذاته بقيم مجتمعه. إذا على المدرسة وفق فلسفة الجودة أن تتجاوز تطلعات المستفيدين (أنظر الجدول رقم 2) الأمر الذي يمكنها من ردم فجوة الأداء وفجوة المعرفة لتتمكن من تحقيق الغرض من وجودها والذي أختلف كثيرا من عصر الصناعة إلى عصر المعلومات.

الجدول (2): يوضح تطلعات المستفيدين من نظام التعليم في المدرسة في ضوء فلسفة الجودة

المستفيدون	تطلعاتهم
الطلاب	يتطلعون من المدرسة إعدادهم بالقيم والمعلومات والمعرفة لمواجهة المستقبل بكل مستجداته.
المعلمين/العاملون في المدرسة	رواتب عادلة – دعم في مجال التنمية المهنية – المشاركة في اتخاذ القرارات.
أولياء الأمور	- تربية وتعليم أفضل لأبنائهم. - التدخل والمشاركة في تعليم أبنائهم.
المجتمع	- إعداد مواطنين متمسكين بقيم مجتمعه النبيلة. - مواطنون منتجين وفاعلين في التنمية المستمرة لمجتمعه.
أصحاب الأعمال	- تمكين الطلاب المهارات والمعرفة المتناسبة واحتياجات سوق العمل. - تنمية جوانب هامة في شخصية الطلاب (الحافز الذاتي - العمل في فريق - الإبداع - ......الخ).
الحكومة	- الاستخدام الأمثل للموارد المخصصة للتعليم. - خفض التكاليف وتقليل الهدر مع المحافظة على جودة التعليم. - إعداد الطلاب للمنافسة عالميا ودخول سوق العمل بكل كفاءة وفاعلية.

في الحقيقة إن جوهر الجودة في المدرسة يتمثل بإدراك إدارة المدرسة للاختلاف بين الإدارة التقليدية وإدارة الجودة (أنظر الجدول 3) حتى تستطيع أن تبدأ بالتحول

التدريجي نحو فلسفة الجودة وتقوم بممارساتها اليومية بما يتوافق وإدارة الجودة، ومن هذه النقطة يبدأ نجاح الجودة في المدرسة.

الجدول (3): يوضح مجالات الاختلاف الرئيسة بين المدرسة التقليدية ومدرسة الجودة

المدرسة التقليدية	مدرسة الجودة
الأخطاء في المدرسة سببها المعلمين والطلاب وبقية العاملين.	الأخطاء سببها النظام (94% من الأخطاء سببها النظام التي تعمل به المدرسة - 6% فقط على المعلمين والطلاب وبقية العاملين).
مدير المدرسة يدير الأشخاص، الوظائف.	مدير المدرسة يدير النظام ويعمل على تحسينه بالتعاون مع المعلمين والطلاب وبقية العاملين.
الوضع الراهن أفضل.	البحث عن الأفضل دائما (التحسين المستمر).
بيئة عمل وتعلم تنافسية.	بيئة عمل وتعلم تعاونية.
تقييم الأداء يستخدم للحكم على المعلمين والطلاب وإدارة المدرسة.	مدير المدرسة والمعلمين والطلاب يستخدمون تقييم التغذية الراجعة كأساس لتخطيط التحسين.

* **معوقات التحول**

- **معوقات التحول من المدرسة التقليدية إلى مدرسة الجودة:**

- **المعوقات الداخلية:**

يقصد بالمعوقات الداخلية تلك التي تكون جذورها ناشئة من داخل المدرسة وأهم هذه المعوقات هي كالآتي:

- **قلة التزام مدير المدرسة بالجودة:**

تبدأ رحلة التحول نحو الجودة في المدرسة بقرار من إدارة المدرسة، لكن الالتزام يمتد مباشرة ليشمل جميع العاملين فيها (إداريين - معلمين - الطلاب - عاملين)،

الحقيقة أن كل واحد من هؤلاء يمكن أن يضع العصا بين العجلات ويعيق نجاح التحول نحو الجودة في المدرسة، فجميع العاملين من إداريين ومعلمين وحتى الطلاب – الطالب عامل في المدرسة من منظور فلسفة الجودة في التعليم – يرون التناقضات، بمعنى إنهم يرون ماذا يقول مديرهم وماذا يفعل في حقيقة الأمر، هم سيفقدون الثقة بالجودة في حالة وجود التناقضات والقرارات الارتجالية الغير مبنية على الحقائق (المديرس والحسين، 2006م).

ومن أجل تحول ناجح للجودة في المدرسة فإن الفريق الإداري يجب أن يكون لديه قبل كل شئ غاية اتصال واضحة من أجل تبني فلسفة الجودة وذلك حتى تكون متوافقة مع ممارساتهم الفعلية في المدرسة التي تكون مرئية للعاملين، وهذا يحتاج إلى أن يتدرب الفريق الإداري تدريباً عالي الجودة، من هنا نتأكد أهمية أفعال قيادة المدرسة وليس أقولها.

- تدني القابلية الداخلية لتطوير الثقافة التنظيمية للمدرسة:

بعد تجارب العديد من المدارس في تطبيق إدارة الجودة على صعيد الدول الأجنبية أو العربية أصبح بديهاً القول بأن الثقافة التنظيمية للمدرسة إما أن تعيق أو تدعم جودة التعليم، وتعرف الثقافة التنظيمية في المدرسة بأنها مجموعة القيم والاعتقادات وأساليب التفكير والسلوكيات التي تميز كل مدرسة عن الأخرى (Stephen Stolp 1994).

وكذلك أجمع الباحثين في الجودة على أن تغيير الثقافة التنظيمية للمنظمة لتتوافق مع فلسفة إدارة الجودة مسألة ليسن سهلة وهي تحتاج إلى إدارة التغيير والصبر على النتائج لأنها مرتبطة بالعنصر البشري وطرائق تفكيره وأنماط سلوكه،محدد "إدوارد ديمنج" المدة الزمنية لهذا التوافق من (3-5 سنوات). ومن أبرز المعوقات التي تقف أمام تطوير الثقافة التنظيمية للمدرسة هو الخوف من التغيير، وقيادة المدرسة عليها المسؤولية لإزالة هذا الشعور، والبداية تكون من خلال تحسين بين من هم في مهام قيادية وبين جميع العاملين، ومؤشرات تحسين العلاقات تتوضح من خلال تراجع العلاقات السيئة والبدء بالنظر أفقيا بمعنى إزالة النظرة من الرقبة (من أعلى إلى أسفل).

- **اختلاف التصورات لتطبيق الجودة في المدرسة:**

إن الاختلاف في تحديد ما هيه مفهوم الجودة في التعليم أدى إلى نشوء اختلاف في التصورات حول التطبيقات العملية للمفهوم في المدارس، فعلى سبيل المثال أدى تطبيق نظام "ISO" في المدارس إلى مقاومة تطبيق النظام (Bryan R.cole, 2002)، وهناك أسباب عديدة لذلك من أهمها أن المعلمين لم يشعروا بملائمة هذا النظام للتعليم داخل الفصول الدراسية والمدارس التي حصلت على شهادة المطابقة "ISO" لم تتبين قدرة طلابها على منافسة المدارس الأخرى التي لم تحصل على نفس الشهادة.

- **تقنيات القياس غير المؤثرة:**

إن استخدام تقنيات قياس غير مؤثرة في المدرسة ستؤدي إلى نتائج غير حقيقية سواء كانت النتائج إيجابية أو سلبية. تحتاج الجودة إلى اتخاذ القرارات بناءاً على بيانات ونتائج صحيحة، وفي حالة استخدم المدرسة بيانات خاطئة يكون للإحساسات أو التخمين دور في جمعها ستؤدي القرارات المبنية على هذه البيانات إلى تدني الجودة، بمعنى أخر سيؤدي الأمر إلى تدني رضا المستفيدين.

وممثل الاختيارات القياسية في المدارس إحدى أشكال تقنيات القياس غير المؤثرة من منظور إدارة الجودة باعتبارها "تفتيش" والمنتجات التي تأتي نتيجة التفتيش تأتي متأخرة ومتدنية الجودة وستكون مكلفة من حيث الوقت والمال والجهد الإنساني (David P. Langford, 1995).

وإذا أردنا أن نحسن مخرجات نظامنا التعليمي علينا أن نهتم بعمليات التعلم والتعليم وعلى التقييم المستمر لأداء الطالب (Portfolio) وليس على إنجازاتهم في الاختبارات التي أدت إلى وجود ثقافة تعلم تقليدية تركز على القراءة من أجل الاختبارات، لذلك يلجأ الطلاب إلى الحفظ والاستظهار دون الاهتمام بالمستويات المعرفية والوجدانية والمهارية.

وهناك تقنيات قياس غير مؤثرة أخرى في المدرسة على سبيل المثال الأدوات التقليدية التي يستخدمها المرشد الطلابي لملاحظة سلوكيات الطلاب وأداة التقييم الوظيفي

لمدير المدرسة والمعلمين جميع هذه الأدوات وغيرها تؤدي إلى نتائج خاطئة تؤدي إلى إعاقة الجودة بالمدرسة.

- **قلة انتباه المدرسة إلى المستفيدين الداخليين والخارجيين:**

ذكرنا سابقاً أن لكل مدرسة مستفيدين داخليين وخارجيين (أنظر الجدول 1)، والجودة في المدرسة هي مقابلة أو تجاوز احتياجات وتطلعات هؤلاء المستفيدين، لذلك تعمل المدرسة بعيداً عن تطلعات المستفيدين فإنها بذلك تحرم نفسها من فرص التحسين التي يقدمها المستفيدين.

تفترض المدرسة التقليدية أنها تعرف احتياجات وتطلعات المستفيدين وتقوم بتخطيط وتنفيذ وتقويم جميع برامجها بناءاً على افتراضاتها المسبقة الأمر الذي يؤدي إلى مخرجات لا تحقق رضا المستفيدين لأنها لم تبني أساساً على احتياجاتهم وتطلعاتهم ولم يكونوا شركاء في أي مرحلة من مراحل العمل، من هنا نستطيع أن نفسر سبب تدني دافعية الطلاب للتعلم أو المعلمين للتعليم أو تدني رضا أولياء الأمور وإحجامهم عن حضور برامج وأنشطة المدرسة أو دعمها.

لذلك فإن قلة انتباه المدرسة للمشكلات التي يوجهها المستفيدين الداخلين (الطلاب - المعلمين - جميع العاملين بالمدرسة) أو المستفيدين الخارجين (أولياء الأمور - المجتمع المحلي - المدارس الأخرى) تؤدي إلى زيادة اتساع فجوة الأداء بينها وبين المستفيدين، ومن المهم ذكره هنا أني تدني دافعية الإنجاز عند المستفيدين الداخليين يؤدي حتما إلى تدني رضا المستفيد الخارجي (William L. Sickel, 2005).

والذي يعيق الجودة في المدرسة في هذا المجال قلة عناية إدارة المدرسة بالتغذية الراجعة من المستفيدين، لذلك فإن أزمة المدرسة التقليدية لا تتمثل في عدم قدرتها على حل المشكلات بل لأنها لا ترى هذه المشكلات أساساً، فقلة اهتمامها بالمستفيدين وتمركزها حول ذاتها يصيبها بالعمى الوظيفي الذي يحجب عنها رؤية منافع التحول نحو الجودة.

- **اعتبار منسوبي المدرسة أن الجودة برنامج يضاف إلى أعمالهم:**

إن الممارسات غير المدروسة التي تهدف من خلالها المدرسة للترويج للجودة، لها دور هام في إعاقة التحول ونجاح الجودة في المدرسة، فالشعارات والخطايا التي تستخدمها إدارة المدرسة لإبلاغ منسوبيها لاستعداد تطبيق الجودة ستنتج مقارنة عند جميع المعلمين والعاملين في المدرسة،وهذا رد فعل طبيعي يمثل قناعات لديهم بأن الجودة برنامج جديد سيدخل المدرسة، والمعلمين في الحالات الطبيعية يطلبون تخفيض نصابهم من الدروس لتخفيض ضغوط العمل وعبء التدريس،فكيف يتم إدخال برامج جديدة تطلب منهم أعمال إضافية ......؟!.

إن من أهم متطلبات نجاح التحول نحو الجودة أن تقوم المدرسة بنشر فلسفة الجودة وتطبيقها ضمن الأنشطة المدرسية الاعتيادية وبشكل تدريجي لأن الجودة ليست برنامج أو قطعة أثاث ندخلها إلى المدرسة بل هي ثقافة تعلم وحياة تنشأ من داخل المدرسة.

- **قلة التعلم والتدريب:**

إن نجاح الجودة في التعليم يحتاج إلى مدرسة دائمة التعليم، مدرسة توفر بيئة ملائمة تدعم تنمية قدرات ومدارك طلابها ومعلميها وجميع العاملين فيها، حتى تنمو أساليب التفكير الإبداعي والعمل الجماعي والحماس للإنجاز وفق مبدأ "دائما نحو الأفضل" وذلك لتحقيق مخرجات عالية الجودة تحقق رضا جميع المستفيدين من منتج التربية والتعليم.

وتنطوي أهمية التدريب والتعلم في المدرسة باعتبارها مؤسسة قائمة على إبداع العنصر البشري، لذلك فمسألة التنمية المهنية في المدرسة هي بمثابة موطن القلب لجودة أدائها. ويشير ايشيكاوا "Ishikawa" أحد رواد الجودة اليابانيين إلى أن 90% من المشاكل يمكن أن تحل من خلال التدريب والتعلم على استعمال تقنيات الجودة وغيرها من الأدوات (Williams, 2005).

ومن أهم مؤشرات قلة التدريب والتعلم في المدرسة والتي تعيق التحول نحو الجودة هي كالآتي:

أ-   اعتماد المعلمين على أساليب التدريس القائمة على التلقين والحفظ والاستذكار.

ب-   الجهد الأكبر في العملية التعليمية على المعلم وهذا لا يتوافق مع فلسفة الجودة في التعليم التي تركز على أن يكون للمتعلم الدور الأكبر في عملية تعلمه بمعنى أن يكون الطالب مسؤول عن تعلمه.

ج-   غياب بعض المهارات الأساسية وأمية الكمبيوتر وغياب التعامل التقنيات الحديثة على مختلف أنواعها من قبل المعلمين والإداريين (الشيخ وأحمد، 2004م)، وغياب مثل هذه المهارات التي يؤدي تدني مستوى أداء المدرسة لأسباب من أهمها تأخر الإنجاز بسبب الاعتماد على أساليب العمل التقليدية.

د-   غياب المهارات الهامة التي يتطلبها عصر المعلومات مثل (التعليم الذاتي – حل المشكلات – مهارات التواصل على مختلف أنواعها – كيف تتعلم – حل النزاعات ......الخ) والتي يجب إكسابها للطلاب.

هـ-   تدني دافعية المعلمين وجميع العاملين بالمدرسة لحب الاستطلاع والبحث عن الجديد في تخصصاتهم الأكاديمية أو أساليب التدريس الحديثة لاعتقادهم بقلة جدواها أو أنهم ليس لديهم الوقت الكافي للقراءة والبحث.

-   **التخطيط غير الصحيح للتحول نحو الجودة في المدرسة:**
الجودة ليست نتاج الصدفة بل نتيجة للجهد الذكي والحماس والتخطيط، لذلك فغياب خطة للتحول نحو الجودة في المدرسة يعوق النجاح ويتسبب في هدر الوقت والجهد والموارد المادية. ومن أهم مؤشرات التخطيط غير الصحيح للتحول نحو الجودة في المدرسة هي الآتي:

أ-   المدرسة لا تعرف من أين تبدأ للتحول نحو الجودة.

ب-   رؤية ورسالة المدرسة غير واضحة لمنسوبيها وللمستفيدين الخارجين.

ج-   قلة وضوح الأهداف التي تريد المدرسة تحقيقها.

د-   مسؤولية العمل غير واضحة لجميع العاملين بالمدرسة ليأخذوا زمام المبادرة للتحول نحو الجودة.

هـ- عدم تحديد سلوكيات العمل المتوافقة مع فلسفة الجودة التي من شـأنها أن تـدفع بأداء المدرسة نحو الجودة.

- **اعتقاد منسوبي المدرسة بأن الجودة تنجح في الصناعة وليس في التعليم:**

أدى ارتباط مصطلح "الجودة" بالمنتجات الصناعية لفترة طويلة إلى تشكل تصورات لدى الكثيرين على أن الجودة فلسفة وأدوات تستخدم في المصانع وبالتالي لا تصلح لتحسـين أداء المدرسة، ويمكن لهذه التطورات أن تعيق اقتناع المعلمين والعاملين بالمدرسة للتحرك نحو تبني مبادئ الجودة، وتنشأ بالتالي ثقافة عمل مقاومة للتغير الأمر الـذي يتطلـب مـن إدارة المدرسة الوعي بهذا الأمر وعليها أن تقوم بنشر ثقافة الجودة بصورتها الصحيحة في المدرسـة يركز فيها على أن نظام الجودة المعمول به في الصناعة لـيس هـو ذاتـه نظام الجودة الـذي ستعمل به المدرسة .

- **المعوقات الخارجية لتحول المدرسة نحو الجودة:**

يقصد بالمعوقات الخارجية تلك التي لا تكون للمدرسة دور رئيس في ظهورها وتـؤدي إلى إعاقة أو تأخر عملية تحول المدرسة نحو الجودة ومن أهمها الآتي:

1- المناهج:

تعتبر المناهج الدراسية التي تعتمد على إنجاز الأهداف الكميـة والتي تسـيطر علـى محتواها ما هيه المعلومات (Know What)، علـى المحتـوى المعرفي دون تـوفير مسـاحة مناسبة لمعرفة كيف تعمل الأشياء (Know How)، وما يصاحبها من تنمية لقدرات التفكير العليا (الشيخ وأحمد، 2004) من أهم معوقات تحول المدرسة نحو الجودة، فهذا النـوع مـن المناهج وآليات متابعة تنفيذها في المدارس تساهم في إحداث حالات الضغط والإجهاد علـى المعلمين لإنهاء المنهج بأي صورة كانت، وبالتالي يلجأ المعلمين للضغط علـى الطـلاب لسرعـة الحفظ والتذكر دون مراعاة المسـتويات المعرفيـة والإدراكية والمهاريه بتصـنيفاتها المتعـددة والتي تعتبر مسألة جوهرية لتحقيق جودة التعليم.

فقد أظهرت نتائج إحدى الدراسات أن أكثر من نصف أصحاب الإجابات الأضعف دراسيا قالوا أنهم وجدوا الدراسة صعبة، وأن أكثر من ثلثهم يرغبون في ترك المدرسة (دافني بان، 2000م).

وينتهي الأمر بالطلاب في ظل واقع هذه المناهج التقليدية إلى التعليم بهدف الحصول على الشهادة، وتقل لديهم بالتالي الرغبة والقدرة للتعلم بالاكتشاف والتفكير المستقل والمبدع، بل إن التعليم بالنسبة لهم ينتهي بمجرد حصولهم على الشهادة لأن المنهاج المبنية على أساس الأهداف الكمية لا تبعث روح الإبداع والتعلم مدى الحياة لدى المتعلمين.

يستلزم نجاح التحول نحو الجودة في المدرسة إلى مناهج معاصرة توفر مساحات مناسبة للمعلمين والطلاب لممارسة وتناول موضوعات معاصرة تتوافق وتطلعات المجتمع وأصحاب الحصص الآخرين، وهي بذلك أي المناهج تكون قد حققت أهم معايير الجودة في التعليم وهي توافق محتوى المنهاج وأنشطتها لتطلعات المجتمع وجميع أصحاب الحصص الحالية والمستقبلية.

2- المباني التعليمية والتجهيزات:

يتأثر المنتج"تربية وتعليم الطالب" بعوامل البيئة الطبيعية والمادية في المدرسة، فقد أظهرت الدراسات الحديثة في مجال علاقة التعلم بالدماغ إن "البيئات الغنية تنمي فعلا أدمغة أفضل" (Jensen, 2001)، باعتبار أن ألفة الفكر "الدماغ" هي التي تشكل منتج التربية والتعليم.

إن زيادة عدد الطلاب في الفصول عن المعدلات العالمية المعتمدة لكل مرحلة دراسية، وقلة الاهتمام بتصميم المباني الدراسية لعوامل التهوية والإضاءة والألوان والمساحات المناسبة داخل الفصول وخارجها، جميعا تعيق الجودة في المدرسة، وإذا كنا نعتقد بأن تهيئة بيئة جاذبة للطالب تتطلب تكلفة عالية فعلينا أن ننظر بالمقابل لتكلفة تدني الجودة في التعليم.

من جانب أخر ليس بالضرورة ربط مباني المدارس النموذجية بالجودة، فالتعليم الأكثر كلفة لا يعني تعليم أكثر جودة. وتشير ثقافة الجودة اليابانية إلى أن أي تجهيزات أو مواد أو مباني تتوفر في المؤسسة ولا يتم استخدامها بكفاءة فهي "مودا" أي

"هدر"، فالمبنى النموذجي للمدرسة وتجهيزاته جميعا ميزات وليس بـالضرورة أن تحقق الجودة. وتتحول "الميزات" في المدرسة إلى "جودة" عندما تلبي هـذه الميزات احتياجـات وتطلعات المستفيدين (الطلاب – المعلمين – أولياء الأمور).

3- ضعف مشاركة أولياء الأمور والمجتمع المحلي:

تعتبر مشاركة أولياء الأمور (كمستفيدين خارجين) في تربية أبنائهم معيـار هـام في جـودة التعليم، فهم يدعمون دور المدرسة من خلال فرص التحسين التي يقدمونها لتحسين تربيـة وتعليم أبنائهم، وقد أظهرت نتائج إحدى الدراسات أن الطلاب المتفوقين والموهـوبين ينتمـون لأسر تهم بالتواصل مع المدرسة (Tong, 2002). لذلك فإن عزوف أولياء الأمور عن المشاركة في تربية وتعليم أبنائهم يضيع فرص تحسين تعتبر بحد ذاتها فرص زمنيـة مفقـودة للاستثمار البشري لا يمكن تعويضها.

كما أثبتت الدراسات أن جودة التعليم ترتبط بمـدى التـزام المجتمع المحلي بتقـديم كـل أشكال الدعم للمدرسة، فمشاركة المجتمع المحلي في أي إسـتراتيجية لتطبيـق الإصـلاحات في المدرسة أمر جلي (جاك ديلور، 1999م).

ولذلك فإن قلة مشاركة أولياء الأمور والمجتمع المحلي في برامج المدرسة وسياساتها يشكل عائقاً أمام تحول المدرسة نحو الجودة.

4- السياسات وأنظمة العمل التقليدية:

يتأثر نظام الجودة بالسياسات وأنظمة العمل القائمـة فهـي إمـا أن تعيـق أو تـدعم الجودة، في مدرسة تفرض عليهـا مـن الأعلى في كثير مـن الحـالات السياسـات وأنظمـة العمل، فعلى سبيل المثال فإن التعارض بين السياسات التي تفرض على المدرسة لتحقيـق أهداف كمية (تنفيذ عدد من البرامج بمعزل عن مدى جودتها – تحديـد عـدد الـدورات التدريبية للعاملين بالمدرسة ....الخ)، وبين السياسات الداخلية للمدرسة التي تركز عـلى تحقيق مخرجات عالية الجودة سيؤدي إلى إعاقـة التحـول ونجاح الجودة في المدرسة. يضاف إلى ذلك أيضا فأن تعدد الجهات الإشرافية على المدرسة واستخدام هـذه الجهات لأنظمة عمل تقليدية لا تتوافق وتطلعات المدرسة للجودة تشكل معوقاً أمام تحـول المدرسة للجودة، فهذه الجهات تعتبر من منظور نظام الجودة "موردون" بمعنى أنهم

يساهمون بخدماتهم الإشرافية في نظام المدرسة وبالتالي هـم جـزء مـن النظام فهـم مؤثرين فيه، مشكلة المدرسة أنها لا تملك حرية اختيار مورديها وخاصة الجهات الإشرافية.

لذلك يوصي تقرير منظمة الأمم المتحدة للتربية والثقافة والعلم (اليونسكو) الـذي صـدر بعنوان "نحو ضمان الجودة في التعليم" بضرورة إعطاء المدارس المزيد مـن الصـلاحيات لإدارة شئونها (اليونسكو، 2005م)، ومن هنا بدأت الأصوات تتعالى إلى ضرورة الاتجاه نحـو إصـلاح التعليم من أسفل الهرم أي من المدرسة.

خاتمة:

إن تحـول المدرسـة نحـو الجـودة ضرورة إسـتراتيجية تفرضـها تحـديات عصـر المعلومـات المتسم بالتغير السريع الذي يتطلب من المدرسة تحسـين كفـاءة وفاعليـة عملياتهـا الإداريـة والتعليمية، من أجل أن تكون أكثر قدرة للاستجابة مع هذه المتغيرات وردم الفجوة الأدائيـة والمعرفية لتحقيق احتياجات وتطلعات المستفيدين من خدماتها ونظامها التعليمي.

وبلا شك أن تحول المدرسـة التقليديـة نحـو الجـودة يواجـه معوقات كثيرة والتـي كمـا أوضحنا، وهذا أمـر طبيعـي يواجـه أي تحـول نـوعي وبالخصـوص في مجـال إصـلاح التعلـيم المـدرسي. لكـن إذا أردنا لهـذا التحـول النجـاح فعلينا أن نضـع هـذه المعوقـات كجـزء مـن إستراتيجية التحول من خلال تصميم العمليات والأنشطة التي تضـمن جـودة التحـول حتـى توفر الوقت والجهد والمال وتحقق الجودة في مدارسنا بأقل تكلفة وفي الوقت المناسب .

من أجل دعم نجاح عملية تحول المدرسـة التقليدية إلى مدرسـة الجـودة نقـدم فيمـا يـلي مجموعة من التوصيات:

أ-   التركيز على إعداد القيادات التربوية الفعالة في المدارس.

ب- حماس مدير المدرسة للجودة وقناعته والتزامه بما يسهل الطريق أمام رحلة المدرسـة نحو الجودة.

ج-   أهمية ترسيخ ثقافة الجودة في المدرسة كمرحلة أساسية ومستمرة لنجاح الجودة.

د-   تدريب القيادات التربوية في المـدارس والمعلمـين عـلى تطبيقـات الجـودة في التعلـم مدخل أساسي ومستمر لنجاح الجودة.

هـ- إعطاء المدارس مزيداً من الصلاحيات لإدارة شؤونها، وتأتي هذه الخطوة بعد مرحلة إعداد القيادات التربوية الفعالة والقادرة على حمل زمام المبادرة وتحمل المسؤولية.

و- عناية الجهات المسؤولة عن التربية والتعليم بمعلومات التغذية الراجعة من المدارس لدورها في دعم نجاح الجودة في المدرسة.

ز- تطوير المناهج التربوية بما يتوافق مع فلسفة وتطبيقات إدارة الجودة في التعليم.

***

الفصل الخامس

إدارة الجودة الشاملة في
مؤسسات التعليم العالي

تمهيد:

ينظر العالم أجمع إلى التعليم العالي بوصفه أحد أهم دعائم تطوير المجتمعات والنهوض بها لتحقيق التنمية المستدامة بكل أطرافها وأطيافها من خلال تهيئة الأطر العلمية والفنية والبحثية المؤهلة لنشر العلم وصناتة المعرفة، الأمر الذي يجعل من إدارة الجودة الشاملة للتعليم العالي واحدة من أهم الاستجابات لمتطلبات المجتمع وتحفيز الإبداع فيه بكل أشكاله خدمة للمجتمع البشري من أجل مستقبل أفضل لحياة أفراده.

لقد حظيت الجودة الشاملة في التعليم العالي في معظم دول العالم بجانب كبير من الاهتمام إلى الحد الذي جعل الكثير من المفكرين يطلقون على هذا العصر عصر الجودة باعتبارها إحدى الركائز الأساسية لنموذج الإدارة الجديدة التي تولد لمواكبة المتغيرات الدولية ومحاولة التكيف معها حيث أصبح المجتمع العالمي ينظر إلى الجودة الشاملة والإصلاح التربوي باعتبارهما وجهين لعملة واحدة، بحيث يمكن القول أن الجودة الشاملة هي التحدي الحقيقي الذي ستواجهة الأمم في العقود القادمة.

وتُعد مؤسسات التعليم العالي من المؤسسات ذات الخبرة المتنوعة والمتعددة إلى حد كبير باعتبارها الوسيلة الأساسية لتقديم وازدهار أي مجتمع في العالم، كما أن مخرجات العملية التعليمية لهذه المؤسسات تتسع أطرافها وفقاً لمتطلبات البيئة الخارجية السريعة التغير مما جعلها أكثر تنوعاً وشمولية.

وتعتمد إدارة الجودة الشاملة على تطبيق أساليب متقدمة لإدارة الجودة تهدف إلى التحسين والتطوير المستمر وتحقيق أعلى المستويات الممكنة في الممارسات والعمليات والنواتج والخدمات. وتركز إدارة الجودة الشاملة في مؤسسات التعليم العالي على مجال تقويم هذه المؤسسات بقصد تطويره وتحسينه، باعتبار هذا الأسلوب أحد الأساليب الحديثة المستخدم في تقويم المؤسسات بشكل عام والمؤسسات التعليمية بشكل خاص. ويعود توظيف مبادئ إدارة الجودة الشاملة وأفكارها في أنظمة التعليم العالي بالنفع على الجامعات إذ يضع حجر الأساس لرؤية فلسفية جديدة لأهداف الجامعة ورسالتها ويرفع معنويات العاملين فيها ويمنحهم فرصة التعبير ويغير مفاهيمهم واتجاهاتهم.

لقد ظهر مفهوم ضمان الجودة في التعليم الجامعي كنتيجة للانتقادات المتصاعدة لتدني نوعية التعليم العالي وارتفاع كلفته، وانتشار التعليم الخاص، والدفع بمؤسسات التعليم العالي نحو الاستقلال الذاتي، فضلاً عن المنافسة الحادة في سوق العمل، والتنافس العالمي بين مؤسسات التعليم العالي كنتيجة للتوجه العالمي للعولمة، وانتشرت لذلك الهيئات العالمية لضمان الجودة في التعليم العالي، التي عملت على تحديد السياسات والمعايير لضمان جودة البرامج في التعليم العالي، وأصبح لازماً على مؤسساته الأخذ بها وتحقيقها في برامجها كمتطلب أساسي للاعتراف بها واعتمادها.

وتعاني مؤسسات التعليم العالي العربية تحديات تتصل بتدني نوعية مخرجاتها وعدم موائمتها لاحتياجات سوق العمل وخطط التنمية في معظم البلدان العربية على حدٍ سواء، وإن كثيراً من تخصصات وبرامج هذه المؤسسات لم تعد تشكل ذات أولوية لحاجة المجتمع وأصبح سوق العمل المحلي مشبعاً منها، وتعاني مخرجاتها من البطالة وخاصة تخصصات العلوم الإنسانية والاجتماعية، وأصبحت بعض الأنظمة العربية مثقلة بتوظيف مخرجات هذه التخصصات في المؤسسات والهيئات والوزارات بهدف حل مشكلة البطالة السافرة لمثل هذه المخرجات، إلاّ أن القطاع الخاص يشترط لتوظيف هذه المخرجات توفر المهارات الإضافية الأخرى مثل اللغات الأجنبية والقدرة على استخدام الحاسب الآلي، إضافة إلى بعض المهارات والقدرات الشخصية الأخرى.

ونتيجة لذلك فقد سعت الكثير من الحكومات العربية إلى إصلاح مؤسسات التعليم العالي وتجويد مخرجاتها بإنشاء وتشكيل الهيئات أو المجالس المتخصصة للاعتماد الأكاديمي وضمان الجودة التي تضمن من خلالها توطيد ثقتها ببرامجها التعليمية وموائمة مخرجاتها مع متطلبات المجتمع وسوق العمل.

ويلقي هذا الفصل الضوء على ما يلي:

1- مفهوم إدارة الجودة الشاملة وتعريفها في مؤسسات التعليم العالي.
2- مبادئ إدارة الجودة الشاملة في مؤسسات التعليم العالي.
3- أهمية تطبيق إدارة الجودة الشاملة في مؤسسات التعليم العالي.
4- مبررات إدارة الجودة الشاملة في مؤسسات التعليم العالي.
5- متطلبات إدارة الجودة الشاملة في مؤسسات التعليم العالي.

6- خطوات إدارة الجودة الشاملة ومراحلها في مؤسسات التعليم العالي.

7- محاور إدارة الجودة الشاملة في مؤسسات التعليم العالي.

8- نماذج إدارة الجودة الشاملة في مؤسسات التعليم العالي.

9- ضمان الجودة الشاملة في مؤسسة التعليم العالي.

10- معايير تقييم الجودة الشاملة في مؤسسات التعليم العالي.

11- فوائد تطبيق إدارة الجودة الشاملة في مؤسسات التعليم العالي.

12- معوقات تطبيق إدارة الجودة الشاملة في مؤسسات التعليم العالي.

أولاً: مفهوم إدارة الجودة الشاملة في الجامعات:

في الحقيقة أن المفهوم الجديد لإدارة الجودة الشاملة يعبر عن السلع والخدمات بنفس الدرجة. أما بالنسبة لمجال إدارة التعليم الجامعي، فقد بدأ الحديث عن مؤشرات الجودة في الجامعات والكليات في فترة الثمانيات، وظهر العديد من هذه الجهود المتنوعة في الولايات المتحدة الأمريكية وأوروبا وأستراليا، وقد تم تطويع مفهوم ومبادئ إدارة الجودة الشاملة، التي تناولها من المنظورين الصناعي والتجاري، ليتناسبات في المجال التربوي على النحو التالي:

فقد عرفتها رابطة إدارة المدارس في ولاية تكساس لإدارة الجودة الشاملة بأنها: "نظام مستمر لتحسين الخدمات والمنتجات، لإحراز قناعة العميل من خلال إشراك كافة إداري المؤسسة، والهيئة التدريسية، والموظفين الآخرين، وتطبيق النهج الكمي والكيفي لبلوغ التحسين المستمر لخدمات المؤسسة التعليمية ومنتجاتها" (Costin, 1994).

وتعرف إدارة الجودة الشاملة كذلك من المنظور التربوي على أنها: "مجموعة الخصائص أو السمات التي تعبر بدقة وشمولية على جودة التربية وحالتها، بما في ذلك كل أبعادها: مدخلات، وعمليات، ومخرجات، وتغذية راجعة، وكذلك التفاعلات المستمرة التي تؤدي إلى تحقيق الأهداف المنشودة والمناسبة لمجتمع معين" (عابدين، 1992).

في حين عرفها عشيبة (2000) بأنها: "مجموعة الأنشطة والممارسات التي يقوم بها المسؤولون عن تسيير شؤون المؤسسة، والتي تشمل التخطيط للجودة وتنفيذها وتقويمها وتحسينها في جميع مجالات العملية التعليمية في الجامعة".

وعرفها روودز (Rhodes) بأنها: "عملية إدارية (إستراتيجية إدارية) ترتكز على مجموعة من القيم، وتستمد طاقة حركتها من المعلومات التي تتمكن في إطارها من توظيف مواهب العاملين، وتستثمر قدراتهم الفكرية في مختلف مستويات التنظيم على نحو إبداعي لضمان تحقيق التحسين المستمر للمؤسسة" (درباس، 1994).

وعرفها محمود ومصطفى بأنها: "أسلوب تطوير شامل ومستمر في الأداء يشمل مجالات العمل التعليمي كافة. فهي عملية إدارة تحقق أهداف كل من سوق العمل والطلاب، أي أنها تشمل جميع وظائف المؤسسة التعليمية ونشاطاتها، ليس إنتاج الخدمة وحسب، ولكن في توصيلها، الأمر الذي ينطوي حتماً على تحقيق رضا الطلاب وزيادة ثقتهم، وتحسين مركز المؤسسة التعليمية، محلياً وعالمياً، وزيادة نصيبها في سوق العمل" (بدح، 2003).

ويمكن النظر إلى إدارة الجودة الشاملة في التعليم على أنها: "نظام يتم من خلاله تفاعل المدخلات، وهي الأفراد والأساليب والسياسات والأجهزة لتحقيق مستوى عال من الجودة حيث يقوم العاملون بالاشتراك بصورة فاعلة في العملية التعليمية والتركيز على التحسين المستمر لجودة المخرجات لإرضاء المستفيدين. وحسب هذا التعريف تتكون مدخلات النظام التعليمي الجامعي من المناهج التدريسية، والمستلزمات المادية، والأفراد (أعضاء هيئة التدريس، والطلبة، والموظفين) والإدارة الجامعية والتي يتم تحويلها من خلال العملية التعليمية إلى مجموعة من المخرجات التي تمثل الكوادر من الخريجين.

وأما المستفيدون من نظام التعليم العالي فالجودة تتمثل في مختلف مؤسسات المجتمع التي تقوم بتوظيف هؤلاء الخريجين كما يوضح الشكل التالي لمكونات النظام التعليمي الجامعي (ناجي، 1998).

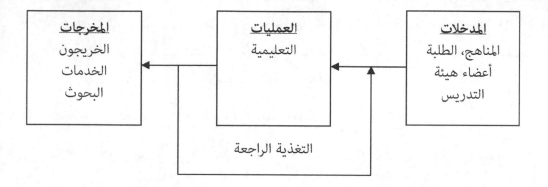

المخرجات	العمليات	المدخلات
الخريجون	التعليمية	المناهج، الطلبة
الخدمات		أعضاء هيئة
البحوث		التدريس

التغذية الراجعة

ويجب على الجامعات أن تعمل على التحقق من أن حاجات المستفيدين قد تم تلبيتها أو تجاوزها من خلال كل من عمليات التقييم للنظام التعليمي، وعملية التعليم ذاتها، ولتحقيق هذا الهدف يجب على الجامعات التركيز على الأمور التالية:

1- الفهم الكامل لحاجات المستفيدين على الأمدين القريب والبعيد، وذلك من خلال استخدام التغذية المرجعية وتوظيف جميع المعلومات المتعلقة بحاجات المستفيدين وإدارتها.

2- ربط كل من حاجات المستفيدين مع عمليات تقييم العملية التعليمية في الجامعة.

3- ضرورة إيجاد نظام تعاون فعال ما بين الجامعة، والمستفيدين يمكن من خلاله تبادل الخبرات، والعمل على حل المشاكل التي يواجهها هؤلاء المستفيدون.

4- ضرورة قيام الجامعة بقياس رضا المستفيدين عن أدار خريجها وإمكانية مقارنة هذه النتائج مع نتائج خريجي جامعات أخرى وطنية، أو من خارج البلد، واستخدام هذه النتائج والمعلومات في تقييم وتحسين العملية التعليمية داخل الجامعة، وبالإمكان استخدام أسلوب المقارنة المرجعية، حيث يتم مقارنة أداء الجامعة بأداء غيرها من الجامعات المتفوقة والمتميزة، وذلك حتى تتمكن من قياس أداء العملية التعليمية لديها واستخدام هذا الأسلوب كأداة للتحسين والتطوير المستمر في الجامعة (ناجي، 1998).

وقد يعد تحقيق إدارة الجودة الشاملة مهمة معقدة، ولكنها ليست مستحيلة بالتأكيد، خاصة بالنسبة للجامعات، فإن الجامعات من أفضل الأماكن الصالحة لتطبيق مبادئ إدارة الجودة الشاملة، وعندما يتم تطبيق إدارة الجودة الشاملة بشكل مناسب، فإن مبادئها سوف تضيف بالفعل قيمة وجودة لأي مؤسسة (وليامز، 1999).

ثانياً: عناصر الجودة في مؤسسات التعليم العالي:

- جودة عناصر العملية التعليمة المكونة من الطلاب وأعضاء الهيئات الجامعية.
- جودة مكان التعليم بما يضمه من صفوف ومختبرات ومكتبات وورش وغيرها.
- جودة الإدارة مع ما تعتمد عليه من قوانين وأنظمة ولوائح وتشريعات، وما تتبناه من سياسات وفلسفات، وما تعتمده من هياكل ووسائل وموارد.
- جودة المنتج (الخريجون والأنشطة البحثية والخدمات المجتمعية).

ثالثاً: آليات ضمان الجودة في مؤسسات التعليم العالي:

- نظم المعلومات (بيانات - تقارير - مسوحات - استبيانات ...).
- نظم التقويم (لجان - هيئات - وكالات - وحدات ...).
- نظم ضمان الجودة (لجان - هيئات - وكالات - مجالس ...).
- نظم الاعتماد (هيئات - وكالات - مجالس ...).
- نظم المقارنة والاسناد إزاء جامعات وكليات مرجعية.
- نظم التمويل المرتبطة بمؤشرات الأدار المحفزة للجودة.
- نظم الحوافز المخططة جيداً.
- نظم الاعتراف بالشهادات والبرامج والمؤسسات.
- نظم التصنيف التراتبي.
- نظم امتحانات الكفاءة.

● آليات أخرى (الرقابة الإدارية - مجالس الأمناء - جمعيات - مراكز - معاهد).

رابعاً: مبادئ إدارة الجودة الشاملة في مجال التعليم الجامعي:

يتضمن نظام إدارة الجودة الشاملة في مؤسسات التعليم الجامعي العديد من المبادئ الواجب التقيد والالتزام بها لتحقيق النجاح في تطبيقها، وأنه يمكن تمثيل مبادئ إدارة الجودة الشاملة في التعليم الجامعي على شكل هرمي قاعدته التزام الإدارة، وعند كل نقطة يمثل إحدى المبادئ، وهي التركيز على الطبلة والعاملين، والتركيز على التحسين المستمر، والتركيز على المشاركة الكاملة، والتركيز على الحقائق. والشكل التالي يوضح ذلك.

مبادئ الجودة الشاملة في مجال التعليم العالي

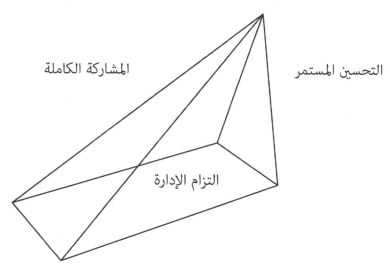

إن كل أوجه الهرم - حسب ما أوردها - (طرابلسية، 2003) فيعني ما يلي:

1- **التزام الإدارة:** أي التزامها بالتحسين المستمر عن طريق اتباعها ما يسمى بدورة ديمنج (Deming Cycle) دورة "PDCA".

هناك سبع نقاط رئيسة أوردها ديمنج من أجل المؤسسات التعليمية.

- اتفاق على الأهداف.
- التخلص من المداخل التقليدية.
- تحديد المسؤولية الإدارية والتي تبدأ من أعلى مستوى.
- تحديد المستفيد وتعريفه.
- بناء المنظمة يرتكز على التحسين المستمر.
- شرح التغيير وأسبابه لكل العاملين.
- إشراك كل العاملين في فرق عمل وحلقات الجودة.

2- **التركيز على المستفيد:** على اعتبار أن للجامعة أكثر من رسالة أو مهمة رئيسة تتمثل في التعليم – البحث – والخدمات الاستشارية وخدمة المجتمع المحيط بها، فإن مستفيدها سيتغير وفقاً لطبيعة الخدمة المقدمة له، إلا أنه يمكن تقسيم مستفيدي الجامعة إلى ثلاثة أنواع:

* مستفيد أساسي: الطلاب الذين يلتحقون بالتعليم الجامعي.
* مستفيد داخلي: الموظف الذي يعتمد على عمل الموظفين الآخرين لكي يقوم بتأدية وظيفته.
* مستفيد خارجي: منظمات الأعمال المختلفة (سوق العمل) (طرابلسية، 2003).

3- **التركيز على الحقائق:** الجودة الشاملة لا تتطلب فقط قياس درجة رضا المستفيد على المنتج النهائي (الخريج) ولكن الرضا أيضاً أثناء العملية التعليمية، لذا فالاهتمام يكون بالجودة الشاملة لمختلف مراحل العملية التعليمية، وهذا بدوره يتطلب وجود معايير خارجية وداخلية لتقييم برامج جودة التعليم، ولابد من وجود أدوات خاصة لجمع بيانات فعلية لعمليات القياس والتقييم.

4- **التحسين باستمرار:** التحسين المستمر الداخلي للجودة يفرض أن تكون العملية التعليمية أكثر كفاءة وبالتالي تنخفض التكلفة، أم التحسين الخارجي فيتضمن تقديم منتجات جديدة (طرق وأساليب تعليم جديدة، ومحاور جديدة، وموضوعات ومناهج حديثة، ونظم اتصال جديدة). ولهذا فإن قياس هذه الكفاءة يتطلب مراجعة سنوية على أن تكون هذه المرجعة جزءاً من ثقافة المنظمة التعليمية، وهذا

بـدوره يسـتلزم أن يكـون التعلـيم والتـدريب في الجـودة الشـاملة جـزءاً مـن العمليـة التعليمية بأكملها، وكذلك لابد من التعامل مع العملية التعليمية على أنها مستمرة.

لهـذا ينبغـي عـلى مؤسسـات التعلـيم الجـامعي أن تـؤدي الأشـياء بطريقـة أفضـل في المستقبل، ويجب على المتخصصين في التربية والتعليم البحث باستمرار عـن طرق تمنع حدوث الأخطاء والانحرافات، والعمل على تصحيحها من أجل إحداث التطور المنشـود (العباسي، 2004).

5- **المشاركة الكاملة:** حتى يتم قياس نجاح العملية التعليمية لابد من الاعتماد عـلى نظـام التغذية المرتدة من المسـتفيد، وهـذا بـدوره يسـتلزم مشـاركة كـل الأطـراف (الطلبـة – العاملين – أعضاء هيئة التدريس – الإدارة – المجتمع – سوق العمل). كذلك لابد مـن الاعتماد على برامج تدريبية للعمل في طرق تركز على:

1- تحديد المشكلات.

2- تحديد أسباب المشكلات.

3- إيجاد الحلول المناسبة.

4- التقييم والمتابعة (طرابلسية، 2003).

إن توظيف مبادئ وأفكار إدارة الجودة الشاملة في أنظمة التعليم الجامعي يعـود بـالنفع على المؤسسـات التعليميـة، إذ يضـع حجـر الأسـاس لرؤيـة فلسـفة جديـدة لأهـداف المؤسسـة ورسالتها، ويرفع معنويات العاملين، ويمنحهم فرصة للتغيـير، ويغـير مفاهيمهم واتجاهـاتهم نحو المهنة، مما يضفي على البيئة التعليمية مناخاً صحياً منتجاً.

إن اختيار إدارة الجودة الشاملة كأسلوب عمل ومنهج في الجامعات والمؤسسـات العلميـة لتحسين مستوى الخريج يتطلب توافر عدة مقومات أهمها:

1- اهتمام إدارة الجامعـة بجـودة مـدخلات عمليـة التعلـيم الجـامعي والعمليـة التعليمية ومخرجاتها.

2- أهمية تواجه إدارة الجامعة لسوق العمل بحيث تتحرى جيداً عـن احتياجـات هذا السوق وتوقعاته من الخرجين مع إدراك أن هـذه الاحتياجـات والتوقعـات تتغير من وقت لآخر.

3- تحديد مستويات الجودة في كل مجالات وأنشطة الأداء بحيث تستهدف الإدارة بلوغها من خلال برنامج تيسير الأعمال.

4- التدريب والتعليم لكافة العاملين.

5- الاهتمام بصياغة الاختبارات بأسلوب منهجي وموضوعي في كافة المراحل الدراسية.

6- الاهتمام بسلامة البرامج التعليمية وجودتها. (طرابلسية، 2003).

خامساً: أهمية تطبيق إدارة الجودة الشاملة في مؤسسات التعليم العالي:

أما عن أهمية تطبيق إدارة الجودة الشاملة في مؤسسات التعليم العالي فيرى البعض أن الجودة الشاملة هي مجموعة الخصائص/السمات التي تعبر بدقة وشمولية عن جوهرها وحالتها بما في ذلك كل أبعادها: مدخلات وعمليات ومخرجات وتغذية راجعة، وأن تطبيق إدارة الجودة الشاملة يتطلب وجود أرضية متينة في كافة بنياتها التنظيمية والإدارية والاجتماعية داخل المنظمة بحيث تعمل على توفير المناخ المناسب والثقافة الملائمة المؤمنة بإمكانية تطبيقها، لذا فلابد من توافر القناعة التامة لدى الإدارة العليا والمجالس الأكاديمية فيها بأهمية مفهوم إدارة الجودة الشاملة وبضرورة تطبيقه واتخاذه في مقدمة استراتيجياتها والعمل على نشر قناعاتها لجميع العاملين فيها (Costing, 1994)، وتأتي أهمية تطبيق إدارة الجودة الشاملة في التعليم من خلال:

1- عالمية نظام إدارة الجودة الشاملة وأنه أحد سمات العصر الحديث.

2- ارتباط إدارة الجودة الشاملة بالإنتاجية واستمراريتها وتحسين مخرجات العملية التربوية.

3- شمولية نظام إدارة الجودة الشاملة للمجالات كافة.

4- تدعيم إدارة الجودة الشاملة لعملية التحسين المستمر في التعليم العالي.

5- العمل على تطوير قيادات إدارية للمستقبل.

6- زيادة العمل والاستخدام الأمثل للموارد المتاحة والتقليل من الهدر والفاقد.

7- إجراء المزيد من التحسينات والتطوير المستمر في العملية التربوية المبنية على تطلعات المستفيدين من خدمات هذه المؤسسات.

8- ارتباط عملية إدارة الجودة الشاملة بالتقويم الشامل للنظام التعليمي.

كما أن تطبيق نظام إدارة الجودة الشاملة في مؤسسات التعليم العالي يؤدي إلى:

- تحسين كفاءة إدارة مؤسسات التعليم العالي.

- رفع مستوى أداء أعضاء الهيئات التدريسية.

- تنمية البيئة الإدارية في هذه المؤسسات.

- تحسين مخرجات النظام التعليمي.

- إتقان الكفاءة المهنية.

- تطوير أساليب القياس والتقويم.

- تحسين استخدام التقنيات التعليمية.

ومن هنا فإن أهميتها تأتي من خلال سعي هذه المؤسسات للأخذ بالأنظمة والفلسفات الإدارية الحديثة لتطوير عملها وتحديث أساليبها لتواكب حركة التغير والتطوير في عصر العولمة الذي أصبح العالم فيه عبارة عن قرية صغيرة وحتى تستطيع الصمود في وجه المنافسة بين المؤسسات في ظل الأسواق العالمية التي تسعى للتميز والجودة.

سادساً: خصائص إدارة الجودة الشاملة في مؤسسات التعليم العالي:

أما خصائص إدارة الجودة الشاملة في مؤسسات التعليم العالي فهي وفقاً لـ (مريان والتكريتي، 1997، محجوب، 2003، الشاروك، 1994).

1- ضبط نظام الإدارة وتطويره في مؤسسات التعليم العالي وتحديد المسؤوليات بدقة.

2- الارتقاء بمستوى الطلبة.

3- زيادة كفايات أعضاء الهيئتين التدريسية والإدارية ورفع مستوى أدائهم.

4- توفير مناخ مناسب تسوده ثقافة تنظيمية قائمة على التفاهم والعلاقات الإنسانية.

5- زيادة مستوى الوعي والولاء نحو الجامعة من قبل الجمهور المستفيد منها.

6- العمل بروح الفريق الأمر الذي يزيد من الترابط والتكامل بين جميع العاملين.

7- إضفاء المزيد من التقدير والاحترام للمؤسسة التي تأخذ بنظام الجودة محلياً وإقليمياً وعالمياً.

8- تحسين العملية التربوية ومخرجاتها بشكل مستمر.

9- خلق بيئة تدعم التطوير المستمر وتحافظ عليه.

10- إنجاز الأعمال من المرة الأولى ودون أخطاء.

11- تنمية مهارات أعضاء الهيئتين الأكاديمية والإدارية ومعارفهم.

12- تحقيق رضا المستفيدين (الطلبة، أولياء الأمور، العاملين، المجتمع).

13- تحقيق افضل الخدمات التعليمية والبحثية والاستشارية.

سابعاً: فوائد إدارة الجودة الشاملة وتطبيقها في مؤسسات التعليم العالي:

إن الأخذ بفلسفة إدارة الجودة الشاملة وتطبيقها في مؤسسات التعليم العالي يحقق العديد من الفوائد التي يمكن تلخيصها فيما يأتي:

1- وجود رؤية ورسالة وأهداف عامة واضحة ومحددة للمؤسسة التعليمية ككل وللوحدات الفرعية بشكل خاص.

2- وجود خطة إستراتيجية للمؤسسات التعليمية وخطط سنوية للوحدات متوفرة ومبنية على أسس علمية.

3- وجود هيكلة واضحة ومحددة وشاملة ومتكاملة وعلمية ومستقرة للمؤسسة التعليمية.

4- توافر وصف وظيفي لكل وحدة أو دائرة ولكل موظف وبشكل محددة.

5- وجود معايير جودة محددة لجميع مجالات العمل في الجامعات (خدمية، إنتاجية، أكاديمية، إدارية، مالية ... إلخ).

6- وجود إجراءات عملية واضحة ومحددة من أجل تحقيق معايير الجودة.

7- تـوافر تـدريب نـوعي وشـامل وملائـم لتطبيـق إدارة الجـودة في المؤسسـات التعليمية.

8- وجود أدوار واضحة ومحددة في النظام الإداري للمؤسسات التعليمية.

9- الارتفاع الملحوظ للدافعية والانتماء والالتزام والمشاركة من جميع العاملين.

10- مستوى أداء مرتفع لجميع العاملين في المؤسسات التعليمية.

11- توافر جو من التفاهم والتعاون والعلاقات الإنسانية السليمة بين جميع العاملين في المؤسسات التعليمية.

12- تطوير أسلوب للعمل الجماعي عن طريق فرق العمل، بحيث يعمل على إيجاد ترابط وتكامل عـال بـين العـاملين في مؤسسـات التعليـم العـالي والعمـل بـروح الفريق.

13- احترام وتقدير مرضٍ للجامعات محلياً وعالمياً.

14- تماثل جميع العاملين لأهداف المؤسسة.

15- امتلاك جميع العاملين للمعارف والمهـارات اللازمـة لتطبيـق نظـام إدارة الجـودة الشاملة.

16- حل الصراعات والمشكلات بشكل متواصل ومستمر وبطريقة علمية سليمة.

17- تركيز جهود المؤسسات على إشباع الاحتياجات الحقيقية للمجتمع الذي تخدمه.

18- تحسين الأداء في جميع مجالات عمل هذه المؤسسات.

19- إنشاء أنظمة تحدد كيفية تنفيذ العمل بأفضل كفاءة وجودة.

20- وضع معايير لقياس الأداء وتقويمه.

21- تمكن مؤسسات التعليم العالي من القدرة على المنافسة.

22- تحسين مستوى الاتصالات بجميع أشكالها.

23- دعم القدرة التنافسية للمؤسسة.

24- زيادة الاستثمار الأمثل للموارد البشرية.

25- إشباع حاجات الطلبة ومتطلباتهم الاجتماعية والعلمية وزيادة كفاءتهم.

26- تحسين نوعية المخرجات التعليمية وخفض تكاليفها.

27- خفض نسب العيوب والمشكلات في عمليات التشغيل والتنفيذ.

إن أهم ما يميز إدارة الجودة الشاملة هو الاعتبارات التالية (دوهرتي، 1999):

الاهتمام بتعريف التحصيل استناداً لهدف التربية وغايتها، وليس استناداً للاختبارات المعيارية، لذا يجب أن يكون هدفها تزويد الطالب بفرص ليطور نفسه في مجالات أربعة، هي: المعرفة التي تمكنه من الفهم، كيفية عمل الأمور التي تمكنه من العمل، الحكمة التي تمكنه من تحديد الأولويات، الشخصية التي تمكنه من التعاون المثمر والمثابرة واكتساب الاحترام والثقة كعضو في المجتمع، الاهتمام بالعمليات بدلاً من المؤسسات وذلك لتسمح للشكل أن يكون دالة الوظيفة، الاهتمام بتحسين العمليات بدلاً من العمل فقط في مجال المخرجات فقط، الاهتمام بإشراك كافة الأطراف في عملية التحين وليس أعضاء الهيئات التدريسية فقط، الاهتمام بأن يفهم كل شخص في النظام كيفية عمل هذا النظان، وماذا يفترض أن يعمل؟، وما مدى إتقان النظام للعمل المطلوب منه؟، الاهتمام بتعظيم أداء النظام وكفايته بدلاً من التركيز على تعظيم مكوناته، أي الاهتمام أكثر برفع الدرجات في موضوعات محددة ومتخصصة، الاهتمام بأن يكون كل شخص مثقفاً بشكل يسمح له بالإشتراك في تحسين العملية، أي أن يصبح قادراً على الاستجابة.

ثامناً: أسباب تطبيق إدارة الجودة الشاملة في مؤسسات التعليم العالي:

وفيما يلي عرض لبعض الأسباب التي تستدعي تطبيق الجودة ا الشاملة في مؤسسات التعليم العالي:

1- ما يمكن أن يترتب عليها من مزايا لحفظ ما يقارب من (45%) من تكاليف الخدمات التي تضيع هدراً بسبب غيار التركيز على الجودة الشاملة.

2- أصبح تطبيق الجودة الشاملة ضرورة حتمية تفرضها المشكلات المترتبة على النظام البيروقراطي، إضافة إلى تطور القطاع الخاص في المجالات المختلفة.

3- المنافسة الشديدة الحالية والمتوقعة في ظل العولمة.

4- متطلبات العملاء وتوقعاتهم في ازدياد مستمر.

5- متطلبات الإدارة لخفض المصروفات، والاستثمار الأمثل للموارد البشرية والمادية.

6- متطلبات العاملين فيما يخص أسلوب العمل وجودته.

7- تعديل ثقافة المؤسسات التربوية بما يتلائم وأسلوب إدارة الجودة الشاملة، وإيجاد ثقافة تنظيمية تتوافق مع مفاهيمها.

8- الجودة الشاملة تؤدي إلى رضا العاملين التربويين والمستفيدين (الطلاب) وأولياء أمورهم والمجتمع بمؤسساته المختلفة.

9- يعتمد أسلوب إدارة الجودة الشاملة بوجه عام على حل المشكلات من خلال الأخذ بآراء المجموعات العاملة التي تزخر بالخبرات المتنوعة.

10- تطبيق إدارة الجودة الشاملة في المؤسسات التعليمية يتطلب وجود مقاييس ومؤشرات صالحة للحكم على جودة النظام التعليمي، وضرورة الاستفادة من أخطاء المرحلة السابقة في المرحلة اللاحقة.

تاسعاً: مبررات إدارة الجودة الشاملة في مؤسسات التعليم العالي:

ويمكن القول أن وراء الاهتمام المتزايد لتبني إدارة الجودة الشاملة في مؤسسات التعليم العالي عدد من المبررات (القيسي، 2004) منها:

1- التعليم العالي بوصفه نتاج قوة إنسانية عالية الجودة وهي عملية تعمل على إشباع حاجات سوق العمل بقوى بشرية مؤهلة وذات قيمة نفعية في الاقتصاد والتنمية.

2- التعليم العالي بوصفه تدريباً على البحث العلمي فالتعليم العالي يعمل على إعداد الأفراد إعداداً عالياً ويكسبهم مهارات البحث العلمي ويتم قياس الجودة اعتماداً على جودة الإنتاج العلمي الذي يتم إنجازه وعلى القدرة في الاكتشاف والتحليل للوقائع ومعالجة المشكلات وحلها.

3- التعليم العالي بوصفه مسألة توسيع فرص الحياة: إذ يعد وسيلة للتطوير الاجتماعي وعرض الفرص للجميع للمساهمة في بناء المؤسسات المختلفة.

عاشراً: متطلبات تطبيق إدارة الجودة الشاملة في مؤسسات التعليم العالي:

لتطبيق فلسفة إدارة الجودة الشاملة في مؤسسات التعليم العالي فلابد من توافر بضع المتطلبات التي تسبق البدء بهذه العملية، وفيما يأتي بعض المتطلبات الرئيسة المطلوبة للتطبيق: (السقاف، 2007)

1- **إعادة تشكيل ثقافة المؤسسة الجامعية:** إن من متطلبات إدخال أي مبدأ جديد لمنظمة ما يتطلب إعادة تشكيل لثقافتها، فقبول العاملين أو رفضهم لهذا المبدأ يعتمد على ثقافتهم ومعتقداتهم، لذا فالأخذ بمبدأ إدارة الجودة الشاملة يستلزم ثقافة تختلف اختلافاً جذرياً عن الثقافة التقليدية، من هنا يجب إيجاد الثقافة التنظيمية الملائمة لتطبيق هذه الفلسفة الإدارة ضمنها.

2- **الترويج وتسويق المبدأ الجديد:** يجب نشر مفاهيم إدارة الجودة الشاملة ومبادئها لجميع العاملين في المؤسسات وذلك قبل اتخاذ أي قرارات بشأن تطبيقها فتسويق هذه الفلسفة الإدارية لجمهور المؤسسة سواء أكان من الداخل أو من الخارج يساعد في التقليل من المعارضة للتغيير وكذلك يمكن التعرف إلى المخاطر المتوقعة عند بدء التطبيق واتخاذ الإجراءات اللازمة.

3- **التعليم والتدريب:** ليتم تطبيق فلسفة إدارة الجودة الشاملة بالشكل الصحيح يجب تدريب جميع المشاركين في عملية التطبيق وتعليمهم بالأساليب والأدوات اللازمة لهذه الفلسفة حتى تطبق على أساس متين وتؤدي إلى النتائج المرغوبة وللبعد عن الأخطار والتخبط والعشوائية في التطبيق ولا يمكن تحقيق ذلك دون توافر برامج تدريبية فعالة.

4- **الاستعانة بالاستشاريين:** إن الهدف من الاستعانة بالخبراء والاستشاريين المختصين بتطبيق فلسفة إدارة الجودة في مؤسسات التعليم العالي من خارج

المؤسسة عند بدء التطبيق هو تدعيم ومساندة الخبرات الداخلية والمساعدة في إيجاد الحلول للمشكلات التي تظهر عند التطبيق الفعلي.

5- **تشكيل فرق العمل:** تشكل فرق عمل تضم عضوية كل واحد منها ما بين (5-8) أعضاء من الأقسام المعنية مباشرة أو ممن يؤدون العمل المراد تطويره وأن يكون أعضاء هذه الفرق من الأشخاص الموثوق بهم وممن لديهم الاستعداد للعمل والتطوير والتضحية والانتماء للمنظمة وأن تكون لديهم الصلاحيات اللازمة للمراجعة وتقييم المهام وتقديم الاقتراحات للتحسين.

6- **التشجيع والتحفيز:** لابد من تقدير العاملين نظير قيامهم بأعمال متميزة لتشجيعهم وزرع الثقة بهم تدعيماً للأداء الفعال، فهذا التشجيع والتحفيز يلعب دوراً في تطوير فلسفة إدارة الجودة الشاملة في المؤسسة واستمراريتها ويكون ذلك من خلال إيجاد نظام للحوافز يراعي الأداء المتميز.

7- **الإشراف والمتابعة:** إن الإشراف على فرق العمل يعد إحدى الضروريات المطلوبة لتطبيق إدارة الجودة الشاملة إذ أنه يعمل على تعديل أي انحرافات عن المسار الصحيح ومتابعة لإنجازات هذه الفرق وتقويمها عند الحاجة وبالإشراف والمتابعة يمكن التنسيق بين العاملين على اختلاف مستوياتهم الإدارية وبين جميع الإدارات في المؤسسة وتذليل الصعوبات التي تعترض عمل هذه الفرق.

8- **إستراتيجية التطبيق:** لابد لإستراتيجية تطوير إدارة الجودة الشاملة وإدخالها لحيز التطبيق في المؤسسة أن تمر بعدة مراحل وكما يأتي:

أ- **مرحلة الإعداد:** وهي مرحلة يتم فيها تبادل المعرفة ونشر الخبرات ووضع الأهداف وتحديد مدى الحاجة للتحسين وإجراء المراجعة وتجاوب المؤسسات الأخرى.

ب- **مرحلة التخطيط:** إذ يتم فيها وضع خطة لكيفية التطبيق وتحديد مصادر التمويل اللازمة.

ج- **مرحلة التقييم:** ويتم ذلك باستخدام الطرق الإحصائية للتطوير المستمر وقياس مستوى الأداء وتحسينها.

ويرى البنا (2007) أن تطبيق نظام إدارة الجودة الشاملة في مؤسسات التعليم العالي يتطلب ما يأتي: (البنا، 2007)

1- القناعة الكاملة من الإدارة العليا والتفهم الكامل والإلتزام بمبادئها.

2- إشاعة الثقافة التنظيمية والمناخ التنظيمي الملائم لإدارة الجودة الشاملة.

3- التعليم والتدريب المستمرين لكافة العاملين في هذه المؤسسات.

4- التنسيق بين الإدارات والأقسام والكليات وتفعيل الاتصالات بينها بكافة الاتجاهات.

5- مشاركة جميع المستويات الإدارية والعاملين فيها في جهود تحسين الجودة الشاملة.

6- توفير نظام معلومات دقيق وفعال لإدارة الجودة الشاملة.

ومن بين متطلبات إدارة الجودة الشاملة في التعليم العالي ما يلي أيضاً:

1- **دعم الإدارة العليا:** إن تطبيق إدارة الجودة الشاملة يحتاج إلى دعم الإدارة العليا لتحقيق الأهداف المرجوة.

2- **التمهيد قبل التطبيق:** زرع التوعية والقناعة لدى جميع العاملين في مؤسسات التعليم العالي لتعزيز الثقة بإدارة الجودة الشاملة مما يسهل عملية تطبيقها والالتزام بها من قبل العاملين بمؤسسات التعليم العالي.

3- **توحيد العمليات:** إن توحيد العمليات يرفع من مستوى جودة الأداء ويجعله يتم بطريقة أسهل ويعمل على تقليل التكاليف من خلال جعل العمل يتم بأسلوب واحد مما يرفع من درجة المهارة عموماً داخل مؤسسات التعليم العالي.

4- **شمولية واستمرارية المتابعة:** من خلال لجنة تنفيذ وضبط النوعية وأقسام مؤسسات التعليم العالي المختلفة لمتابعة وجمع المعلومات من أجل التقييم لتتم معالجة الانحرافات عن معايير التطوير.

5- سياسة **إشراك العاملين**: إشراك جميع العاملين في جميع مجالات العمل وخاصة في اتخاذ القرارات وحل المشاكل وعمليات التحسين.

6- تغيير اتجاهات جميع العاملين بما يتلائم مع تطبيق إدارة الجودة الشاملة للوصول إلى ترابط وتكامل عال بين جميع العاملين بروح الفريق.

7- **المسؤولية الأخلاقية والاجتماعية**: المحافظة على قضايا البيئة والمجتمع جزء أساسي من فلسفة (TQM) من خلال إنتاج سلع أو تقديم خدمات لا تضر بالبيئة وبالصحة العامة.

وأوضح ساليز (Sallis, 1993) متطلبات المعيار البريطاني ونظيره القومي للجودة، وتمت ترجمتها إلى الميدان التربوي كما يأتي:

1- التزام الإدارات بالجودة.

2- سياسة القبول والاختيار.

3- تسجيل مدى تقدم الطالب.

4- تطوير المنهج والاستراتيجيات التعليمية.

5- اتساق أساليب التقويم.

6- تحديد الإنجازات المتدنية والعمل على تصحيحها والتعامل مع نواحي الضعف.

7- استمرارية الإجراءات والفحوصات الداخلية للجودة.

8- تطوير وتدريب الهيئة (ويتضمن ذلك تحديد الاحتياجات التدريبية وتقويم فعالية التدريب المراقبة والتقويم).

حادي عشر: خطوات إدارة الجودة الشاملة في مؤسسة التعليم العالي:

ويمكن أن تتحدد خطوات إدارة الجودة الشاملة أو مراحلها في مؤسسات التعليم العالي فيما يلي:

1- التمهيد: وفيه يتم توضيح مفهوم الجودة وأساسها ومقوماتها ويحث العاملين على المشاركة ويتم تحديد الاحتياجات والمعايير للجودة وخطوات العمل وترصد الموارد المالية اللازمة وتوفير المعلومات والبيانات المطلوبة.

2- التقويم: ويشمل المراجعة الدائمة والمستمرة للأداء ومقارنته بالمعايير المحددة للجودة وتقويمه وفقاً للأصول ومن ثم إعادة توجيه العمل.

ثاني عشر: مؤشرات إدارة الجودة الشاملة في مؤسسات التعليم العالي:

يتكون نظام إدارة الجودة الشاملة من عشرة محكات تصف خصائص نظام إدارة المؤسسات بصورة شاملة (البنا، 2007) وهي:

1- الإدارة الإستراتيجية (Strategic Management): وتختص برسم السياسات العامة للمؤسسة ووضع الخطط التي تحدد مسيرة المؤسسة وتتضمن الخطة رؤية المؤسسة ورسالتها والأهداف التي تسعى لتحقيقها ومؤشرات الأداء والأولويات والمصادر المطلوبة لتنفيذ الخطة وحاجات المتعلمين ومؤشرات نظام إدارة الجودة وهي توضع مع بداية كل عام جامعي.

2- نوعية إداءة الجودة (Quality Management): وتختص بمدى قدرة المؤسسة على توفير الخدمة التي تحقق توقعات المستفيدين منها (المتعلمين، العاملين أكاديميين وإداريين، سوق العمل).

3- التسويق ورعاية العاملين (Marketing and Customer Care): يجب تحديد حاجات سوق العمل والمتعلمين بغرض تقديم تدريب وتعليم فعالين بما يحقق رضا المستفيدين.

4- تطوير الموارد البشرية (Human Resources Development): ويتضمن التعليم والتدريب المستمرين للعاملين ليكونوا قادرين على أداء مهامهم بفاعلية وإنتاجية عالية وأن تكون لديهم الكفاية الكاملة لأداء أعمالهم بصورة صحيحة.

5- تكافؤ الفرص (Equal Opportunity): يجب أن تتوافر ضمانات لتكافؤ الفرص لجميع المتعلمين والعاملين في المؤسسات التعليمية وسوق العمل بما يعزز الشعور بالرضا مما ينعكس إيجابياً على تحسين الإنتاجية.

6- الصحة والسلامة (Health and Safety): ضمان وجود بيئة صحية آمنة للمتعاملين والعاملين في هذه المؤسسة.

7- الاتصال والإدارة (Communication and Adminstration): وتسعى إدارة هذه المؤسسات إلى تحقيق احتياجات المتعلمين والعاملين وانتقال المعلومات بشكل انسيابي على جميع المستويات.

8- خدمات الإرشاد (Guidance Services): ويركز على تحديد حاجات المتعلمين (النفسية، والأكاديمية، والاجتماعية) والعمل على تحقيقها.

9- تصميم البرنامج وتنفيذه (Program Design and Delivery): ويتخص ببناء برامج دراسية ومسافات تعليمية بناءاً على متطلبات سوق العمل وتنفيذها واختيار طرق تدريس مناسبة والتركيز على احتياجات المتعلمين والأنشطة التي تهمهم.

10- التقييم لمنح الشهادات (Assessment Design and Delivery): وهو يؤكد على أن المتعلم الذي حقق مؤشرات ومتطلبات منح المؤهل أن يحصل على المؤهل العلمي.

تستخدم هذه المؤشرات لتشرح وتحدد درجة تحقيق هدف معين بمعنى أنها يجب أن تكون معيارية، وتراقب التغيرات في النظام التعليمي، وهي تساعد على بناء تصنيفات صادقة وثابتة للنظام التعليمي، وفي توضيح مدى التشابة أو الاختلاف في المجال التربوي.

وبالتالي فهي تسعى لإعداد مخرجات تعليمية بسمات معينة تجعلهم قادرين على معايشة غزارة المعلومات وعمليات التغيير المستمرة والتقدم التكنولوجي الهائل بحيث لا ينحصر دورهم في نقل المعرفة والإصغاء، ولكن في عملية التعامل مع هذه المعلومات

والاستفادة منها بالقدر الكافي لخدمة عملية التعليم، لذا فإن هذه المرحلة تتطلب إنساناً بمواصفات معينة لاستيعاب كل ما هو جديد ومتسارع.

والتعامل معها بفاعلية (أبوملوح، 2001)، وهذا يتطلب تحول كبير في دور مؤسسات التعليم العالي، وفي ضوء أعضاء الهيئات التدريسية في هذه المؤسسات، بحيث يتم العمل على توفر مناخ تعليمي يسمح بحرية التغيير والمناقشة ومساعدة الطلاب على التعليم الذاتي والتعاوني، وفيما يأتي عرض لبعض المؤشرات الهامة التي يمكن الاستناد إليها في الحكم على مدى توفر أي من المعايير المشار إليها وذلك على النحو التالي:

ثالث عشر: مؤشرات ومعايير إدارة الجودة الشاملة في مؤسسات التعليم العالي:

1- بعض مؤشرات معيار القيادة:

- تحدد التوجهات التي تساعد على التكيف مع احتياجات العمل المتغيرة وما فيه من فرص إبداعية.

- تحرص على تحسين الأداء الكلي وتنمية التعليم المستمر.

- تشرك جميع العاملين في مواجهة التحدي الحالي لتعزيز قيمة العمل.

- تتحمل مسؤولية كل ما هو أساسي لمكونات العملية التعليمية في كل ما يتصل بالمؤسسة.

- توضيح أن القيم والاتجاهات والتوقعات المحددة والمتمركزة حول الطالب هي أساس قرارات المؤسسة وأفعالها.

- تستخدم التغذية الراجعة في مجمل الأداء المؤسسة.

- تمارس دورها في خدمة المجتمع والبيئة المحيطة بما يتناسب مع حجم المؤسسة ومواردها.

- تشجع وتساند الخدمات المجتمعية من العاملين والطلاب من خلال المشاركة والأنشطة التعاونية.

- تدعيم وتثبيت الأداء عالي المستوى استناداً إلى قياسات دقيقة للأداء.

- تسعى لجعل المؤسسة منظمة تعمل لكل الأطراف المشاركة في أنشطتها.

2- بعض مؤشرات معيار المعلومات والتحليل:

- توجيه المؤسسة بكل جوانب العمل فيها نحو استخدام معلومات الأداء بفاعلية من أجل التحسن.

- وضع البيانات الأساسية في خدمة العمليات المؤسسية والتوجهات الإستراتيجية.

- نشر المعلومات والبيانات وتوفيرها لجميع العاملين لتيسير استخدامها فيما يلزم.

- الحرص على سرعة الحصول على المعلومات والتحقق من مصداقيتها وارتباطها بالاحتياجات.

- الاعتماد على تكنولوجيا المعلومات لتحقيق سرعة استجاباتها لاحتياجات المؤسسة المتغيرة.

- استخدام تحليل الأداء وتفهم ارتباطات السبب والنتيجة كأساس لتوجيه العمل واتخاذ القرارات بالمؤسسة.

- توفير نظام معلومات متكامل حول الجوانب المالية والإدارية للمؤسسة.

- تصميم نموذج الأداء الشامل للمؤسسة في ضوء البيانات والمعلومات المتوفرة.

- التدريب المستمر على أساليب وفنيات وأدوات جميع البيانات وتحليلها والاستفادة منها.

3- بعض مؤشرات معيار التخطيط والاستراتيجي للجودة:

- التركيز على ما يحقق رضا الطالب واستمراره والحفاظ عليه ودعمه أكاديمياً.

- ضمان أن يؤدي تحسين الأداء الإجرائي إلى نمو في الإنتاجية وتنافسية في التكلفة على المدى القصير والطويل.

- تدعيم الكفاية التنافسية عن طريق بناء قدرة إجرائية تتضمن السرعة والاستجابة والمرونة.

- مواجهة الفجوات بين بدائل التحسين والموارد المحددة.

- جمع مختلف التحسينات الجارية والعمل على زيادتها وانتشارها في إطار دليل إستراتيجي واضح.

- ترتيب الأولويات في ضوء التكلفة وتوافر الموارد.

- توفير المعلومات المتصلة بالبيئة التنافسية للمؤسسة والتعامل معها بنظرة طويلة المدى.

- عرض مقاييس ومؤشرات الأداء المؤسسي مع تغييرها استجابة لظروف المؤسسة.

- أخذ معدلات التحسين والتغيير الخاصة بالمتنافسين في الاعتبار.

4- **بعض مؤشرات معيار إدارة وتنمية الموارد البشرية:**

- تشجيع جميع العاملين وتمكنهم من الإسهام في مختلف جوانب العمل المؤسسي.

- تنمية معارف ومهارات العاملين وزيادة قدراتهم على التكيف والاستجابة للتغير والوفاء بالأهداف.

- تدفق وانسيابية المعلومات التي تدعم تصميمات الوظيفة والعمل المتمركز حول الطالب.

- إشراك العاملين في اتخاذ القرارات تدعيماً للمرونة والإبتكارية وسرعة الاستجابة.

- إيجاد وسط محفز يتمتع بالثقة والالتزام المتبادل والاتصال الفعال بين الوظائف المختلفة.

- مسايرة حوافز العاملين مع إنجازهم لأهداف المؤسسة الأساسية.

- مشاركة العاملين مع المسؤولين في تصميم التدريب وتحديث احتياجاته.

- التركيـز علـى اطلاع العاملين علـى البيانـات الأساسـية للعمـل ومشـكلاته وكيفيـة التعامل معها.

- تشـجيع اتصال العاملين بعضهم البعض وبينهم الأطراف ذات الصـلة مـن خـارج المؤسسة.

- إيجاد مناخ مؤسسي متوائم مع تنشيط الدافعية والسعي نحو مستويات الأداء.

5- **بعض مؤشرات معيار إدارة جودة التعليم:**

- التكيف بسرعة وفعالية للمتطلبات المتغيرة.

- تقييم وتحسين عمليات التصميم من أجل إنجاز أفضل أداء.

- تحديد النقاط الحاسمة بالنسبة للملاحظة والقياس.

- تحديد مستويات الأداء والاسترشاد بها في تصحيح ما قد ينحرف عن الأداء المتوقع.

- أخذ الفروق بين الأفراد في الاعتبار عند تقييم الأداء.

- تنويع أسس ومداخل وأساليب تحسين التشغيل.

- وضع بيانات التمويل في الاعتبار عند تقييم بدائل وأولويات تحسين التشغيل.

- تحسين وتقييم عمليات الدعم الأساسية مع الحفاظ عليها والتنسيق فيما بينها.

- وضع المعايير المناسبة لاختيار المشاركين للوصول إلى أفضل أداء ممكن.

- العمل على تحسين قدرات المشاركين وتحديد المستوى المناسب للوفاء بمتطلباتهم.

6- **بعض مؤشرات معيار الجودة والنتائج الإجرائية:**

- اسـتخدام المعلومـات والبيانـات المعـبرة عـن رضـا أو عـدم رضـا المسـتفيدين عـن المؤسسة.

- تعديل أداء المؤسسة في ضوء وجهات نظر المستفيدين.

- مقارنة نتائج المؤسسة في إطار المنافسين لها وغيرهم من مقاييس الأداء الخارجية.

- الربط بين المقاييس والمؤشرات المستخدمة والموارد الأساسية المتوفرة للمؤسسة.

- تشجيع استخدام مقاييس متنوعة للعمل على تطوير مسارات الأداء في ضوء نتائجها.

- تحليل النتائج التي تكشف عنها مقاييس أداء التشغيل والتنبؤ بتأثيرها على رضا المستفيدين.

- تحقيق نتائج فعالية الإنتاج في ضوء الشروط الاساسية التي تهم المستفيدين.

- إيضاح الارتباط الإيجابي بين النتائج ومؤشرات السوق.

- تحديد ونشر وإعلان عوامل التمايز في شروط المستفيدين والمنتجات والخدمات.

- تقديم تقارير منتظمة تشمل مقارنة المعلومات في ضوء المنافسة ومقاييس الأداء الخارجية.

7- **بعض مؤشرات معيار التركيز على المستفيد ورضاه:**

- تحديد متطلبات وتوقعات المستفيد الظاهرة.

- توفير المعلومات الخاصة بالمستفيد لجميع العاملين بالمؤسسة.

- استخدام مجموعة متنوعة من استراتيجيات الاستماع والتعلم للتعرف على احتياجات المستفيد.

- العمل على بناء مشاركة فعالة وعلاقات طويلة المدى مع المستفيد.

- استخدام مصادر موثوقة وعملية التعرف على متطلبات المستفيدين مثل التغذية الراجعة والشكاوي.

- سرعة إنجاز الحلول الوقتية الفعالة للمشكلات حرصاً على استعادة ثقة المستفيد.

- توفير المعلومات الخاصة بالشكاوي وتقييمها واستخدامها في كـل جوانـب العمـل بالمؤسسة.

- تحديد العوامل التي تعكس أفضل سلوكيات المؤسسة تجاه المستفيد.

- تفهم العوامل التي تحرك المؤسسة تجاه المنافسين والاستناد للمعلومات في تحسين الأداء التنافسي.

- ضمان تمشي العلاقة مع المستفيد مع الواقع وحاجات المؤسسة المتغيرة.

وقامت وزارة التعليم البريطانية خلال عام 1992 بتشكيل لجنة دائمة تكون مهمتها تقييم جودة عناصر العملية التعليمية، وأنشئ في عام 1995 مجلس أعلى لتقييم الجودة التعليمية في مرحلة البكالوريوس في الجامعات الأمريكية، واتفقت اللجنتان على معايير موحـدة يجـب إتباعها لتقويم جودة التعليم، (شهيب والمنصوري وقرطام، 2007) وهي:

أ- المنهج العلمي:

● درجة تغطية الموضوع الأساسية.

● التناسب مع قدرة استيعاب الطالب في هذه المرحلة.

● الارتباط بالواقع العملي.

● الإلمام بالمعارف الأساسية.

● إعداد الطالب لمصير العولمة.

ب- المرجع العلمي:

● درجة المستوى العلمي والموثوقية.

● شكل وأسلوب إخراج المرجع العلمي.

● سعر المرجع العلمي.

● امتداد الاستفادة من المرجع العلمي.

● أصالة المادة العلمية.

● نوع الاتجاهات التي ينميها المرجع العلمي.

ج- **أعضاء هيئة التدريس**

- المستوى العلمي والخلفية المعرفية.
- إدراك احتياجات الطلاب.
- الالتزام بالمنهج العلمي.
- تقبل التغذية العكسية.
- العمل على تنمية المهارات الفكرية التنافسية.
- تنمية الحس الوطني والوازع الأخلاقي.
- تنمية الاتجاه التحليلي.
- تنمية النظرة المتعمقة.
- درجة التفاعل الشخصي.
- الوعي بدور القدرة العلمية والخلفية.

د- **أسلوب التقييم:**

- درجة الموضوعية والاتساق.
- درجة الموثوقية والشمول.
- عدم التركيز على التلقين.
- التركيز على القدرة التحليلية.
- التركيز على التفكير الإنتقادي.

هـ- **النظام الإداري:**

- توافر المعلومات اللازمة لتشغيل وإدارة النظام.
- التوجه نحو سوق العمل.
- المناخ الجيد للمارسة الأنشطة الرياضية والفنية.
- كفاءة وفعالية النظام الإداري.
- تلقي الشكاوي والتعامل معها.

و- **التسهيلات المادية:**

- تناسبها مع طبيعة العملية التعليمية.

● تنمية وإشباع الناحية الجمالية.

رابع عشر: محاور إدارة الجودة الشاملة في مؤسسات التعليم العالي:

لتفعيل إدارة الجودة الشاملة وتفعيل دورها في مؤسسات التعليم العالي فهناك عدة محاور لابد من توافرها في أي نموذج لإدارة الجودة الشاملة يراد تطبيقه فيها، وقد قام أوكلاند وزملاءه في جامعة برادفورد بناء على دراسة جادة بوضع بعض المحاور المشتركة التي يجب أن تشملها هذه المحاور وكما يأتي (Dotchin & Oakland,: 1992, 141):

1- التعرف إلى الزبائن (المنتفعين) واكتشاف حاجاتهم.

2- تحديد المعايير المنسجمة مع متطلبات الزبون (المنتفع).

3- ضبط العمليات وتحسين كفاياتها.

4- تأسيس أنظمة الجودة.

5- مسؤولية الإدارة في تحديد سياسة الجودة في المؤسسة.

6- تزويد العاملين في كافة المستويات التنظيمية بالطاقة للعمل على تحسين الجودة.

ومن المبادئ العامة التي يمكن وضعها كعنصر في نظام الجودة نتيجة للتقدم الذي أحرزته بعض مؤسسات تعليمية طبقت إدارة الجودة الشاملة، وفيما يأتي عدد من النقاط الأساسية لعملية تطوير الجودة (دوهرتي، 1999) وهي:

1- يجب أن تتوافر الوسيلة لدراسة جودة التعليم.

2- أن تضمن بأن تكون الجودة مصانة في جميع مراحل تقدم المتعلم في المؤسسة التي يدرس فيها، وأن تعالج الجودة في مراحل ما قبل الدخول، والدخول، والتقويم، والتعلم، والتخرج.

3- أن يتوافر منحى مؤسسي كلي للجودة، فأي نظام يحتاج لأن يكون قادراً على إعطاء دليل على تقديم جودة التعلم بوساطته وأنه يستطيع أن يبين أن أنشطته تعطى بوساطته أيضاً، ويجب عليه تغطية نوعية الخدمات الطلابية والمعلومات الإدارية والعامة.

4- إحتياج الجودة إلى بعد استراتيجي ومطلبها يجب أن يكون جزءاً من رسالة المؤسسة.

5- أن تكون جميع العمليات صادقة وقادرة على التقويم.

6- بناء الوسائل لتحديد حاجات الزبون ومطالبه.

7- أن يقوم جميع العاملين وبجميع مستوياتهم بدور فاعل في تحسين الجودة.

8- أن يكون نظام الجودة مقبولاً للمؤسسات الخارجية التي تكون المؤسسة مسؤولة أمامها.

9- أن يحتوي نظام الجودة آليات يقود إلى تحسينات واضحة في الجودة.

10- أن يعطي نظام الجودة أكبر قدر ممكن من الانتباه للأبعاد الإنسانية في الجودة مثل: الخدمة، والرعاية، والرأفة، والأنظمة، والإجراءات.

11- أن يبني نظام الجودة على قيادة قوية من العليا في المؤسسة.

12- أن يشجع نظام إدارة الجودة عمل الفريق وأن يقدم الوسائل التي تسمح للفرق بتحمل مسؤولياتها عن الجودة.

ومن هنا فلابد من فهم محاور الجودة الشاملة وإدراكها قبل البدء بعملية التطبيق (مصطفى، 1998، زيدان، 1997، المحياوي، 2007) وهي كما يأتي:

1- جودة الطالب، يعد الطالب أحد المحاور الأساسية في العملية التعليمية، لأن هذه المؤسسات أنشأت لخدمته ومن أجله ومؤشرات الجودة المرتبطة بهذا المحور متعددة منها انتقاء الطلبة بحيث يراعى في عملية الاختيار تأهيل الطالب صحياً وعملياً وثقافياً ونفسياً لكون قادراً على الفهم والاستيعاب والتفاعل مع أعضاء الهيئة التدريسية وتقاس جودته من خلال قدرته على الخلق والإبداع والابتكار والتفوق وامتلاك العقل الناقد والمشاركة في المناقشات النقدية الذاتية وبناء شخصيته وسلامتها.

2- جودة عضو الهيئة التدريسية، فوجود الهيئة التدريسية من العوامل المهمة لجودة التعليم العالي، وهذا المحور مرتبط بحجم وكفاية الهيئة التدريسية من حيث حجمها والكفايات المتوفرة فيها إن جودة هيئة التدريس من

العوامل المهمة لجودة التعليم الجامعي وهذا المحور مرتبط بحجم وكفاية الهيئة التدريسية من حيث حجم الهيئة التدريسية وكفايتهم للحد المطلوب في المواد الدراسية.

3- والمقررات الجامعية والتأهيل العلمي والثقافي اللازم وأن يتميز بالسلوك الجيد، والخبرات العلمية المطلوبة وتطوير الـذات والأداء الأكاديمي والمهني المميز والمساهمة في خدمة المجتمع.

4- جودة البرامج التعليمية وطرق التدريس، تنبـع مـن هـذا المحور جودة البرامج التعليمية والخطط الدراسية وطرق التدريس وأصالتها مـن حيث المحتوى والطريقة والأسلوب ومدى شموليتها وعمقها ومرونتها واستيعابها للمتغيرات، والتطورات الحديثة للثورة المعرفية في عصر الاتصالات ومدى إسهامها في تكوين وصقل شخصية الطالب ومقدرته عـلى الاحتفـاظ بالمهنة والتفوق في مجـال التخصص، وأن يتم الاهتمام بالخطط الدراسية وجودة محتوياتها وتحديثها وأن تكون مثيرة للبحث، والدراسة وفي خلق اتجاهات ومهارات تعد ضرورية للطالب وما تتسم به المناهج من مرونة وتحديد ومسايرة للتعبير المعرفي وربطها للطالب بواقعة وتعزيز دافعيته.

5- الإمكانيات المادية، تتعدد الإمكانيـات الماديـة في الجامعـة مـن مبـان ومكتبـات ومعامل ومختبرات وورش، حيث أن مرونة المبنى وقدرتـه عـلى تـوفير المرونـة المطلوبة بحيث يكون مناسباً للتفاعل بين جميع العناصر في العمليـة التعليميـة وقادراً على استيعاب عدد الطلاب، ومـدى الفائـدة التـي توفرهـا المكتبـات مـن المراجع والكتب والدوريات وغيرها والتجهيزات في المعامل والمختبـرات والـورش ويجـب أن يراعى في المبـاني التهويـة، والإضـاءة، والصـوت، والمقاعـد، والسـلامة الصحية، فضلاً على أن التمويل للتعليم يعد من أهم عناصر تنفيذ برامج التعليم الجامعية التي تعتمد على التمويل وتوفر المال إذ أن عدم توفره يشكل عائقاً في تطبيق البرامج وإدارة الجودة.

6- جودة الإدارة العليا والتشريعـات القانونيـة، الإدارة الجامعيـة تشمل جميـع المستويات بالإدارة العليا وهي تتعلق بسياسة واتجاه الجامعة والكلية ومدى

الالتزام القيادة الجامعية وبإدارة الجودة الشاملة وبهذا فإن نجاح الجودة يتوفق على مدى الالتزام ومبادرة القيادة العليا بـبرامج إدارة الجـودة ويجـب أن يكـون هناك جودة في التخطيط الاستراتيجي وفي العلاقات القائمة بين القيادة والعـاملين وسبل الاتصال وفي اختيار العاملين وتـأهيلهم ومتابعـة الأنشـطة التـي تـؤدي إلى إيجاد ثقافة تـؤمن بفلسـفة إدارة الجـودة الشـاملة، أمـا مـا يخـص التشريعـات القانونية فيجب أن تكون الأنظمـة والتعلـيمات والقـرارات الجامعيـة بالمسـتوى الذي يكفل تسيير العمل بالكفاية والفاعلية التي تطلبهـا إدارة الجـودة الشـاملة وأن تتسم بالمرونة والوضوح وأن تكون محددة ومواكبة للتغيرات والتطـورات في البيئة المحيطة.

7- جودة الانفاق الجامعي: يمثل تمويل التعليم مدخلاً بالغ الأهمية من مدخلات أي نظام تعليمي، وبدون التمويل اللازم يقف نظام التعلـيم عـاجز عـن أداء مهامـه الأساسية. أما إذا توافرت له المـوارد الماليـة الكافيـة، فـإن مشـكلاته سـوف تقـل، وصار من السهل حلها ولا شك أن جودة التعليم الجامعي على وجه العموم يمثل متغيراً تابعاً لقدر التمويل الجامعي في كـل مجـال مـن مجـالات النشـاط، وبعـد تدبير الأموال اللازمة للوفاء بتمويل التعليم الجامعي أمراً له أثره الكبير في تنفيـذ البرامج الجامعية المخطط لها، كذلك فإن سوء استخدام الأموال سـيؤدي - حـتماً - إلى تغير في خطـط التعليم وبرامجه الأمـر الـذي يـؤ ثـر - حـتماً - في جـودة التعليم الجامعي، والتي تحتاج - غالباً - إلى تمويل دائم، مصـادره مـن التمويـل الحكومي والذاتي، وعائد خدمات، ومراكز البحوث والتدريب.

8- جودة تقييم الأداء الجامعي: يتطلب رفع كفاءة التعليم الجامعي وجودته تحسين أداء كافة عناصر الجودة التـي تتكـون منهـا المنظومـة التطبيقيـة، والمشتملة بصفة أساسية على الطالب، وأعضـاء هيئـة التـدريس والـبرامج التعليميـة، وطـرق تدريسـها، وتمويـل إدارة الجامعـة، وكـل ذلـك يحتـاج بالطبع إلى معـايير لتقيـيم كـل العنـاصر، بشرط أن تكـون واضـحة ومحـددة، ويسهل استخدامها والقياس عليها، وهذا يتطلب بدوره تدريب كافة العاملين

بالمنظومة التطبيقية لإدارة الجودة الشاملة عليها، مـع إعـادة هيكليـة الوظائف والأنشطة وفق تلك المعايير ومستويات الأداء.

من العرض السابق، يتضح أنه للحصول على منـتج تعليمـي جيـد، لابـد مـن العمـل علـى تحقيق تلك المحاور السابقة التي تعتمد على جودة تعليميـة ذات مسـتوى عـال، مـع تفهـم كامل للتطور المطلوب تطبيقه من جانب القائمين عليه، وبذل الجهد، وتحمـل الوقـت الزائـد الذي يتطلب التطوير، بشرط أن تتم تهيئة أذهان أفراد المجتمع لكسب تاييدهم ومسـاندتهم لتطبيق نظام إدارة الجودة الشاملة في الجامعة.

خامس عشر: نماذج إدارة الجودة الشاملة في الجامعات:

من خلال الإطلاع على النماذج التي تم تطويرها والمتعلقة بإدارة الجودة الشاملة، تبين أن نموذج إدارة الجودة الشاملة قد تم اعتماده في مجـال إدارة الأعـمال، ومجـال الصـناعة منـذ بداية الخمسينات من هذا القرن، وقد دلت الأدبيات والدراسات السابقة أن هنـاك تـأخراً في استخدام نموذج إدارة الجودة الشاملة في قطـاع التربيـة والتعلـيم، ولم يبـدأ العمـل بـه إلا في بداية عقد الثمانينيات، ولقد تم اعتماد هذه النماذج في قطاع التربيـة والتعلـيم، والجامعـات في تحسين جودة التعليم الجامعي وفاعليته والتعليم العـام في المـدارس والجامعـات التـي اعتمدت هذه النماذج، ومنها (بدح، 2003):

1- نموذج اشوك وموتواني (Ashok & Motwani is Model):

يتكون هذا النموذج من خمس مراحل كإطار عمل لتنفيذ إدارة الجودة الشاملة في نطاق المؤسسات العليمية، كما اقترحها كل من اشوك وموتواني (Ashok & Motwani) في جامعـة متشيغان Michigan University في الولايات المتحدة الأمريكية موضحاً بالشكل التالي:

مراحل نموذج اشوك وموتواني لإدارة الجودة الشاملة (بدح، 2003)

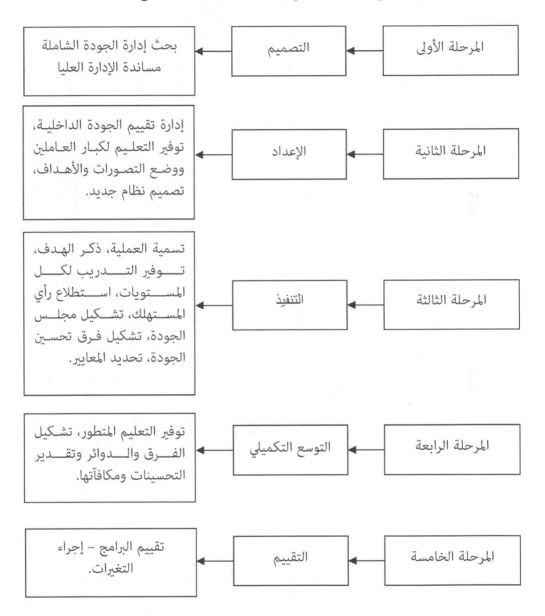

| المرحلة الأولى | ← | التصميم | ← | بحث إدارة الجودة الشاملة مساندة الإدارة العليا |

| المرحلة الثانية | ← | الإعداد | ← | إدارة تقييم الجودة الداخلية، توفير التعليم لكبار العاملين ووضع التصورات والأهداف، تصميم نظام جديد. |

| المرحلة الثالثة | ← | التنفيذ | ← | تسمية العملية، ذكر الهدف، توفير التدريب لكل المستويات، استطلاع رأي المستهلك، تشكيل مجلس الجودة، تشكيل فرق تحسين الجودة، تحديد المعايير. |

| المرحلة الرابعة | ← | التوسع التكميلي | ← | توفير التعليم المتطور، تشكيل الفرق والدوائر وتقدير التحسينات ومكافآتها. |

| المرحلة الخامسة | ← | التقييم | ← | تقييم البرامج – إجراء التغيرات. |

2- **نموذج الخطيب لإدارة الجودة الشاملة في قطاع التربية والتعليم والتعليم الجامعي:**
قام الخطيب (1999) بتطوير مبادئ إدارة الجودة الشاملة، التي تم اعتمادها في قطاعات الصناعة وإدارة الأعمال، لكي تنسجم مع القطاع التربوي. وقام بتطوير نموذج

لإدارة الجودة الشاملة ليتم استخدامه في قطاع التربية والتعليم الجامعي ويوضح بالشكل التالي:

نموذج الخطيب لإدارة الجودة الشاملة (الخطيب، 2001)

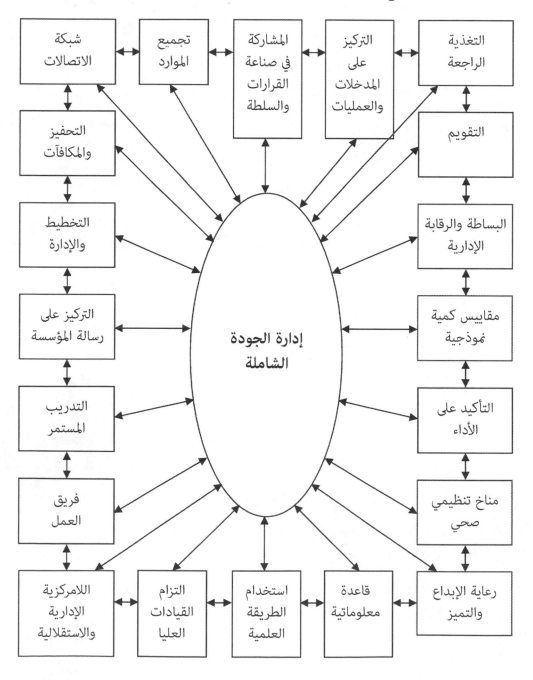

3- **النموذج الأوروبي لإدارة الجودة الشاملة في المعاهد العليا:**

تم تطبيق هذا النموذج في مقاطعة ويلز بإنجلترا حسب ما أورده (طرابلسية، 2003) من منظور استراتيجية تحسين الإنجازات وتوزيع ميداليات التفوق على أساس أسلوب التحسينات المستمرة، وكانت اللغة ومهارات سرعة الاستيعاب والمباني والتجهيزات والمختبرات من أهم المشاكل في هذه التجربة. واعتمدت الفلسفة المطبقة على ضرورة تحسين القدرات القيادية والارتفاع بنتائج العملية التعليمية واعتراف المؤسسة الأوروبية لإدارة الجودة (EFQM) وهي بمثابة ميدالية شبيهة لميدالة ديمنغ في اليابان.

اعتمد هذا النموذج على بناء ثقافة جديدة للجودة الشاملة تقوم على ما يأتي:

- قيادة تنشر فكر الجودة وثقافتها في التعليم العالي.
- سياسة تحقق الالتزام والنماء والتحسينات المستمرة لا تنتهي.
- منظومة إدارية تفجر الطاقات وتفيد أقصى استفادة من إمكانات وملكات ورؤى العاملين.
- تشغيل مثالي للموارد لدعم السياسات والاستراتيجيات المتفقة عليها ومساندتها.
- المراجعات الدقيقة للتشغيل والأداء والنتائج بغرض تحقيق التحسينات المستمرة.

وفيما يلي أهم عناصر النموذج الأوروبي لإدارة الجودة، وبناءاً على هذا النموذج:

- يجب أن يتحقق في قيادات التعليم العالي القيم والرؤية الثاقبة، وتحقيق رسالة واضحة وخبرة وانطباع جيد لهم لدى المجتمع. تحقيق القدرة العالية على إدارة الموارد البشرية بالتعليم العالي لاختلاف طبيعة المعلمين والعلماء التكنولوجيين على بقية العمالة المكتبية. ومن الضروري توفير الموارد وتوظيفها بعناية دون فاقد. وعادة ما يتم الاتفاق على البرامج التعليمية والأنشطة البحثية والاستشارية وكيفية تقديمها (اللوائح). ويجب الاهتمام بالقراءة واستخدام المكتبة والتعرف إلى أساليب البحث العلمي وكتابة التقارير واستخدام الأساليب الإحصائية والرياضة والكمبيوتر مع تنمية المهارات السلوكية والفنية والحركية واستخدامات الوقت، وقد أدت

التجربة الخاصة بتطبيقات إدارة الجودة الشاملة في ويلز إلى أن أصبحت الجودة منهاجاً للعمل والأداء (طرابلسية، 2003).

4- **نموذج تعظيم جودة التعليم العالي من منظور التحسينات المستمرة والعولمة:**

ويعتمد هذا النموذج على التحسينات المستمرة في التعليم العالي والشكل التالي يوضح تحديد التحسينات المستمرة في جودة التعليم العالي:

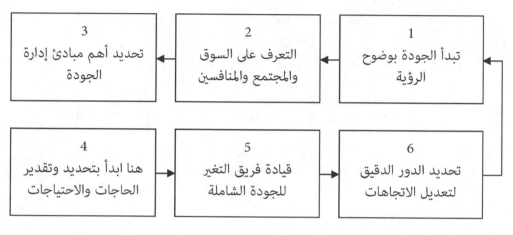

3 تحديد أهم مبادئ إدارة الجودة	2 التعرف على السوق والمجتمع والمنافسين	1 تبدأ الجودة بوضوح الرؤية
4 هنا ابدأ بتحديد وتقدير الحاجات والاحتياجات	5 قيادة فريق التغير للجودة الشاملة	6 تحديد الدور الدقيق لتعديل الاتجاهات

(النجار، 1999).

يعتمد هذا النموذج – حسب ما أوردة (النجار، 1999) بالدرجة الأولى- على قيادة الموارد البشرية لمواجهة التحديات، فالطلبة اليوم يتوقعون الكثير من الجامعات وبالتحديد يبحثون عن:

- أفضل الخدمات التعليمية والبحثية والاجتماعية والثقافية.
- أقل تكلفة ممكنة للحصول على تلك الحاجات.
- أعلى مستوى للجودة في الخدمات المختلفة.
- الأمان والاطمئنان في الحياة الجامعية.
- الاحترام والحب والولاء والانتماء بالجامعة.
- ثقة بأن المستقبل سيكون أكثر إشراقاً (الوظائف – المرتبات – الحياة السعيدة).

ويتبين أنه: يجب تحديد الوظائف القيادية المسؤولة عن التحسينات المستمرة على جودة التعليم الجامعي، ففريق التطوير الجامعي يجب أن يتكون من: رؤساء

الجامعات، ونواب رؤساء الجامعات، ومجلس الجامعة، وعمداء الكليات والوكلاء، وفرق الخبراء والاستشاريين، قيادات البيئة والمجتمع، وأولياء الأمور، والطلاب.

- التعرف إلى المتغيرات والضغوط والفرص العالمية والمحلية والإقليمية فالتحديات تتطلب باستمرار تحسينات الجودة والمواصفات والمعايير المخططة للأداء.

- يجب الإجابة عن تساؤلات إدارة جودة التعليم العالي، مثال:

● هل نحن سعداء عن جودة أداء العمل الجامعي؟

● كيف يمكن تحسين أداء العمل الجامعي؟

● هل يحقق الطلاب أهدافهم وطموحاتهم؟

● هل يتم إعداد الطلاب ليكونوا قيادات المستقبل؟

● هل تركز الجامعة على رسالتها وأهدافها؟

● هل هناك توافق بين جودة التعليم الجامعي وسعره وبين العائد المتوقع منه؟

و يمكن تحديد الأدوار اللازمة لتحسين جودة التعليم الجامعي بحسب الأسلوب الذي قدمته جامعة أوبيرن Aubeurn University من خلال الشكل التالي: (وفقاً للنجار 1999).

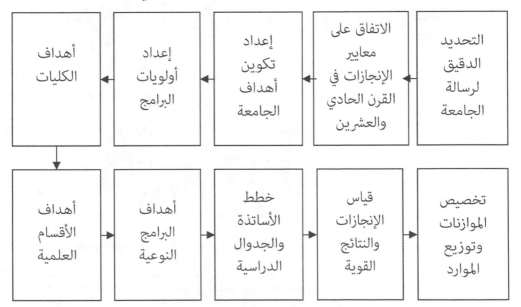

ويوضح الشكل السابق خطوات تخطيط الأنشطة الجامعية، والربط ما بين فلسفة الجامعة وكل من عناصر العملية التخطيطية وقياس الانجازات والتحسينات المستمرة، بحيث تساعد المراجعة المستمرة للخطط إلى التحري عن الأخطاء وتصويبها، وتعديل الأهداف وفق التغيرات الداخلية والخارجية. فإتباع الأدوار السابقة سيؤدي إلى ضمان تنفيذ التحسينات المستمرة في الجامعات، كما يوضح الشكل التالي خطوات تنفيذ التحسينات المستمرة:

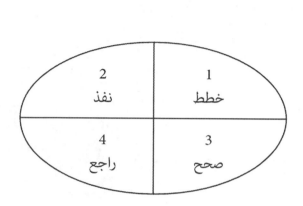

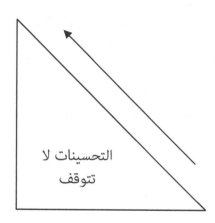

(النجار، 1999).

ويتوافق هذا الاتجاه مع فكرة إدارة الجودة الشاملة التي تعطي المعايير والمواصفات المعيارية أهمية خاصة مع ضرورة الاهتمام بالإدارة الاستراتيجية والتخطيط الاستراتيجي الجامعي، بحيث يجب أن تتم الخطوات السابقة بروح الفريق، وضرورة المشاركة بين فرق العمل والخبراء، والعمل على تجديد الموارد البشرية، وتطوير مهاراتها أولاً بأول. (النجار، 1999).

تقييم عام لنماذج إدارة الجودة الشاملة المختارة:

من خلال دراسة هذه العينة من النماذج والتي ساهمت مساهمة فعالة في تطوير إدارة الجودة الشاملة في مجال إدارة الأعمال، ومجال الصناعة، أو المجال الخدمي، توصل (عقيلي، 2001) إلى نتيجة مفادها ما يأتي:

* إن جميع النماذج المختارة، كانت تدور ضمن فلك أو إطار محدد، يرسم للمنظمات المرتكزات أو المحاور التي يقوم عليها تطبيق منهج إدارة الجودة

الشاملة، ويتضح لنا وجود قواسم عامة ومشتركة كثيرة بـين هـذه النـماذج، وهـذه القواسم نعرضها كما يلي:

- وضع فلسفة إدارية جديدة تخدم تطبيق إدارة الجودة الشاملة.
- وضع استراتيجية جديدة تسهم في تحقيق رسالة المنظمة الجديدة.
- يعد العملاء الركيزة الأساسية لكافة عمليات تحسين الجودة.
- التغيير الجذري لكل شيء يسهم في تحقيق الجودة الشاملة وبخاصة العمليات.
- يتبنى مبـدأ تأكيـد الجـودة، والتركيـز عـلى رقابـة الجـودة الشاملة وبخاصـة العمليات.
- العنصر البشري في المنظمة هو أهم جانب من جوانب إدارة الجودة الشاملة، الذي يجب أن يأخذ الرعاية الأولى.
- أن يكون أسلوب العمل جماعياً تعاونياً يركز على فرق العمل والمشاركة.
- التطوير والتحسـين المسـتمر لكـل شيء في المنظمـة، للوصـول إلى جـودة عاليـة، والمحافظة على التفوق والتميز على الآخرين.
- التعليم والتدريب المستمران هما استثمار له عائد، وهو مطلب ضروري.
- أهمية دور القيادة الإدارية في جميع المستويات الإدارية بوجه عـام، والعليـا بوجه خاص.
- تحسين الجودة المسـتمر مسؤولية جماعية، تقع عـلى عـاتق كـل مـن يعمـل في المنظمة، سواء أكان رئيساً أو مرؤوساً، والتحسـين مطلـب أسـاسي في منهجيـة إدارة الجودة الشاملة.
- استخدام الأدوات والأساليب الكمية والإحصائية في الرقابة على الجودة.
- توفير نظام محاسب للمعلومات.
- توفير شروط وعوامل الاتصال الفعال والسريع.
- وجود تغذية عكسية، مـن خـلال الاتصـال بالعمـلاء، واسـتطلاع آرائهـم حـول مستوى الجودة المقدمة لهم.

- توفير الإمكانيات على مختلف أنواعها المادية والمعنوية.

لذلك فإن الإطار العام لإدارة الجودة الشاملة ونهجها يسيران نحو اكتمال معالمهما وأبعادهما ومرتكزاتهما. فقد أصبحت هناك لغة مشتركة متداولة ومعروفة في مجال إدارة الجودة الشاملة، كما أصبح بإمكان المنظمات مع مطلع عام 2000 أن تضع نماذجها الخاصة بما في مجال تطبيق إدارة الجودة الشاملة، مع ملاحظة أساسية هي: أن مضمون هذه النماذج سيختلف حتماً من منظمة لأخرى، وفق طبيعة العمل ومضمونة من جهة، ووفق المتغيرات البيئية المحيطة بها من جهة أخرى (عقيلي، 2001).

سادس عشر: ضمان الجودة في مؤسسات التعليم العالي:

نشاط ضمان الجودة في مؤسسات التعليم العالي يتم من خلال التقويم والاعتماد في مؤسسات التعليم العالي في العالم وذلك لرصد جملة المفاهيم والإجراءات المتبعة في مؤسسات التعليم العالي على المستوى العالمي (Davis & Ringsted, 2006). وفي الدول العربية في الوقت الذي تحرص فيه كل الحرص على هويتها الثقافية ومراعاة خصوصياتها الحضارية لا نهدر أي فرصة تتيح لنا الاستفادة من تجارب الغير خصوصاً تلك التي ثبت نجاحها وريادتها فتأخذ منها ما يتناسق مع قيمنا وثوابتنا فلقد ظهرت حركة ضمان الجودة كرد فعل إيجاب لما أبداه الأكاديميون والمسؤولون والمجتمع من قلق حول جودة التعليم العالي، وهو الذي نجم عن عوامل كثيرة منها التنافس الدولي، والاحتياجات المتغيرة للسوق والتمويل.

فالمجتمعات والحكومات أيضاً يهتمان بجودة التعليم العالي، ويسعان لإيجاد أنظمة تحدد المسؤوليات تحديداً واضحاً، ومن هنا يمكن القول بأن ضمان الجودة أمر ضروري لتلبية الاحتياجات المرتبطة بالجودة وتحديد المسؤولية في التعليم العالي.

كان مفهوم ضمان الجودة الشاملة قد نشأ وتطور في أمريكا الشمالية في وقت مبكر من القرن العشرين آخذاً شكل الاعتماد الأكاديمي، وبدأ كنشاط اختياري غير حكومي يهدف إلى الارتقاء بنوعية التعليم في المدارس والكليات والجامعات، وعلى الرغم من أن الاعتماد على هذا النحو يتم على أيدي منظمات غير حكومية ومستقلة، فإنه يتعين أن تعترف وزارة التربية في الولايات المتحدة الأمريكية بالمنظمات التي تمنح الاعتماد ويلاحظ في هذا الصدد أن وزارة التربية في الولايات المتحدة لا تمنح

الاعتماد لمؤسسات التعليم العالي أو البرامج الأكاديمية وإن كانت تصرح لمنظمات الاعتماد بممارسة نشاطها من خلال اللجنة الاستشارية الوطنية الخاصة بضمان نزاهة عمليات المراجعة والتدقيق وعلى أساس ما تقرره هذه اللجنة يقرر وزير التربية ما إذا كانت المنظمة التي تمنح الاعتماد سلطة يُعتد بها فيما يتعلق بنوعية وجودة التعليم أو التدريب. وتصنف منظمات الاعتماد في الولايات المتحدة إلى فئتين: الفئة العامة، والفئة الخاصة. وهناك ست هيئات إقليمية موزعة على أساس جغرافي تمنح الاعتماد العام أو المؤسسي وفيه يتم اعتماد المؤسسة ككل، أما هيئات الاعتماد التخصصي فهي على المستوى القومي وتتخصص في مهن معينة مثل: الطب، الهندسة، والتربية، وإدارة الأعمال، ويتمد نشاط بعض منظمات الاعتماد خارج الولايات المتحدة،وإن كان بعضها يقصر أنشطته الدولة على المعادلة، وليس الاعتماد مثل مجلس الاعتماد للهندسة والتقنية وتقوم منظمة الاعتماد بتشكيل لجان وفرق زائرة من أعضاء من مختلف الجامعات بالولايات، وتقوم كل لجنة بتطبيق معايير التقويم والاعتماد، وهي معايير معروفة وتركز على الجودة (National Quality Assurance and Accreditation, 2004).

وتطلب منظمة الاعتماد من المؤسسة التي تتقدم للحصول على الاعتماد القيام بدراسة ذاتية قبل قدوم فريق المقيمين، ولدى غالبية المؤسسات الأكاديمية الأمريكية مكاتب يطلقون عليها "مكتب التقييم" وهذه تقوم بتنسيق جهود الاعتماد في المؤسسة، ويتمحور عمل جهات الاعتماد من التأكد من أن الجامعة أو الكلية التي تطلب الاعتماد قادرة على تحقيق الشروط العامة التالية:

1- توافر رسالة مؤسسة يليق بمستواها كمؤسسة تعليم عالي، وأن تكون لديها أهداف تعليمية تتفق مع رسالتها.

2- امتلاك المصادر والموارد المناسبة لتحقيق الرسالة والأهداف التعليمية.

3- توافر نظام توثيق أعمال الطلبة المتصلة بالأهداف التعليمية بما يبين أن المؤسسة تحقق أهدافها.

4- بيان مقدرتها على أنها ستستمر في تحقيق رسالتها وأهدافها (National Quality Assurance and Accreditation, 2004).

أما في المملكة المتحدة فإن حركة الاعتماد أحدث كثيراً، حيث أسندت هذه المسؤولية في عام 1992م، إلى مجالس تمويل التعليم العالي في انجلترا وويلـز Funding Councils For England And Wales Higher Education وتقوم هذه المجالس بتقييم نوعية التعليم في مؤسسات التعليم العالي التي تمولها وفي عام 1995، أعيد النظر في الطريقـة المتبعـة التقييـم بحيث تحقق ثلاثة أغراض: الأول تشجيع التحسين والتطوير، والثاني تـوفير معلومـات فاعلـة للجمهور حول نوعية التعليم العالي بناء على الأهداف والأغراض كـما تحـددها كـل مؤسسـة، والثالث هو ضمان الحصول على مردود ذي قيمة للمال العام الذي يستثمر في التعليم العالي، وفي عـام 1997 انتقلـت هـذه المسؤوليـة إلى وكالـة ضـمان جـودة التعليـم العـالي Quality Assurance Agency وهي هيئة تهدف إلى غرس وتعزيز ثقة الجمهور في جودة مؤسسـات للتعليم العالي، وتبدأ العملية من داخل كـل مؤسسـة حيـث تقـوم بعمـل تقييـم ذاتي يتبعـه عملية تقييم أولي للتقييم الذاتي، ثم زيارة ميدانية للمؤسسة ثم إعداد التقرير النهـائي ولـدى كل مؤسسة مكتب يسمى مكتب ضمان الجودة وهذا يقوم بتنسيق جهود التقييم بها (UK National Accreditation, 2004).

ولقد انتشر مفهوم ضمان الجودة في الدول النامية مؤخراً، وإن كان تطبيقه فيها يتأثر بمـا ساد من اتجاهات في الدولة المتقدمة إلا أن الاعتماد يواجه صعوبات كثيرة في الـدول الناميـة فقد أشار سيزاز (Cizas, 1997) إلى بعضها على النحو التالي:

- أنها تطرح بعض البرامج بواسطة مؤسسة واحدة فحسب.
- قد لا يتوفر خبراء أجانب وقت إجراء عملية التقييم.
- قد لا تتوفر الموارد المالية اللازمة لدعوة خبراء أجانب.
- قد لا تشكل اللغة الوطنية صعوبة بالنسبة لعملية التقييم.
- قد لا توفر الدراسات الذاتية قدراً كافياً من المعلومات.
- قد لا يتوفر مقيمون خارجيون محايدون.
- المشاكل الخاصة بالطبيعة الدعائية للتقارير وهشاشتها.

ويتضمن وسائل ضمان الجودة ما يلي:

1-العلامات المرجعية Benchmarking:

هي وسيلة نظامية لقياس ومقارنة أداء أي مؤسسة تعليمية استناداً إلى منظومة من المعايير القياسية المعتمدة أو المتفق عليها، وذلك بهدف تحديد مدى جودة المؤسسة ومخرجاتها وخطط التطوير اللازمة لتحقيق أهدافها (National Quality Assurance and Accreditation, 2004).

2-الاعتماد Accreditation:

هو نشاط مؤسسي علمي موجه نحو النهوض والارتقاء بمستوى مؤسسات التعليم والبرامج الدراسية وهو أداة فعالة ومؤثرة لضمان جودة العملية التعليمية ومخرجاتها واستمرارية تطويرها (National Quality Assurance and Accreditation, 2004).

3-المعيار في الاعتماد Accreditation Standard:

هو بيان المستوى المتوقع الذي وضعته هيئة مسؤولة أو معترف بها بشأن درجة أو هدف معين يراد الوصول إليه ويحقق قدراً منشود من الجودة "Quality" أو التميز "Excellence" (National Quality Assurance and Accreditation, 2004).

4-الاعتماد في التعليم Accreditation in Education:

أشار ديفيد وهارولد وديفيذ ورينجستد (David & Harol, 2000; Davis & Ringsted, 2006) إلى الاعتماد في التعليم بأنه:

- هو الاعتراف بأن برنامج تعليمي معين Program أو مؤسسة تعليمية Institution يصل إلى مستوى معياري محدد Certain Standard.
- هو حافز على الارتقاء بالعملية التعليمية.
- الاعتماد لا يهدف إلى تصنيف أو ترتيب Ranking المؤسسات التعليمية.

- الاعتماد هو تأكيد وتشجيع المؤسسة التعليمية على اكتساب شخصية وهوية مميزة بناءً على منظومة معايير أساسية "Basic Standards" تضمن قدراً متفقاً عليه من الجودة، وليس طمساً للهوية الخاصة بها.

- الاعتماد لا يهتم فقط بالمنتج النهائي للعملية التعليمية ولكن يهتم بنفس القدر بكل جوانب ومقومات المؤسسات التعليمية.

ومن أنواع الاعتماد:

- الاعتماد المؤسسي "Institutional Accreditation": وهو الذي يركز على تقييم الأداء بالمؤسسة التعليمية بصورة شاملة.

- الاعتماد التخصصي "Subject Accreditation": وهو الذي يركز على الاهتمام بالبرامج الأكاديمية التخصصية التي تطرحها المؤسسة بشكل منفرد (Cizas, 1997b).

5- ضبط الجودة Quality Control:

هي مجموعة من الإجراءات التي تقيس مدى مطابقة منتج المجموعة من المعايير المحددة مسبقاً. وقد تؤدي عند الضرورة إلى تعديل في عمليات الإنتاج ليصبح المنتج أكثر اتفاقاً مع المواصفات المرسومة (David & Harold, 2000).

سابع عشر: المعايير الواجب إتباعها لتقييم جودة العملية التعليمية:

تعمل الاتجاهات الحديثة في قياس وإدارة الجودة على تفادي ضيق النظرة والعمل على قياس مخرجات التعليم الجامعي المتمثلة في توافر خصائص اتجاهية ومعرفية ومهارية وسلوكية في الخريجين فحسب، بل يتمد قياس جودة الخدمة إلى جودة عناصر تقديم الخدمة التعليمية على مستوى المؤسسات التعليمية، ولقد قامت وزارة التعليم العالي البريطانية في عام 1992 بتشكيل لجنة دائمة لتقييم جودة تلك العناصر على مستوى الدرجة الجامعية الأولى في الجامعات البريطانية (David & Harold, 2004; Davis & Ringsted, 2006)، كما أنشأ في عام 1995م مجلس أعلى لتقييم جودة الدراسة في مرحلة الدراسات العليا في الجامعات الأمريكية (National Quality Assurance and Accreditation, 2004). ولقد اتفقت اللجنتان على

المعايير الواجب اتباعها لتقييم جودة الخدمة وجاءت هذه العناصر ومعايير تقييمها كما هـو موضح في الجـدول التـالي: ;(David & Harold, 2004); (Verral, Brukner, & Seward) .(Davis & Ringsted, 2006; National Quality Assurance and Accreditation, 2004)

جدول معايير تقييم جودة الخدمة التعليمية في المؤسسة التعليمية

العنصر	نواحي الجودة
1- المنهج العلمي	- درجة تغطية المواضيع الأساسية. - التناسب مع قدرة استيعاب الطالب في هذه المرحلة. - الارتباط بالواقع العلمي. - الإلمام بالمعارف الأساسية. - إعداد الطالب لعصر العولمة من خلال تعلم لغة أجنبية.
2- المرجع العلمي	- درجة المستوى العلمي والموثوقية. - شكل وأسلوب إخراج المرجع العلمي. - وقت توافر المرجع العلمي. - سعر المرجع العلمي. - امتداد الاستفادة من المرجع العلمي. - أصالة المادة العلمية. - نوع الاتجاهات التي ينميها المرجع العلمي.
3- أعضاء هيئة التدريس	- المستوى العلمي والخلفية المعرفية. - إدراك احتياجات الطلاب. - الانتظام في العملية التعليمية. - الالتزام بالمنهج العلمي. - تقبل التغذية الراجعة. - العمل على تنمية المهارات الفكرية التنافسية. - تنمية الحس الوطني والوازع الأخلاقي. - الهدف من أسلوب التدريس المستخدم. - تنمية الاتجاه التحليلي. - تنهمية النظرة المتعمقة. - درجة التفاعل الشخصي. - الوعي بدور القدرة العلمية والخلقية.

4- أسلوب التقييم	- درجة الموضوعية والاتساق. - درجة الموثوقية والشمول. - عدم التركيز على التلقين. - التركيز على القدرة التحليلية. التركيز على التفكير الإنتقادي.
5- النظام الإداري	- توافر المعلومات اللازمة لتشغيل وإدارة النظام. - التوجه نحو سوق العمل. - المناخ الجيد لممارسة الأنشطة الرياضية والفنية. - كفاءة وفعالية النظام الإداري. - تلقي الشكاوي والتعامل معها.
6- التسهيلات المادية	- تناسبها مع طبيعة العملية التعليمية. - تنمية وإشباع الناحية الجمالية.

ثامن عشر: منطلقات إدارة الجودة الشاملة في التعليم العالي:

وإنطلاقاً من القائمة التي أوردها معهد إدارة الجودة الشاملة الفيدرالي ومن آراء العديد من الباحثين حول ما هية وعدد وترتيب هذه المتطلبات يمكن القول أن منطلقات إدارة الجودة الشاملة في التعليم العالي تكمن فيما يلي:

1- دعم الإدارة العليا: إن دعم تطبيق إدارة الجودة الشاملة يحتاج إلى دعم ومؤازرة من الإدارة العليا لتحقيق الأهداف المرجوة.

2- التمهيد قبل التطبيق: زرع التوعية والقناعة لدى جميع العاملين في مؤسسات التعليم العالي لتعزيز الثقة بإدارة الجودة الشاملة مما يسهل عملية تطبيقها والالتزام بها من قبل العاملين بمؤسسات التعليم العالي.

3- توحيد العمليات: إن توحيد العمليات يرفع من مستوى جودة الأداء ويجعله يتم بطريقة أسهل ويعمل على تقليل التكاليف من خلال جعل العمل يتم بأسلوب واحد مما يرفع من درجة المهارة عموماً داخل مؤسسات التعليم العالي.

4- شمولية واستمرارية المتابعة: من خلال لجنة تنفيذ وضبط النوعية وأقسام مؤسسات التعليم العالي المختلفة لمتابعة وجمع المعلومات من أجل التقييم لتتم معالجة الانحرافات عن معايير التطوير.

5- سياسة إشراك العاملين: إشراك جميع العاملين في جميع مجالات العمل وخاصةً في اتخاذ القرارات وحل المشاكل وعمليات التحسين.

6- تغيير اتجاهات جميع العاملين بما يتلائم مع تطبيق إدارة الجودة الشاملة للوصول إلى ترابط وتكامل عال بين جميع العاملين بروح الفريق.

7- المسؤولية الأخلاقية والاجتماعية: المحافظة على قضايا البيئة والمجتمع من خلال تقديم خدمات لا تضر بالبيئة وبالصحة العامة.

تاسع عشر: الفوائد المرجوة من تطبيق نظام إدارة الجودة الشاملة في التعليم العالي:

لا يمكن للجودة أن تتحقق في التعليم إلا من خلال تأسيس المنهج الفكري السليم الذي تسير عليه هذه العملية التعليمية، والتي تضمن إضافة للعلوم والمعارف التي يتلقاها الطالب، منظومة القيم الخلقية، ونظم العلاقات الإنسانية، ووسائل الاتصال المتطورة وغيرها من الضروريات التي تجعل من حياة الطالب في المؤسسة التعليمية متعة، فضلاً عن المادة العلمية التي يتلقاها تحت مفهوم إدارة الجودة الشاملة.

1- رؤية ورسالة أهداف عامة للمؤسسة التعليمية واضحة ومحددة.

2- رسالة وأهداف جميع الوحدات بالمؤسسة واضحة ومحددة.

3- خطة استراتيجية للمؤسسات التعليمية وخطط سنوية للوحدات متوفرة ومبينة على أسس علمية.

4- هيكلة واضحة ومحددة وشاملة ومتكاملة وعلمية ومستقرة للمؤسسة التعليمية.

5- وصف وظيفي لكل دائرة ولكل موظف متوفرة ومحددة.

6- معايير جودة محددة لجميع مجالات العمل في الجماعات، خدمية، إنتاجية، أكاديمية، إدارية، مالية.

7- إجراءات عملية واضحة ومحددة من أجل تحقيق معايير الجودة.

8- توفر نوعية وتدريب شامل وملائم لتطبيق إدارة الجودة في المؤسسات التعليمية.

9- أدوار واضحة ومحددة في النظام الإداري للمؤسسات التعليمية.

10- ارتفاع ملحوظ لدافعية وانتماء والتزام ومشاركة العاملين.

11- مستوى أداء مرتفع لجميع الإداريين والمشرفين والعاملين في المؤسسات التعليمية.

12- توافر جو من التفاهم والتعاون والعلاقات الإنسانية السليمة بين جميع العاملين في المؤسسات التعليمية.

13- ترابط وتكامل عال بين الإداريين والمشرفين والعاملين في الجامعات والعمل بروح الفريق.

14- احترام وتقدير الجامعات محلياً وعالمياً.

15- حل المشاكل متواصل ومستمر والعاملون يمتلكون المهارات اللازمة لحل المشاكل بطريقة علمية سليمة.

16- رسالة المؤسسة التعليمية وأهدافها العامة تتحقق بشكل جيد.

17- نوعية جودة عالية للخدمة والمنتجات بنفقات أقل.

18- الاستخدام الأمثل للاتصال والتواصل.

عشرون: معوقات تطبيق إدارة الجودة الشاملة في الجامعات (National Quality Assurance and Accreditation, 2004):

1- عدم ملائمة الثقافة التنظيمية السائدة في المؤسسات التعليمية والثقافة التنظيمية التي تتفق ومتطلبات تطبيق مدخل إدارة الجودة الشاملة وذلك على مستوى الأبعاد الثقافية التنظيمية (القيادة - الهياكل والنظم - التحسين المستمر - الابتكار).

2- عدم ملائمة الأوضاع الأكاديمية والإدارية والمالية السائدة بالجامعات المتطلبات تطبيق مدخل إدارة الجودة الشاملة وذلك على مستوى (فلسفة

التعليم الحالية وأهدافه وهياكل وأنماط التعليم الجامعي، أداء أعضاء هيئة التدريس ومعاونيهم وأدوات العملية التعليمية ونظام الدراسات العليا والبحث العلمي والإمكانات المادية وتمويل التعليم الجامعي).

3- عدم مشاركة جميع العاملين في تطبيق إدارة الجودة الشاملة.

4- عدم ملائمة جودة الخدمة التعليمية المقدمة للطلاب ومستوى جودة الخدمة التي تتفق مع رغباتهم وتوقعاتهم وذلك فيما يختص (بالكتاب الجامعي، وأداء هيئة التدريس وأساليب التقييم المتبعة، وكفاءة وفعالية نظام تقديم الخدمة ورعاية الطلاب).

5- عدم الربط بين الكليات بالجامعة وقطاعات سوق العمل من حيث (مدى تطور المناهج طبقاً لمتطلبات سوق العمل).

6- تبني طرق وأساليب لإدارة الجودة الشاملة لا تتوافق مع خصوصية المؤسسة.

7- مقاومة التغيير سواء من العاملين أو من الإدارات وخاصة الاتجاهات عند الإدارات الوسطى.

8- توقع نتائج فورية وليست على المدى البعيد.

واحد وعشرون: جودة مخرجات العملية التعليمية في مؤسسات التعليم العالي:

ومن وجهة نظر (سوسن، والزيادي، 2008) فإن إدارة الجودة الشاملة في التعليم هي "جملة الجهود المبذولة من قبل العاملين في مجال التعليم لرفع وتحسين المنتج التعليمي بما يتناسب مع رغبات المستفيدين ومع قدراتهم وسماتهم المختلفة".

وتعتمد معرفة الاتجاهات العامة لجودة وتطوير العملية التعليمية ومنها جودة مخرجاتها على فهم فكرتها ومن ثم مدى تأثير ذلك على كفاءة وأداء المنظمة التعليمية عموماً، وتظهر إبراز مبررات تطبيق الجودة الشاملة في النظام التعليمي من خلال الآتي: (المنظمة الإسلامية للتربية والعلوم والثقافة، 2006)

1- ارتباط نظام الجودة بالإنتاجية.

2- ارتباط نظام الجودة بالشمولية في كافة المجالات.

3- عالمية نظام الجودة وكونها سمة من سمات العصر الحديث.

4- نجاح تطبيق نظام الجودة الشاملة في العديد من المؤسسات التعليمية سواء في القطاع الحكومي أو القطاع الخاص في معظم دول العالم.

5- ارتباط نظام الجودة الشاملة مع التقويم الشامل للتعليم بالمؤسسات التعليمية.

إن الفحص الدقيق لمحتوى هذه المبررات يشير إلى انتقال المفهوم من التركيز على الإنتاج وتحسين المنتج من خلال العمليات وبإجراءات المطابقة للمواصفات والفحص إلى الاهتمام بالنظرة والشمولية التي ترى أن الجودة فلسفة تهم المنظمة ككل بكافة مكوناتها وللأمد البعيد لغرض خلق ثقافة تنظيمية تلعب الجودة والتميز دوراً أساسياً فيها. (Evan, 1997)

جودة العملية التعليمية:

مما لا شك فيه أن أي نظام مهما كان حجمه ونوعه يتكون من ثلاث مكونات رئيسة لا يبنى بدونها وهي المدخلات – والعمليات – والمخرجات، وهكذا هو الحال في التعليم أيضاً، ولأن بحثنا يركز على دارسة المخرجات فيمكن وصف جودة مخرجات العملية التعليمية بأنها **الاستراتيجية التي تهدف إلى توظيف المعلومات والمهارات والقدرات لتحقيق التحسين المستمر بما يسهم في الارتقاء بقيمة مؤسسات المجتمع، والجودة بذلك تبرز من خلال التفاعل المتكامل ما بين ما تحتويه مخرجات العملية التعليمية من تخصصات وخبرات ومعارف متراكمة وما بين الآليات والعمليات التي تؤديها المنظمات والقطاعات المختلفة وفقاً لتوجهها وفلسفتها.** (Haksen & others, 2000)

ومن المعلوم أن مخرجات النظام تتأثر إلى حد كبير بنوعية مدخلاتها فضلاً عن دور العمليات في ذلك، ولذا فإن على أي منظمة – مهما كان طبيعة نشاطها- فإنه يتوجب عليها أن توفر بعض العناصر المهمة في مدخلاتها كمتطلبات أساسية لابد من توافرها لكي يتم تحويلها إلى مخرجات بصورة منتجات أو خدمات، ويوضح الشكل التالي هذه الفكرة.

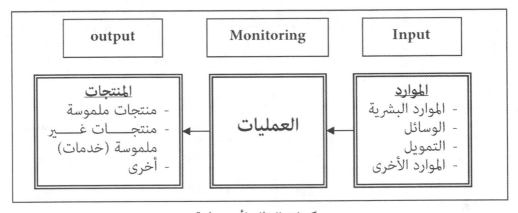

مكونات النظام لأي منظمة

Source: Elemara, Sami, The Quality Journey,

BM TRADA GROUP, 2009, 14

أمـا في النظـام التعليمـي فـلا شـك أن خصوصيـة النظام تلعـب دوراً أساسيـاً في تحديـد المدخلات مما ينعكس حتماً عـلى طبيعـة المخرجـات أيضـاً، وإن النظام التعليمـي يجـب أن يتحكم في مدخلاته على ضوء المخرجات التي يهدف إلى تحقيقها لكونها تؤثر تـأثيراً مبـاشراً في مستوى كفائتها، كما إن عملية المعالجة ومستوى كفاءتها قد يؤدي إلى حدوث تغير سـلبي أو إيجابي في جودة تلك المخرجات، وبشكل عام فإن مكونات النظام التعلمي بمفهومة التقليـدي يمكن أن يحتوي على عدة عناصر وكما في الشكل أدناه:

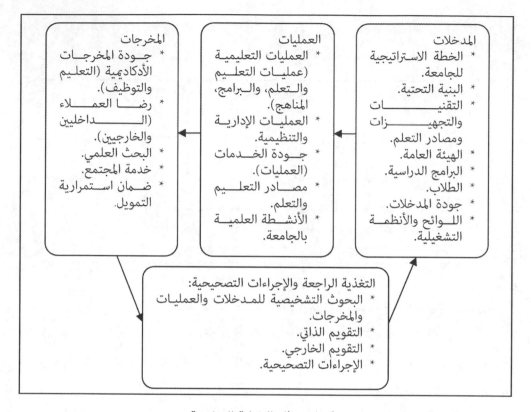

مكونات نظام العملية التعليمية

المصدر: ألحدابي، داود عبد الملك، التقويم الذاتي للأداء الجامعي في ضوء معايير الجودة، مؤتمر اتحاد الجامعات

ومن المسلّم به إن المؤسسات التعليمية تختلف عن بعضها البعض في عناصر نظمها وبجميع مكوناتها تبعاً للرؤى والرسائل التي تتبناها والأهداف التي تسعى فضلاً عن طبيعة تخصصاتها وظروف بيئتها المختلفة، وطبيعة وأنواع المخرجات، كل ذلك يجعل من تحقيق جودة مخرجات تلك المؤسسات أمراً ليس سهلاً، لذا فقد أصبح توجه المؤسسات التعليمية إلى نظام العملية التعليمية الحديث الذي يولي اهتماماً كبيراً بالمخرجات المستهدفة.

وتتضح فكرة اهتمام المؤسسات التعليمية بمفهوم المخرجات المستهدفة التي تسعى إلى تحقيقها من خلال سعيها لإرضاء حاجات ومتطلبات سوق العمل، وإذا كانت المؤسسات التعليمية لم تحقق المستوى المستهدف من ضمان الجودة في مخرجاتها، فتقوم بقياس ومقارنة مخرجاتها الفعلية إلى المخرجات الطموحة (المستهدفة) التي

تضمن الحد الأدنى من معايير الجودة، مما يتطلب النظر إلى المخرجات المستهدفة باعتبارها أحد أهم مدخلات النظام التعليمي الحديث، ويتضح ذلك في الشكل التالي:

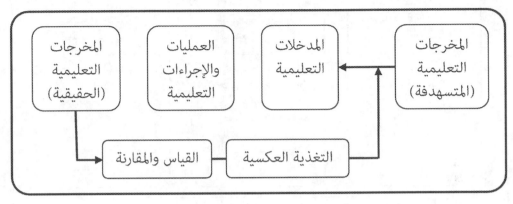

مكونات نظام العملية التعليمية الحديثة

المصدر: الحمالي، راشد بن محمد، 2008 "معايير الجودة الشاملة في مؤسسات التعليم العالي العربي – جامعة الملك سعود"، مجلس ضمان الجودة والاعتماد.

ومما لا شك فيه أن النظام التعليمي الحديث قد ازداد تعقيداً، إذ أن هناك مؤثرات كثيرة ومتنوعة تؤثر سلباً أو أيجاباً على مكوناته وبالتالي على جودة مخرجاته، ولعل من أهم تلك المؤثرات هي الخدمات الداعمة للنظام التعليمي SUPPORT SERVICES، التي تعد من أهم المؤثرات الإيجابية للنظام، لكنها قد لا تكون كذلك إذا لم تتوفر بالشكل الملائم مما يؤثر سلباً على النظام بكافة مكوناته، ولأن الخدمات الداعمة عادة ما تتم من خلال عملية المعالجة Process فإن نتائجها ستظهر واضحة في مخرجات النظام التعليمي مباشرة، ويوضح الشكل التالي النظام التعليمي في ضوء هذه المؤثرات (الخدمات الداعمة):

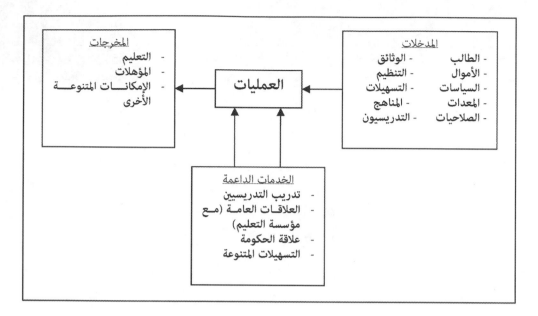

النظام التعليمي والخدمات الداعمة

Source: Tribus, Myron, 2009, Quality in Education According to the Teachings of Deming and Feuerstein.

ويتضح مما سبق أن نظام العملية التعليمية يحتاج إلى المزيد من الدراسة والدقة من حيث طبيعة مكوناته ومدى علاقتها بجودة العملية التعليمية بشكل عام وجودة المخرجات بشكل خاص باعتبارها تمثل الحصيلة النهائية التي يسعى النظام التعليمي إلى تحقيقها، كما أنه لا يوجد نظام تعليمي موحد يصلح لكافة المؤسسات التعليمية، فهو يختلف من مؤسسة لأخرى تبعاً لتوجه تلك المؤسسة وتخصصاتها وإمكاناتها وأهدافها وظروف بيئتها وغيرها، ولكن هذه الاختلافات قد تمثل وسائل دعم متينة تسهم في تحقيق وضمان الجودة لمخرجات النظام.

* **مؤشرات ومعايير جودة العملية التعليمية:**

صنفت العديد من الدراسات مؤشرات ومعايير جودة العملية التعليمية إلى عدة تصنيفات تتطابق في البعض منها وتختلف في البعض الآخر، وهذا التطابق والاختلاف جاء تبعاً لتوجهات وآراء الباحثين والمختصين، ويوضح الجدول التالي بعض الأمثلة لمؤشرات ومعايير العملية التعليمية: (Stanley, 1995)، (Valeria, 1998)، (Albert, 1990)، (HARVEY, 1999)

مؤشرات ومعايير جودة العملية التعليمية

مؤشرات ومعايير الجودة لدى ألبرت (Albert)	مؤشرات ومعايير الجودة لدى جوردون	مؤشرات ومعايير الجودة لدى LEE HARVEY	مؤشرات ومعايير الجودة في جامعة فلوريدا الأمريكية
1- الهيكل التنظيمي 2- البيئة المحيطة 2- المدخلات 4- العمليات 5- المسؤولية 6- التمويل 7- الإصلاح التعليمي والتربوي 8- العوامل الاقتصادية والاجتماعية 9- الفعالية الإدارية للعملية التعليمية 10- فعالية التدريس 11- الانجاز المتضمن للنتائج المحصلة	1- المستوى النوعي للخريج الجامعي 2- البحوث العلمية للتدريسيين 3- سمعة وشهرة هيئة التدريس 4- عدد الطلبة الموجودين في مؤسسة التعليم 5- تكلفة كل طالب في العملية التعليمية 6- معدل الطالب لكل تدريسي 7- القبول وانتقاء الطلبة 8- حجم المؤسسة التعليمية	1- مؤشرات أكاديمية عامة 2- الثقة بالمؤسسة التعليمية 3- الخدمات المقدمة إلى المستفيدين 4- المؤشرات التنظيمية	1- التقدم العلمي 2- المردود (النواتج العلمية) 3- بقاء المتعلم في البرنامج مدة كافية لتحقيق الأهداف العلمية 4- انتقاء الطلبة 5- تخطيط البرنامج التوجيهي وتقويمه 6- المنهاج والتدريس 7- تنمية هيئة التدريس

إن أحد أهم أسباب الاهتمام بمؤشرات جودة العملية التعليمية هو رفع مستوى وتحسين مخرجاتها، وهذا ما تؤكده المواصفة القياسية لـ ISO: 2008 التي كان أهم سماتها هو التركيز على الزبون Customer focus، مما يدعو المؤسسات إلى تبني أساليب واضحة لمعرفة مدى إرضاء الزبون عن المنتجات أو الخدمات التي تقدمها، وعن أداء المؤسسة ودرجة استجابتها لمتطلبات وحاجات الزبون (القزاز، 2009: 27)

مخرجات النظام التعليمي:

تعد مؤسسات التعليم العالي من المؤسسات ذات المخرجات المتنوعة والمتعددة إلى حد كبير باعتبارها الوسيلة الأساسية لتقدم وازدهار أي مجتمع في العالم، كما يلاحظ أن مخرجات العملية التعليمية لها تتسع أطرها وفقاً لمتطلبات البيئة الخارجية السريعة التغير مما جعلها أكثر تنوعاً وشمولية، ويعرض الجدول التالي أهم مخرجات العملية التعليمية.

عناصر مخرجات العملية التعليمية

ت	عناصر مخرجات العملية التعليمية	ت	عناصر مخرجات العملية التعليمية
1	التبادل الثقافي.	11	المشاريع العلمية.
2	التأليف والترجمة للكتب.	12	العقود البحثية.
3	البحث العلمي.	13	الاستشارات العلمية.
4	براءات الاختراع.	14	المعارض الفنية والعلمية.
5	الجوائز العلمية العربية والعالمية.	15	البرامج التدريبية لمؤسسات المجتع.
6	المؤتمرات والندوات خارج المؤسسة.	16	الترقيات العلمية.
7	المنح البحثية والزمالات الدراسية.	17	المستوى النوعي للخريجين.
8	المؤتمرات والندوات وورش العمل المنفذة داخل المؤسسة.	18	نسبة الخريجين الحاصلين على العمل.
9	اللجان العلمية لمؤسسات الدولة.	19	المجلات الثقافية.
10	سمعة المؤسسة ورضا المستفيد.		

المصدر: الحاج وآخرون 2008، "دليل ضمان الجودة والاعتماد للجامعات العربية أعضاء الاتحاد"، عمان،

ولابد من الإشارة إلى أن تنوع مخرجات العملية التعليمية يمكن أن يتوقف إلى حد كبير على مدى طبيعة وتنوع أهداف المؤسسات التعليمية مع الأخذ بنظر الاعتبار ظروف ومتطلبات البيئة المحيطة ناهيك عن فاعلية تلك المؤسسات وكفاءتها، مما يجعل المؤسسات التعليمية تتبنى بضعاً من أنواع المخرجات دون غيرها.

وإذا أمعنا النظر في الواقع الذي تعيشه مؤسساتنا التعليمية نجد أنها تتمتع بإمكانات لا يستهان بها وطموحات عالية سواء على المستوى الشخصي للأساتذة والتدريس أو على المستوى المؤسساتي والقيادة الجامعية في ضوء معطيات البيئة الاجتماعية المحيطة، ولأن دراستنا هذه تركز على المخرجات التي نعتقد بأنها الأكثر أهمية في بيئتنا ووفقاً لظروفها الحالية، فقد جاء التركيز على ثمانية أنواع من المخرجات التي نوجزها فيما يلي:

1- المستوى النوعي للخريجين Quality of Graduates

يعتبر الخريجون من أهم أنواع المخرجات التي تسعى المؤسسات التعليمية إلى الارتقاء بجودتها، ويركز هذا النوع من المخرجات على المعرفة الأساسية والمعلومات التي

تشكل البنية التحتية لجودة الخريجين، وتستند هذه المعرفة والمعلومات على بعدين هما التمكين والاستيعاب لحقائق عمل منظمات ومؤسسات الأعمال الأساسية، والمعرفة المهنية ذات العلاقة بعمليات تلك المنظمات.

يرتبط المستوى النوعي للخريجين بقدرات الطلبة على متابعة وفهم الأسس والمبادئ المهنية وكذلك فهم وسائل تطبيقها في ميادين العمل، ويتزامن ذلك مع توسع المنظور الشامل وتنوع الأدوار وكذلك توسع فكر الخريج ليصبح قائداً رسالياً ذو منظور استراتيجي واهتمام شمولي بالعمليات والممارسات الإدارية لمنظمات الأعمال. (الطائي وآخرون، 2005)

ولما كان الطالب أحد عناصر مخرجات العملية التعليمية، ولكي تضمن المؤسسة التعليمية الجودة في هذا العنصر يتوجب عليها تفعيل العلاقة بين الطلبة ومؤسسات المجتمع قبل الخروج إلى سوق العمل، والتنسيق مع مؤسسات الدولة وأسواق العمل لتوفير فرص العمل لخريجيها، والسعي الحثيث لتحسين مستوى الخريجين باعتبارهم إنتاج نهائي يمكن من خلاله الحم على جودة العملية التعليمية برمتها. (الحاج وآخرون، 2008)

2- البرامج التدريبية لمؤسسات المجتمع Training Programs

يركز هذا النوع من المخرجات على المهارات والخصائص المميزة ذات التأثير المباشر في تحسين السلوك والأداء للأفراد والمؤسسات بشكل عام، وتعد البرامج التدريبية التي تقدمها المؤسسة التعليمية من الأولويات المهمة لتحسين وتطوير مهارات الكوادر الوظيفية لمختلف المستويات التعليمية والتخصصية وانطلاقاً من دور الجامعة كمؤسسة ريادية لتطوير المجتمع فإنها مدعوة إلى تبني مفهوم الجامعة كمركز لخدمة مؤسسات المجتمع. عليه فإن جودة تلك البرامج تعتمد على عدة مبادئ وهي: (Hughes, 1998)

1- أن تحقق برامج التدريب التطابق أو التوافق ما بين الأفكار النظرية والممارسات العلمية.

2- تلبية الحاجات المهنية للمتدربين.

3- المرونة وتعدد الاختبارات في برنامج التدريب.

4- توجه برامج التدريب نحو الكفايات التعليمية.

5- استمرار تحسين عملية تدريب المتدربين.

6- استثمار تكنولوجية البرامج التدريبية لنتائج البحوث والدراسات العلمية.

3- الاستشارات العلمية Scientific Consultations

تعد الاستشارات العلمية أحد أهم المخرجات التي تتميز بها المؤسسات التعليمية الكفائية، وهي بذات الوقت مقياساً مهماً من مقاييس جودة تلك المؤسسات وضرورة من ضروراتها، وتتنوع صور وآليات الاستشارات العلمية تبعاً لنوعها وطبيعة بيئتها، ومهما اختلفت فإنها تجسد نافذة علمية مفتوحة تجاه المجتمع ومؤسسات سوق العمل لتقدم لهم الدعم والمساعدات المعرفية والإرشاد والدراسات النظرية والتطبيقية وغيرها، وفضلاً عن القدرات العلمية التي تتميز بها النوافذ الاستشارية فإن نجاحها يعتمد على مستوى وعي وثقافة المجتمع ومؤسساته المختلفة.

4- المشاريع العلمية Scientific Projects

يقصد بالمشاريع العلمية ببساطة قيام جهة علمية (قسم علمي أو بعضاً من التدريسيين) بدارسة مستقيضة لظاهرة معينة في مكون واحد أو أكثر من مكونات البيئة ذات العلاقة المباشرة أو غير المباشرة بالمجتمع، ووضع الخطط الكفيلة لتطويرها وتحسينها أو للتخلص من مساوئها الحالية والمتوقعة، ومهما يكن حجم المشاريع العلمية فإنها تعد من أهم الثمار العلمية التي تنتجها المؤسسات التعليمية والبحثية، حيث يلعب المختصون في المؤسسة التعليمية الدور الريادي في المشروع العلمي ويتوجب عليهم إثبات ذلك بشكل واضح ومقنع لجميع المؤسسات المجتمعية الأخرى، لذا فإن المشروع العلمي تتوقف جودته بناءاً على عمق العلاقة بين المؤسسة التعليمية والمجتمع وقدرة تلك المؤسسة على متابعتها لمعطيات البيئة المحيطة بكافة مكوناتها.

5- الكتب والمؤلفات العلمية الموجهة إلى خدمة المجتمع Scientific Publications and Books

يركز هذا العنصر من عناصر المخرجات على التفوق النوعي للمعرفة الذي تتميز به المؤسسة التعليمية على غيرها من المؤسسات المنتجة للمعرفة بما يمّكن من تطوير

وإدراك المستويات العلمية والثقافية التي يحتاجها أفراد المجتمع، ويجب أن يميز المؤلفين والباحثين في المؤسسة التعليمية بين الكتب والمؤلفات الموجهة إلى خدمة المجتمع عن تلك الموجهة إلى المستفيدين من داخل المؤسسة التعليمية، إذ إن المجتمع عادة ما يتميز بتنوعه الفكري وتفاوت المستويات الإدراكية لأفراده في حين أن المستفيدين من داخل المؤسسة التعليمية عادة ما يكونوا من المتعلمين والمهتمين وذوي الاختصاص، وعموماً فإن ما يوجه إلى المجتمع من كتب ومؤلفات يجب أن يضمن تحقيق الأبعاد الآتية لكل يضمن تحقيق جودة خدمة المجتمع.

1- الإبداع والابتكار، فالمجتمع يبحث دائماً عن التجديد ولا ينجذب إلى المنتج التقليدي.

2- المرونة العقلية والذهنية التي تمكن من جذب أكبر قدر ممكن من المستويات الفكرية إلى المنتج.

3- الاهتمام المتوازن بتعلم الثقافات والعادات، فالاستجابة المطلوبة من المجتمع إلى المنتج الفكري تتطلب القدرة على تكييف المنتج بحسب رغبات وطموحات أفراد المجتمع.

4- المعرفة الذاتية بالحاجة الفعلية الدقيقة لمواصفات المنتج الفكري.

6- البحث العلمي Scientific Research

يحتل البحث العلمي أولوية من أولويات المؤسسة التعليمية، ويمكن القول بأن جودة البحث العلمي تشكل خاصية رئيسة تميز المؤسسة التعليمية عن غيرها من المؤسسات الأخرى (الحاج وآخرون، 2008)، وتأتي علاقة البحث العلمي بمؤسسات سوق العمل من ارتكازه على الدراسات النظرية والتطبيقية ذات العلاقة بمشكلات المجتمع وحاجاته الفعلية، وبما إن البحث العلمي أحد عناصر مخرجات العملية التعليمية فإن مؤشرات الجودة المرتبطة به تعتمد على ما يلي:

1- توفر أجواء البحث العلمي وتشجيع هيئة التدريس على تنفيذ البحوث العلمية المتصلة بحاجات المجتمع وسوق العمل.

2- وجود أولوية للأبحاث العلمية الميدانية ذات المردود المادي الاقتصادي لمؤسسات المجتمع.

3- إسهام فرق العمل البحثية في خدمة قطاعات الإنتاج المختلفة بالمجتمع.

4- توافر موازنة مالية خاصة لدعم البحث العلمي ونشره.

5- توسيع دائرة العلاقات مع مؤسسات البحث العلمي المختلفة إينما وجدت.

7-المؤتمرات والندوات Conferences and Seminars

تلعب المؤتمرات والندوات دوراً مهماً في تبادل المعرفة وتحديث المعلومات وتلاقح الأفكار وتوضيح الـرؤى في كافة التخصصـات، وهـي مقياس مهـم مـن مقاييس كفاءة المؤسسة التعليمية، لذا فهي تعد من أهم مخرجات المؤسسة التعليمية الموجهة إلى المستفيد الداخلي والخارجي بنفس الوقت، ويلعب التخطيط السليم والدقيق للمـؤتمرات والندوات دوراً هامـاً يتوقف عليه نجاح أهدافها وغاياتها، ولضمان تحقيق ذلك ينبغي على المختصين في المؤسسـة التعليمية إيلاء احتياجات مؤسسات المجتمع المختلفة ومشكلاتها المعرفية والثقافيـة اهتمامـاً كبيراً، وإن تفعيل أو تطبيق نتائج مثل هذه البرامج يقدم دليلاً واضحاً لضمان جودتها.

8-سمعة المؤسسة ورضا المستفيد Satisfaction and Reputation

تسعى المؤسسات التعليمية عمومـاً إلى المحافظة على سمعتها وتحقيق رضا المستفيد الذي يمثل رأيه قراراً مهماً لابد وأن يؤخذ في الحسبان عند قياس جودة المخرجات، وهـذا يتطلب المتابعة الدقيقـة لاحتياجات المسـتفيدين وترجمتها بالشـكل السـليم لتتوافـق مـع المعايـير المحددة، وعلى أن تمارس المؤسسات التعليمية مسؤوليتها تجاه المجتمع مـن خلال المتابعة الدوريـة والمستمرة لسـمعتها والمحافظـة عـلى المؤشرات الإيجابيـة واعتمادهـا وفقـاً لمنظـور استراتيجي، فضلاً عـن معالجـة مكامن التصدع في هـذه العلاقـة واعتماد الحلـول الكفيلة باستبعاد المؤشرات السلبية.

***

الفصل السادس

تجارب عالمية وعربية في إدارة الجودة الشاملة
في مؤسسات التعليم العالي

تمهيد

إن تطبيق إدارة الجودة الشاملة في العديد من الدول المتقدمة كالولايات المتحدة الأمريكية واليابان والمملكة المتحدة، وما تحقق من نجاحات في المؤسسات التي تبنت هذا الاسلوب على مستوى تحسين المنتج وزيادة الطلب على هذه المنتجات في المجال الاقتصادي والصناعي والتكنولوجي، أوجد مبرراً قوياً لتطبيق هذا النظام في المؤسسات التعليمية في العديد من الدول، وذلك لما أحرزته من تفوق كبير في تطبيق هذا المفهوم في هذه المؤسسات، إذ تزايد عدد المؤسسات التعليمية التي تخضع لهذا النظام، فقد تزايد عدد مؤسسات التعليم العالي التي تتبنى إدارة الجودة الشاملة في الولايات المتحدة الأمريكية من (78) مؤسسة في عام 1980 إلى (2196) مؤسسة في عام 1991 بالإضافة إلى الكثير من المؤسسات في الدول المتقدمة، وبعض الدول النامية التي تزيد عدد المؤسسات المطبقة لهذا النظام فيه ازدياد مطرداً، وبذلك فإنها وكما في أي مدرسة إدارية أخرى تكون قد سبقت بذلك تطبيقها وتبنيها في الإدارة التربوية بشكل عام وفي إدارة مؤسسات التعليم العالي بشكل خاص (زيدان، 1997)، وفيما يلي عرض لبعض الجامعات التي طبقت إدارة الجودة الشاملة في إدارتها (بدح، 2003) ومنها:

1- جامعة ولاية أوريجون (Oregon State University):

وضعت هذه الجامعة هدفاً لها بتطبيق إدارة الجودة الشاملة خلال خمس سنوات من عام 1989، وهي بهذا تعد من أشهر وأشمل محاولات تطبيق الجودة في مؤسسات التعليم الجامعي الأمريكية، وأهم الخطوات التي تم إتباعها كما وصفها الباحثان لويس وسميث (Lewis & Smith, 1994) ما يأتي:

- توضيح فلسفة ومفهوم إدارة الجودة وأسسها والأهداف التي حددها مجلس إدارة الجودة.
- التعريف بمبادئ الجودة وطرق تطبيقها لجميع العاملين في الهيئتين الإدارية والأكاديمية.
- تقييم الوضع الحالي في الجامعة بالمقارنة مع أسس إدارة الجودة ومعاييرها بهدف تحديد الوضع الحالي للجامعة.

- مناقشة نتائج التقييم مع العملاء الداخليين والخارجيين وعرض هذه النتائج على مجلس وقيادة الجودة.
- تحديد المواضع التي تطلب التحسين وتطبيق سياسة الجودة الشاملة وتوجيه الجهود لها بعقد لقاءات تعريفية رسمية أو عن طريق التقارير الخطية.
- تكليف فريق عمل بمتابعة الجودة يضم في عضويته أشخاصاً أكفاء من مختلف كليات الجامعة.
- تدريب فريق متابعة الجودو وأعضاء مجلسها على الأمور الفنية في الجودة وتعريفهم بمفاهيمها.
- تحديد الفرق المنوط بها تحقيق الأهداف الوظيفية والتنفيذية وحل المشكلات التي تعيق التنفيذ لإدارة الجودة الشاملة.
- توعية جميع العاملين في الجامعة بطرق التقييم الذاتي والتحسين عن طريق الاجتماعات واللقاءات وورش العمل والإرشادات.
- وضع المحكات والإجراءات التي من شأنها تقييم جهود إدارة الجودة الشاملة ومدى التحسين والتطوير المحدث.
- تنمية وتطوير وتدريب العاملين لمنع حدوث أخطاء أثناء عمليات التنفيذ للخطط والمشروعات المستقبلية.
- تقييم الوضع الكلي للمراحل المنفذة من برامج الجودة بهدف الحصول على تغذية راجعة عن أثر تطبيق الجودة ومدى التحسن الحاصل في أداء أعمال الجامعة.

وقد أسفر تطبيق الجودة في هذه الجامعة إلى نتائج إيجابية أهمها: توفير الوقت وتنمية العمل بروح الفريق، وتنمية مهارات حل المشكلات، وزيادة الرضا الوظيفي لدى العاملين وإشباع رغباتهم وحاجاتهم.

2- جامعة شمال غرب ولاية ميسوري (Northwest Missouri State University):

بدأت هذه الجامعة بتطبيق الجودة في عام (1986)، وفي عام (1991) قامت بتطوير ثقافتها الخاصة عن الجودة مع دراسة الوثيقة برنامج جائزة مالكو بولدرج الوطنية

(Malcolm Baldrige National Quality Award for Education) وفي سنة 1997 فازت الجامعة بجائزة ميسوري للجودة التي تعتمد على مبادئ بولدرج بوصفها أنموذجاً للتخطيط، وعملت الجامعة على تطوير وإعداد هيكلة في نظامها وأدخلت عمليات التخطيط الاستراتيجية ووضعت معايير ونقاط مرجعية لقياس الأداء وقد تبنت ثقافة تنظيمية جديدة معتمدة بها على فلسفة ومبادئ الجودة الشاملة والتي أدت على العديد من النجاحات منها ما يأتي (كرونسكسي، 2000):

- العمل على دمج سبع كليات في أربع.
- إلغاء أربع وثلاثين برنامجاً لم تكن المشاركة فيه بالمستوى أو الجودة المطلوبة.
- زيادة رواتب أعضاء الهيئة التدريسية في الجامعة.
- تحديد ما ينبغي على الطالب تعلمه من الكفاءات.
- الارتقاء بالجامعة من حالة العجز المقدر بمليون دولار إلى فائض احتياطي قدرة ثلاثة ملايين دولار.
- زيادة عدد الطلاب بنسبة 26% من قدرة الجامعة الاستيعابية.
- إقامة أول حرم جامعي إلكتروني في الولايات المتحدة الأمريكية.
- إقامة امتحانات نهائية شاملة في مختلف الأقسام للتخرج.

3- تجربة جامعة ويسكنسون (Wisconsin University):

قامت جامعة ويسكنسون في عام 1990 بوضع خطة لتطبيق مبادئ وطرق إدارة الجودة الشاملة، وقد عرفت هذه الخطة (قيادة الجودة الشاملة) على أنها مدخل هام في الإدارة يستخدم الطريقة العلمية وإسهامات جميع الأفراد في التطوير المستمر لكل شيء تقوم به المؤسسة بهدف مواجهة توقعات المستفيد، وقد تضمن إطار عمل هذه الخطة ثماني مجموعات على النحو التالي:

فريق القيادة: وتتلخص مسؤولياته في تطوير رؤية القيادة في الجودة الشاملة من حيث الأهداف ومعايير النجاح والقضايا الرئيسة التي يجب التعامل معها والطرق التي يجب أن تتبع.

مكتب الجودة: وهو عبارة عن مجموعة من الأفراد تقوم بالإرشاد والتسهيل والمعاونة في تنفيذ فلسفة وطرق الجودة الشاملة.

فريق التنفيذ: ويتكون من أعضاء هيئة التدريس وذوي الخبرة والمعرفة.

أقسام التحول: وتشمل الأقسام التي ستطبق عليها إدارة الخبرة والمعرفة.

الشبكة الداخلية: وتتضمن اللقاءات الشهيرة مع المحدثين عن موضوعات الجودة والجهود الأخرى المبذولة في المجال بهدف تدريب الأفراد.

فريق النصح: وهو فريق من الخبراء الذين يمثلون المؤسسات العامة والخاصة، ويلتقون مرتين كل عام.

فريق الممولين: ويتضمن هذا الفريق الجهات التي تقدم الإعانات لتنفيذ هذه العملية وتتمثل الإعانات إعانة مادية، وتدريبية، واستشارية، من جهات ذات خبرات سابقة في التطبيق.

الشكبة الخارجية: وتتمثل في مواصلة مكتب جودة الاتصال بالكليات والجامعات الأخرى، التي تطبق الجودة كذلك بالمستشارين في القطاع الخاص والجهات الحكومية والجامعات الأخرى على مستوى الدولة.

وقد توصلت الجامعة إلى أن تطبيق هذه الخطوات بدقة يحقق للجامعة مكاسب كثيرة منها: تقليل التكاليف، تقليل الفاقد والهدر، تقليل القلق والمنازعات بين العاملين (الكيومي، 2003).

4- تجربة جامعة جرفث الأسترالية (Griffith University):

أشار ميدي (Meade, 1995) أن جامعة جرفث تأسست في عام 1970م وهدفت نحو الاستجابة للمحاسبة الخارجية، وفي نفس الوقت صممت استراتيجية لتحري الجودة في مختلف قطاعات الجامعة، أما تطبيق إدارة الجودة فقد شمل الخطوات التالية:

أ- **خطة إدارة الجودة:** عين مجلس الجامعة مساعد نائب رئيس الجامعة لتطوير الجودة، وهذا التعين هدف لتعزيز مشاركة الجميع في تطوير جودة الأنشطة الجامعية والمبادئ الاساسية لهذا البرنامج كانت:

- أن يأخذ نائب الرئيس وكبار المسؤولين مسؤولية قيادة برنامج تطوير الجودة.

- الالتزام بتطبيق الجودة في أعمال جميع الوحدات بالجامعة.
- التحسين المستمر مسؤولية الجميع.
- توظيف مناسب لجميع المصادر لدعم إدارة الجودة.
- مسؤولية إدارة الجودة تمنح للمستويات العملية.
- تشجيع تنوع أنماط إدارة الجودة.
- تطوير العاملين لمواكبة إدارة الجودة.
- فاعلية إدارة الجودة تصنف بالآتي:

- الفاعلية.
- الاستجابة.
- التخطيط والإبداع.
- الاتصال.
- استخدام المعايير للحكم على الأداء.
- التقويم للتحسين.
- إدارة نظم المعلومات.
- خطة لتطبيق التغيير.
- فاعلية التكليف.

ب- **خطة إدارة الجودة والتعلم:** إن خطة إدارة جودة عمليات التعليم والتعلم اعتمدت كمحرك للتحسين، وبناء أفضل ممارسات لعملية التعليم والتعلم في جميع أرجاء الجامعة، وتطالب الخطة مراجعة تلك العمليات من قبل الأعضاء والأقسام كخطوة أولية لتحديد مواطن القوة والضعف والفاعلية والكفاءة المتعلقة بجميع المقررات من أجل التحسين.

ج- خطة إدارة جودة البحث العلمي تتضمن خطة إدارة جودة البحث العلمي الأبعاد الآتية:

- الخطوط العريضة لعمليات البحث.
- فرص التنافس الوطني لنيل تمويل ودعم مركز البحث.
- طرق مقررات الدراسات العليا.

- التقويم والملاحظة والمراجعة.

د- تنفيذ تطبيق الجودة:

- كل كلية شكلت لجنة للجودة لتوفير القيادة ولرفع وتوفير وتحسين الجودة في الكلية ومسؤوليات المسؤولين فيها.
- مع تأكيد المسؤولية، أداء الأهداف تحقق حسب الوقت المحدد.
- البرنامج كان واضحاً لجميع أعضاء الجامعة.
- خطة تطبيق إدارة الجودة في جامعة جرفت وضعت بمشاركة المستفيدين من خدمات الجامعة.

5- جامعة ألستر (University of Ulster):

وضعت هذه الجامعة البريطانية معايير لتدريس جزء من نظام إدارة الجودة الشاملة في التعليم وطرق التدريس وبدأت الجامعة بتحديد وتطوير التوعية في التدريس وتضمن برنامج الجامعة استشارة التدريسيين من ذوي الخبرة والمهارة بموضوعات حلقات النوعية (Quality Circles) للموظفين في الإدارة المختلفة، وكذلك للطلبة للوصول إلى معايير خاصة بالتدريس ومنها الأخذ برأي الطلبة في التدريس وتعيين ذوي الخبرة في التدريس واعتماد الكفاءة التدريسية عند اختيار المدرسين.

6- جامعة وولفرهامتين (University of Wolverhampton):

وهي من الجامعات البريطانية التي اتخذت قراراً بتطبيق إدارة الجودة الشاملة ومن ثم تطوير نظام ضمان النوعية (Q.A.S) ضمن المعايير النوعية العالمية (ISO 9000).

7- جامعة أوستن (Aston University):

أدرجت جامعة أوستن في بريطانيا موضوع النوعية ضمن خططها الاستراتيجية وقد استخدمت فلسفة وتقنيات إدارة الجودة الشاملة كوسائل لضمان استمرارية التقدم والتطوير في أنشطتها المختلفة.

وفي كندا ارتبطت مطالب الجودة في الجامعات والكليات بما يأتي (زيدان، 1997):

● سياسة قبول الطلاب.

- البرامج التعليمية والتربوية.
- هيئة التدريس.
- الإداريين.
- الخدمات المعهدية المساعدة.

8- جامعة ماريلاند (Maryland University):

لقد بدأت رحلة جامعة ماريلاند نحو إدارة الجودة الشاملة في عام 1990، وذلك عندما أبدى رئيس الجامعة اهتماماً كبيراً بتطبيق إدارة الجودة الشاملة في الجامعة. إن محاولة الجامعة تطبيق إدارة الجودة الشاملة كان للضرورة والرغبة في التفوق وكان هناك ثالثة عوامل رئيسة حفزت رئيس الجامعة إلى الاهتمام بتطبيق إدارة الجودة الشاملة وهي:

- عدم التساوي في نوعية الخدمات التي تقدمها الجامعة، حيث كانت هناك وحدات في الجامعة متفوقة في تقديم خدماتها، بينما هناك أقسام أخرى خدماتها دون المستوى المطلوب، وقد وجد رئيس الجامعة أن أدوات إدارة الجودة الشاملة تقدم طرقاً منظمة لفهم احتياجات المستفيدين من الطلبة والعاملين والاستجابة لها.
- الصعوبات المالية التي كانت تواجه الجامعة باعتبارها جامعة حكومية، حيث تم اقتطاع 20% من الدعم الحكومي لها في عام 1990 مما اضطر الجامعة إلى الاستغناء عن بعض موظفيها، والتقليل من برامجها التعليمية، والعمل ضمن المصادر المالية المحدودة المتوفرة. وقد كان يعتقد رئيس الجامعة أن الحل الوحيد للتعامل مع هذا الوضع هو تطبيق إدارة الجودة الشاملة للتقليل من الإجراءات غير الضرورية والتي من شأنها أن تؤدي إلى ضياع المصادر.
- لقد كان كثير من قادة المؤسسات الصناعية يتكلمون عن التغييرات الثقافية التي تنتج عن تطبيق إدارة الجودة الشاملة، وما أدت إليه هذه الفلسفة الإدارية الجديدة من تحسين الوضع المالي لهذه المؤسسة. وبالتالي قرر الرئيس

اكتشاف ما يمكن أن يؤدي إليه تطبيق إدارة الجودة الشاملة من تغييرات في البيئة الأكاديمية.

وقد تم تدريب رئيس الجامعة وفريق الإدارة العليا على إدارة الجودة الشاملة ومدى ملاءمتها لقيم الجامعة وأهدافها، كما قام الرئيس بتعيين لجنة تخطيط تضم عدداً من أعضاء الهيئة التدريسية والطلبة في الجامعة لتطوير وإيجاد الاستراتيجيات المناسبة لتطبيق إدارة الجودة الشاملة. وقد قامت اللجنة بوضع خطة تتضمن أهدافاً واقعية تدعو إلى إشراك كافة الوحدات في الجامعة – وبشكل تدريجي – في برامج تدريبية على إدارة الجودة الشاملة. ويكون مجلس تحسين الجودة هو المسؤول عن تنفيذ جهود التحسين المستمر في الجامعة. وفي المجالات الإدارية تم تأسيس مكتب التحسين المستمر لتقديم التدريب المناسب لموظفي الجامعة في مختلف الوحدات الإدارية والمسؤولة عن تقديم الخدمات الطلابية، مثل قسم التسجيل والمركز الصحي، والاتصالات، في مواضيع الجودة الشاملة (ناجي، 1998).

9- جامعة جنون كولورادو (The University of Southern Colorado):

بدأت جامعة كولورادو هذه التجربة في عام 1993 في كلية إدارة الأعمال حيث اشتملت على عدة عناصر أساسية لتطبيق إدارة الجودة الشاملة وهي:

- تحديد رسالة محددة وواضحة للكلية تم صياغتها على أن تكون "كلية إدارة الأعمال متميزة على مستوى العالم" World-Class School of Business.

- أن تفيد المحور الرئيس المباشر وهو الطالب (الذي أطلق عليه Customer) لتحقيق هدفها النهائي وهو إفادة المؤسسات التي سوف يعمل فيها خريجو الكلية.

- تتكون جودة الخريج من ثلاثة عناصر أساسية يجب إكسابه أياها: وهي المعارف والمهارات والاتجاهات. وتمثل هذه العناصر الثلاثة جودة التصميم (Design Quality) للخريج الذي يتم تقديمه لسوق العمل.

- يمكن تطبيق مفهوم جودة الأداء (Performance Quality) عن طريق متابعة أداء الخريج، من حيث قدرته على تلبية الاحتياجات الحقيقية للجهات

التي قامت بتعينه، بالإضافة إلى قدرته على تحقيق تقدم حقيقي ذاتي طلة حياته الوظيفية.

- العمل الجامعي من قبل كل أجزاء الكلية وأقسامها، لتحقيق العناصر الثالثة الواجب توافرها في الخريج، بدلاً من التركيز على عنصر المعرفة (Knowledge) - فقط - الذي درجت عليه الممارسات الأكاديمية التقليدية.

ولتحديد العناصر الأساسية الخمسة التي سبق ذكرها لنظام إدارة الجودة الشاملة في كلية الإدارة، تم تحديد ثلاث عمليات أساسية، يجب التركيز عليها وتفهمها وتحسينها بشكل مستمر، حتى يمكن تحقيق هذا التغيير الجوهري، وهو تطور المناهج، ونجاح الطلبة، وتطوير هيئة التدريس (بدح، 2003).

10- جامعة بنسلفانيا (Pennsylvenia University):

قامت جامعة بنسلفانيا بتطبيق إدارة الجودة الشاملة - في بداية الأمر - في إحدى كلياتها وهي كلية وارتون للتجارة، وفيما بعد، تم نشر الجودة الشاملة في الكليات الإثنتي عشرة الموجودة في الجامعة، وتم تشكيل مجلس الجودة بالإضافة إلى أربع فرق لتحسين الجودة، وقد استطاعت هذه الفرق - ومن خلال التخطيط الاستراتيجي - صياغة أهداف واستراتيجيات لدعم رسالتي البحث والتعليم في الجامعة والتركيز على خدمة المستفيدين، وإشباع حاجاتهم ضمن أقل كلفة ممكنة. وتقوم الجامعة بتطبيق إدارة الجودة الشاملة في جميع عملياتها الإدارية والتعليمة فقد قامت بإعادة تقييم مناجها الدراسية، كما تم البدء بتدريس مساقات الجودة لطلبة البكالوريوس والماجستير والدكتوراة في إدارة الأعمال. وتعتبر إدارة الجامعة أن رحلتها نحو إدارة الجودة الشاملة مستمرة (بدح، 2003).

ومن الجامعات الأمريكية الأخرى التي طبقت إدارة الجودة الشاملة جامعة ويسكنسون عام 1990، وكلية إدارة الأعمال في جامعة هيوستن 1995 وكلية ديلاوير عام 1985 وجامعة شمال غرب ولاية ميسوري (بدح، 2003).

إن تطبيق الجامعات لإدارة الجودة الشاملة يمكنها من عمل ما يلي:

- الاستجابة بسرعة لاحتياجات الطلبة، وتحديد توقعاتهم، واكتشاف مدى رضاهم حتى تتمكن المؤسسة من الاستجابة بشكل أسرع لاحتياجاتهم.

- تركيز المصادر المحدودة للمؤسسة على الأنشطة التي ترضي حاجات الطلبة، فإن استعمال البيانات والمعلومات المتعلقة برضاهم، تمكن من إزالة الخدمات التي لا تؤدي لرضاهم.

- عمل التحسينات بطريقة منتظمة، فمن خلال عملية حل المشكلات يمكن تحليل الحقائق بشكل أدق وأوضح، وعمل الإجراءات اللازمة بالاعتماد على هذه الحقائق، وفحص النتائج، ومن ثم تزداد فعالية المؤسسة.

- إشراك القدرات المبدعة لكل أفراد المؤسسة. فالتطبيق الفعال لاستراتيجية إدارة الجودة الشاملة في التعليم الجامعي يتطلب مشاركة كل أفراد المؤسسة في عملية التغيير والتحسين المستمر.

- التركيز على عملية التحسين، وعندما تكون النتائج غير مقبولة فإنه يمكن إجراء التعديلات المناسبة على هذه العمليات للحصول على النتائج المطلوبة (ناجي، 1998).

* سلسلة مواصفات الأيزو في التعليم الجامعي:

تعتبر سلسلة مواصفات الأيزو 9000 مجموعة مترابطة من المعايير الدولية اللازمة لتطبيق منظومات إدارة الجودة لضمان استمرارية فعاليات العمل، وتعتبر مواصفات أيزو 8402 دليل مصطلحات والمواصفات والمفاهيم، وتشمل سلسلة مواصفات الأيزو 9000 ما يلي:

1- المواصفة 9000 وهي عبارة عن خريطة عامة لسلسة المواصفات التي تساعد المستخدم في تطبيق المواصفات 9001، 9002، 9003، 9004.

2- تضع المواصفة 9004 الإرشادات اللازمة لتطبيق ومراجعة المنظومة التطبيقية لإدارة الجودة الشاملة.

3- أما المواصفات 2001، 2002، 2003 فهي نماذج لتوكيد الجودة الخارجية على النحو التالي:

أيزو 9001: تشمل تصميم التعليم الجامعي وإدخال الأجزاء المساعدة وأقسامها وخدمة البرامج التعليمية.

أيزو 9002: تشمل تشغيل الخدمات التعليمية الجامعية وإنتاجها.

أيزو 9003: تشمل الفحوصات والاختبارات النهائية والعمليات التي يقدمها الغير للجامعات كمنح والمعونات والطباعة – مثلاً – إذا كانت تتم خارج الجامعة.

أيزو 14000: مواصفات تحقيق البيئة النظيفة بعيداً عن الملوثات.

متطلبات أيزو 9001 بالجامعات:

تتطلب ISO 9001 مجموعة من العناصر الرئيسة اللازمة لإعداد المخططات والرسومات والتصميمات المطلوبة لإدارة الجامعة بالجودة الشاملة، وهي:

- مستويات الإدارة الجامعية.
- منظومة جودة التعليم الجامعي.
- مراجعة العقود والقوانين.
- مراقبة التصميمات والمخططات.
- مراقبة المستندات والملفات.
- مشروعات المشتريات والاستيراد والتوريدات.
- مراقبة العمليات المختلفة.
- اختيار العمليات والأنشطة وفحصها قبل الإنجاز وبعده.
- إعداد تقارير النتائج وسجلاتها.
- توفير أجهزة القياس والفحص والاختبار.
- إعداد سجلات وملفات الجودة.
- إعداد تقارير الرقابة المانعة والرقابة العلاجية.
- المراجعة الداخلية للجودة.
- مراقبة العمليات والأنشطة غير المطابقة للشروط.
- توصيل الخدمات للأفراد والجهات المعنية.
- متابعة تنفيذ مواصفات جودة التعليم الجامعي.

- التدريب على تطبيق أيزو التعليم الجامعي.
- الأساليب الإحصائية والرياضية لاختبارات التراخصي وخرائط جودة التعليم الجامعي بمراحله المختلفة.

وتستخدم تلك الأدوات مع المراجعة الداخلية الدورية التي لا تركز – فقط – على مجرد قياس الأرقام، بل لربط النتائج المختلفة ومحاولة استقراء الخلاصات والاستنتاجات وبناء (السيناريوهات) المستقبلية، وتغيير مسارها في حالة الضرورة (النجار، 1999).

أما في ألمانيا فبدأ تطبيق الإجراءات التنظيمية لتحسين وضمان نوعية (Quality Assurance) في عام 1995، حيث تم اتخاذ بعض الإجراءات وبمراحل متعددة تتعلق بتطوير وتقييم أسلوب التعليم وطرق التدريس في مؤسسات ومعاهد التعليم العالي واستخدام أسلوب التقييمات الداخلية والخارجية (Internal and External Evaluations) نتيجة لضغوط مختلفة داخلية وخارجية.

ونص القانون الدولي للتعليم في الولايات المتحدة الأمريكية عام 1991 على وضع تسعة مؤشرات للجودة في ولاية فلوريدا وهي:

- التقدم التربوي.
- المردود (النواتج) التربوية.
- البقاء (بقاء المعلم في البرنامج مدة كافية لتحقيق الأهداف التربوية).
- انتقاء الطلبة.
- البرنامج التوجيهي.
- تخطيط البرنامج وتقويمه.
- الخدمات التي تقدم للطلبة.
- المنهج والتدريس.
- تنمية هيئة التدريس.

وفي بنسلفانيا تم وضع مؤشرات الجودة من عدة محاور ويتدرج تحت كل محور عدة مؤشرات وهي:

- التقدم التربوي.

- تخطيط البرنامج.
- المسؤولية (التسجيل الفوري للأداء).
- المنهج والتدريس.
- الخدمات الطلابية.
- انتقاء الطلاب.
- بقاء الطلاب.
- تنمية هيئة التدريس.
- التدريسيون.
- تنمية مهارات التعامل مع الآخرين (Valerie, 1998).

ووفقاً لمعايير اليونسكو للتعليم الذي أقيم في باريس في أكتوبر عام 1998 فقد نص على أن الجودة في التعليم العالي ينبغي أن تشمل جميع وظائف التعليم وأنشطته مثل: المناهج الدراسية، والبرامج التعليمية، والبحوث العلمية، والطلاب، والمباني والمرافق والأدوات، وتوفير الخدمات للمجتمع المحلي، والتعليم الذاتي الداخلي،وتحديد معايير مقارنة الجودة معترف به دولياً.

* التجارب العالمية الناجحة لهيئات ضمان الجودة والاعتماد الأكاديمي:

1-التجربة البريطانية:

إن التجربة البريطانية في مجال توكيد الجودة في مؤسسات التعليم العالي عريقة ومتجذرة وتم نقلها إلى العديد من الدول، تتركز إجراءات توكيد الجودة المتبعة في بريطانيا على إخضاع مؤسسات التعليم العالي البريطانية والتي تجاوز عددها (180) مؤسسة إلى عمليات التقويم الخارجي التي تركز على الآتي:

أ- تقويم جودة المواضيع الدراسية (Subject-Based Assessments) حيث تقوم لجنة فنية مشكلة من قبل وكالة توكيد الجودة في التعليم العالي Quality (QAA) Assurance Agency for Higher Education بزيارة ميدانية للجامعة للتحقق من بنود التقويم الذاتي التي قدمتها الجامعة والتي يشمل عادة تفحص ستة بنود أساسية تضم:

- تصميم الخطة الدراسية وتنظيم محتوى المنهاج.
- طرق وأساليب التدريس والتعليم والتقييم.
- أساليب دعم وإرشاد الطلبة (المساندة الطلابية).
- مستويات أداء وتقدم الطلبة.
- مصادر التعليم والتعلم المتوفرة لتدريس الموضوع مدار التقييم.
- إدارة الجودة والتحسين وأساليب تطوير الأداء النوعي للبرنامج.

بعد ذلك يتم إعداد التقرير الذي يشمل تقييم الموضوع الدراسي في البنود المشار إليها ووضع علامة لكل بند وتعتبر الجامعة معتمدة بالموضوع المقيم إذا حصلت على مجموع علامات يفوق 21 نقطة من أصل 24 نقطة مقسمة بواقع 4 نقاط على كل بند من البنود الستة.

ب- المراجعة الأكاديمية للجامعة (Institutional Audit) وهذا النوع من التقويم الخارجي يتم على مستوى الجامعة حيث يقوم فريق مراجعة خارجي بزيارة الجامعة عادة لمدة خمسة أيام للتأكيد من جودة التعليم في الجامعة بعد إطلاع الفريق على التقويم الذاتي الذي قدمته الجامعة.

وتفحص البيئة التعليمية في الجامعة واستقصاء الحقائق حولها من خلال لقاءات الفريق مع الطلبة والأساتذة ومسئوولي الجودة في الجامعة ثم يقوم فريق المراجعة الأكاديمية بكتابة تقريره الذي يحدد به مدى ثقته في مستوى التعليم في الجامعة ويكون أحد الخيارات الثالثة التالية: ثقة عالية، أو ثقة محدودة، أو عدم الثقة.

وقد طبقت إجراءات التقويم الخارجي على المواضيع الدراسية التي تطرحها الجامعة البريطانية المفتوحة وحقق نتائج ممتازة في العديد منها حيث حصلت على علامة ممتاز 24 من 24 على سبيل المثال في علوم الأرض والموسيقى والهندسة وتفوقت في بعضها على أعرق الجامعات البريطانية مثل أكسفورد.

2-تجربة الولايات المتحدة الأمريكية:

الولايات المتحدة هي أول من راعى مبدأ توازي "الحرية والجودة"، حيث سمحت لمئات بل آلاف المؤسسات التعليمية أن تنتشر وفي نفس الوقت ومنذ أوائل القرن العشرين أنشأت الآليات المناسبة التي تتابع جودة أداء هذه المؤسسات وتعتمد ما يستحق منها

الاعتماد Accreditation وتجعل نتائج هذه المتابعة متاحة لراغبي التعليم حتى يكونوا على بينة من موقف مؤسسات التعليم المتاحة.

مؤسسات التعليم العالي في الولايات المتحدة الأمريكية تشبه إلى حد كبير المؤسسات الخاصة التي تتمتع باستقلالية كبيرة وسلطة تمثل بمجالس إدارة هذه المؤسسات، ولذلك فإن المسؤولية تقع على مؤسسات التعليم العالي لتنظيم نفسها وإيجاد موارد لها وإلا فقدت هذه المؤسسات مواردها وطلابها الذين يتجهون بالتالي نحو المؤسسات المنافسة، ويتخذ الاعتماد في الولايات المتحدة الأمريكية شكلين:

- اعتماد مؤسسي Institutional Accreditation وتقوم به مجالس إقليمية تابعة لمؤسسات التعليم العالي نفسها.
- اعتماد تخصصي Program Accreditation للبرامج الدراسية تقوم به لجان متخصصة مثل مجلس اعتماد الهندسة والتكنولوجيا (ABET) والذي يعمل في الثلاثينات من القرن الماضي وهيئة اعتماد التعليم الطبي.

وفي عام 1996 تم إنشاء مجلس اعتماد التعليم العالي (CHEA) The Cuncil for Higher Education Accreditation والذي يهدف إلى إيجاد مؤسسة تتولى الإشراف على مؤسات الاعتماد وهي مؤسسات غير حكومية في التعليم العالي، ويقوم مجلس الاعتماد (CHEA) بالاعتراف بمؤسسات الاعتماد العاملة في مجال التعليم العالي بناءً على معايير محددة يضعها مجلس الاعتماد، ويتم إعادة اعتماد هذه المؤسسات مرة كل 10 سنوات بناءً على تقرير يقدم كل 5 سنوات، والعمل الذي تقوم به مؤسسات الاعتماد هو عمل تطوعي ويتم من خلال المهام الآتية:

- مراجعة عمليات التقييم الذاتي Self-Assessmemnt بواسطة القائمين على المراجعة Peer Reviewers.
- زيارة ميدانية للمؤسسة التعليمية مرة كل عام.
- العمل على جذب متطوعين جدد من المهتمين بالتعليم العالي للانضمام إلى المنظمة.

3-تجربة اليابان:

أخذت اليابان بمواصفات الجودة الشاملة منذ الأربعينات وطورت طرق ومبادئ ديمنج لتلائم البيئة اليابانية، وعمل شيكاوا وهو من علماء الجودة في اليابان على تطوير خطة استراتيجية لتحقيق الجودة الشاملة في اليابان عن طريق دوائر الجودة الشاملة للإنتاج من البداية إلى النهاية واعتمد في ذلك على الارتباط الواسع للمنظمة ككل وتعميم المسؤولية على كل فرد داخل المؤسسة.

ووضع شيكاوا سبعة معايير لعوامل النجاح والتي تعتبر أساساً لنجاح ضبط أو تقويم الجودة الشاملة في اليابان وتتمثل في الآتي:

- العمل على إشتراك جميع العاملين بالمؤسسة في طرح المشكلات وحلولها.
- التركيز على التعليم والتدريب على جميع أشكال الجودة الشاملة لزيادة مقدرة العاملين على المشاركة الفعالة فغالباً ما يبلغ ذلك (30) يوماً في العام للمتدرب.
- استخدام دورات الجودة لتحديد المواصفات ورفع المستوى والتنظيم حيث أنها في حاجة مستمرة للتنمية.
- التوسع في استخدام الطرق الإحصائية والتركيز على تلافي حدوث المشكلات.
- الاتساع القوي لضبط الجودة والرقي بالأنشطة بالإلزام القومي للحفاظ على الجودة الأولية لليابان في العالم.
- تقويم عمل المؤسسة بواسطة الرئيس وأعضاء مجلس الجودة (مرتين سنوياً).
- العلاقة بين العمال بعضهم بعضاً ودوافعهم تجاه المستهلكين هل يتضمن الترحيب والشكوى أو التشجيع أو المخاطرة.

ويسمى الاعتماد في اليابان وهو مفهوم جديد استحدث في عام 2004 ويعني تقييم المؤسسات التعليمية بصورة فردية كما يتم وفق معايير الوكالة القومية لضمان الجودة في اليابان وهي هيئة مفوضة من وزارة التعليم والثقافة والرياضة والعلوم والتكنولوجيا وقد تأثرت اليابان كثيراً ولأسباب تاريخية بالنموذج الأمريكي حيث تم الاعتماد

للجامعات اليابانية هيئة اعتماد الجامعات اليابانية من خلال نظامين هما : الاعتماد Accreditation وإعادة الاعتماد Re-Accreditation.

النظام الأول الاعتماد: يمنح للجامعة التي تتقدم لأول مرة لطلب العضوية الرسمية في هيئة الاعتماد **والنظام الثاني:** يمنح إعادة الاعتماد بعد مرور خمس سنوات من الحصول على الاعتماد الأول بالنسبة للجامعات التي تحصل لأول مرة على الاعتماد ويمنح كل 7 سنوات للجامعات التي حصلت على إعادة الاعتماد من قبل. ولابد أن يمر على إنشاء الجامعات أربع سنوات حتى يكون لها الحق في الانضمام لعضوية الهيئة.

4-التجربة الكورية:

تتمثل التجربة الكورية في تطبيق الجودة الشاملة في التعليم الجامعي في إنشاء وزارة التعليم والمجلس الكوري للتعليم الجامعي هيئة مستقلة داخل المجلس الكوري للتعليم الجامعي أطلق عليها اسم "المجلس الكوري للاعتماد الجامعي" (KCUA) The Korean Council for Unicersity Accreditation ويعتبر أعلى سلطة في تقويم أداء الجامعات الكورية، ويتكون من (16) ستة عشر عضواً ممثلين عن الجامعات والمؤسسات الصناعية والحكومية.

وتتلخص الإجراءات الأساسية لعملية الاعتماد الجامعي في كوريا في الخطوات التالية:

- إجراء دراسة التقويم الذاتي من جانب القسم.
- مراجعة تقرير هذه الدراسة.
- زيارة الفريق للموقع "للجامعة، للكلية، للقسم".
- إعلان النتائج.

وتتضمن مراجعة الدراسة الذاتية قراءة التقرير وإجراء التقويمات من خلال أسئلة محددة لجمع المعلومات الإضافية المطلوبة في أثناء زيارة الموقع بحيث يعد تقرير الفريق الزائر ويرفع إلى المجلس الكوري للاعتماد الجامعي ومن ثم يعد المجلس قائمة بالجامعات والكليات والبرامج الجيدة المعتمدة.

ويعتمد نظام الاعتماد الجامعي الكوري على مجموعة من المعايير يشترط توافرها في الجامعة/الكلية/البرامج، تتمثل في الآتي:

- **الأهداف:** وتتضمن تصنيفات فرعية خاصة بصياغة الأهداف ومضمونها وتنفيذها.

- **المنهج:** وتتضمن تصنيفات فرعية خاصة بصياغة بنية المنهج، ومحتواه وتطويره، وتدريسه وتقويمه.

- **الطلاب:** وتتضمن تصنيفات فرعية خاصة بالقبول والإرشاد، والتوجيه، والأنشطة، والرعاية، وجودة الخريج.

- **هيئة التدريس:** وتتضمن تصنيفات فرعية خاصة بالتوظيف، والتنظيم، والبحث.

- **الإدارة والتمويل:** وتتضمن تصنيفات فرعية خاصة بالشئون الإدارية، والمالية.

- **التسهيلات:** وتتضمن تصنيفات فرعية خاصة بالمبنى وتجهيزاته.

ولكل تصنيف فرعي من هذه التصنيفات الرئيسة الستة توجد بعض الأسئلة التقويمية مثل، هل حدثت تحسينات على المنهج في الخمس سنوات الأخيرة؟ ما متوسط العبء التدريسي لعضو هيئة التدريس بالقسم؟ وهذه الاسئلة منها ما يبحث عن معلومات كيفية ومنها ما يبحث عن معلومات كمية.

5- التجربة الهولندية:

وفي هولندا ظهرت حركة تقييم الجودة في التعليم العالي الهولندي على شكل نظامي ونطاق واسع وشامل للدولة كلها في عام 1988 عندما زود "اتحاد الجامعات الهولندية بالأدوات المناسبة للمارسة مسؤولياته الجديدة ويتألف نظام تقييم الجودة من لجنة زيارة خارجية Visiting Committee (VC) لكل فرع من فروع الدراسة وبعد كل زيارة يتم كتابة تقرير يعتمد على رصد الواقع الفعلي للمؤسسات وعلى التقويم الذاتي وأيضاً عن طريق الخبرة لأعضاء اللجان.

وتتلخص التجربة الهولندية في تطبيق الجودة في التعليم الجامعي الهولندي في النقاط التالية:

- وافقت مؤسسات التعليم الجامعي على تحمل مسؤولية توكيد جودة التعليم العالي بطلب من وزارة التعليم والبحث العلمي وذلك بالاعتماد على خبراء مهنيين مستقلين يتوفر لهم القدرة على إصدار الأحكام على مستوى جودة البحث العلمي والتدريب داخل الجامعات.

- حققت سياسة وزارة التعليم الهولندية بالنسبة لنظام توكيد الجودة في التعليم الجامعي رداً فعلياً إيجابياً مما ساعد على نجاح الكثير من المؤسسات في تشكيل سياسة عامة للتأكيد على الجودة داخلياً وشملت حداً أدنى من الشروط للعمل في الأقسام المختلفة فضلاً عن تطوير سياسة تقويم ناجحة.

- تم تكوين لجان زائرة من بعض الخبرات من الخارج لكي يقوموا بعملية تقييم الأداء الخاص بكل مؤسسة ونتج عن ذلك بعض المناقشات الداخلية حول التعليم من خلال النقد الذاتي وعلى الرغم من أن هذا النقد والتقويم يتسم بالموضوعية في بعض الأحيان إلا أنه في أحيان أخرى يفتقد إلى الأمان والموضوعية ليأخذ شكل وثيقة العلاقات العامة، مما يؤثر سلباً على عمل اللجان الزائرة.

6- التجربة الرومانية:

يتولى المجلس القومي الروماني للاعتماد والتقييم الأكاديمي RNCAAA عملية الاعتماد وضمان الجودة في رومانيا ويشارك هذا المجلس كعضو في بعض الشبكات الدولية لضمان الجودة في التعليم العالي مثل الشبكة الدولية لوكالات ضمان الجودة في التعليم العالي وشبكة وسط وشرق أوروبا لوكالات ضمان الجودة في التعليم العالي، ولذلك فهو يعمل على الحفاظ على مستوى تنافسي في نظام التعليم العالي الروماني. كما يعمل على الاندماج في المجتمع الأوروبي من خلال نظام الاعتماد والجودة التي يتبعه الاتحاد الأوروبي – ويميز المجلس الروماني للاعتماد وضمان الجودة بين وظيفتين رئيستين للاعتماد هما:

- رقابة الجودة للحد الأدنى Minimal Quality Control: وتكون في شكل إعطاء الشهادات العلمية، والتي تخدم كآلية للانتقال من خلال التأكيد على أن المؤسسة التعليمية تحقق الحد الأدنى لمتطلبات الجودة،

وأنها تمتلك الإجراءات المناسبة لمراقبة الجودة، وهذا التوكيد سوف يضمن الحد الأدنى للجودة في المؤسسات التعليمية – سواء كانت عامة أو خاصة – وبالتالي التقليل من جودة المؤسسات الضعيفة.

- ضمان جودة Quality Assurance: ويشير إلى عملية تقييم المؤسسة التعليمية أو البرنامج، ومن ثم تحليل نقاط القوة والضعف وإعطاء توصيات بشأن جودتها بما في ذلك وضع استراتيجية محددة لضمان الجودة، التقويم في هذه الحالة يكون له بعد داخلي: التقويم الذاتي، وخارجي: الذي يتم بواسطة خبراء من الخارج ونظراء لهم من الداخل، والتوصيات تعكس أهداف هذا التقويم الذي يهدف إلى تطوير التحسين المستمر.

* **بعض التجارب العالمية في مجال التقويم والاعتماد:**

إن طبيعة العصر الذي نحن فيه تؤكد دائماً على "الحرية والجودة" معاً ويظهر ذلك في جميع أوجه النشاط الاقتصادي والسياسي والاجتماعي، والتعليم هو أحد هذه النشاطات الرئيسة وينطبق عليه نفس المبدأ ألا وهو تطلع الجهات المعنية إلى "الحرية والجودة" معاً (David & Harold, 2000).

لقد تأكدت الحرية لدى الراغبين في التعليم ذوي القدرات بتزايد عدد المقيدين في مؤسسات التعليم وهذه بدورها زاد عددها وتنوعت مستوياتها وشارك فيها رجال الأعمال الراغبين في الاستفادة من تطلع الجميع إلى التعليم حيث أنشأت المعاهد والجامعات الخاصة وفي نفس الوقت لم تتخلف الحكومة عن دورها في إنشاء المدارس والمعاهد المختلفة. كل هذا يشير إلى أن مبدأ "الحرية" متاح لمقدم الخدمة التعليمية ولطالبها في نفس الوقت. كل ذلك حدث ويحدث في انتظار آليات ضمان "الجودة" التي هي الجناح الآخر لطبيعة العصر وبدونها لن نفيس العصر الذي نتواجد فيه (Daved & Harold, 2000).

* **الولايات المتحدة الأمريكية:**

إن الولايات المتحدة كانت أول من راعى مبدأ توازن "الحرية والجودة"، حيث سمحت لمئات بل آلاف المؤسسات التعليمية أن تنتشر وفي نفس الوقت ومنذ أوائل القرن

العشرين أنشأت الآليات المناسبة التي تتابع جودة أداء هذه المؤسسات وتعتمد ما يستحق منها الاعتماد Accreditation وتجعل نتائج هذه المتابعة متاحة لراغبي التعليم حتى يكونوا على بينة من موقف مؤسسات التعليم المتاحة (David & Harold, 2000).

مؤسسات التعليم العالي في الولايات المتحدة الأمريكية تشبه إلى حد كبير المؤسسات الخاصة التي تتمتع باستقلالية كبيرة وسلطة تمثل بمجالس إدارة هذه المؤسسات. ويعتبر التأثير الحكومي على هذه المؤسسات محدود الأثر قياساً بالدول الأوروبية، ولذلك فإن المسؤولية تقع على مؤسسات التعليم العالي لتنظيم نفسها وإيجاد موارد لها وإلا فقدت هذه المؤسسات مواردها وطلابها الذين يتجهون بالتالي نحو المؤسسات المنافسة (David & Harold, 2000).

ويتخذ الاعتماد في الولايات المتحدة الأمريكية شكلين:

اعتماد مؤسسي Institutional Accreditation وتقوم به مجالس إقليمية تابعة لمؤسسات التعليم العالي نفسها.

اعتماد تخصصي Program Accreditation للبرامج الدراسية تقوم به لجان متخصصة مثل مجالس اعتماد الهندسة والتكنولوجيا والذي يعمل منذ الثلاثينات من القرن الماضي وهيئة اعتماد التعليم الطبي (National Quality Assurance and Accreditation, 2004). في عام 1996 تم إنشاء مجلس اعتماد التعليم العالي The Council for Higher Education Accreditation والذي يهدف إلى إيجاد مؤسسة قومية تتولى الإشراف على مؤسسات الاعتماد وهي مؤسسات غير حكومية في التعليم العالي. ويقوم مجلس الاعتماد بالاعتراف بمؤسسات الاعتماد العاملة في مجال التعليم العالي بناءً على معايير محددة يضعها مجلس الاعتماد. ويتم إعادة اعتماد هذه المؤسسات مرة كل 10 سنوات بناءً على تقرير يقدم كل 5 سنوات. والعمل الذي تقوم به مؤسسات الاعتماد هو عمل تطوعي ويتم من خلال المهام الآتية:

- مراجعة عمليات التقييم الذاتي Self-Assessment بواسطة القائمين على المراجعة Peer Reviewers.
- زيارة ميدانية للمؤسسة التعليمية مرة كل عام.

- العمل على جذب متطوعين جدد من المهتمين بالتعليم العالي للانضمام إلى المنظمة

.(National Quality assurance and Accreditation, 2004)

* دول أوروبا الغربية:

تعتبر دول فرنسا وانجلترا وهولندا من أكثر البلدان الأوروبية التي تتم فيها عمليات التقويم ومتابعة جودة التعليم، وربما تتم بصورة مختلفة عن النظام الأمريكي. ومنذ إعلان بولونيا عام 1997 عن التوجه نحو نظام تعليم جامعي متناسق تقوم الدول الأوروبية بالمبادرة بترتيب نظام التعليم بها حتى يكون قريباً من النسق المعلن في بولونيا. كذلك بدأت أوروبا مجتمعة في إنشاء الآليات المناسبة لكي تتابع جودة التعليم العالي بدولها المختلفة تأكيداً على وحدة سوق العمل (Calpin-Davies & Donnelly, 2006; Campbell & Rozsnyai, 2002; Cizas, 1997; David & Harold, 2000).

إن المملكة المتحدة تعطي نموذجاً جيداً للكفر الأوروبي الذي جاء متأخراً عن الولايات المتحدة والمختلف عنها حيث أنه في عام 1997 أنشأ المملكة المتحدة توكيد الجودة Quality Assurance Agency بهدف وضع نظام لتوكيد الجودة معايير الجودة في التعليم العالي. وتعتبر هيئة توكيد الجودة هيئة مستقلة وغير حكومية وتعمل كجمعية أهلية (Campbell & Rozsnyai, 2002; Cizas, 1997; David & Harold, 2000).

يشمل نظام توكيد الجودة في هيئة توكيد الجودة الآتي:

- عمليات المراجعة الداخلية لتوكيد الجودة والتي تتم بواسطة المؤسسات التعليمية نفسها من خلال مراجعة البرامج بواسطة محكمين داخليين وخارجيين.
- مراجعة الجودة بالمؤسسة التعليمية وذلك بواسطة هيئة توكيد الجودة.
- مراجعة برامج المؤسسة التعليمية بواسطة هيئة توكيد الجودة.
- الاعتماد بواسطة هيئة توكيد الجودة.

- تقييم الأبحاث التي تتم بالمؤسسات التعليمية بواسطة القائمين على المراجعة Peer Reviewers عـن طريـق الجهـة المانحـة (Funding Body (Campbell & Rozsnyai, 2002; Cizas, 1997; David & Harold, 2000; National Quality Assurance and Accreditation, 2004).

لقد تم تفعيل دور هيئة توكيد الجودة من خلال النظام الآتي:

- مراجعة المؤسسات التعليمية Institutional Audit كل خمس سنوات.

- التطوير بالمشاركة مع مؤسسات التعليم العالي Developmental Engagement حول مدى مطابقتها للمعايير الأكاديمية.

ويتم تمويل هذه الهيئة من خلال المصادرة التالية:

- مساهمة من جميع مؤسسات التعليم العالي.

- الدخل الذي يتم تحصيله من خلال التعاقدات التي تتم بين الهيئة وصندوق تمويل التعليم العالي Funding Councils 30%.

- مصـادر أخـرى تبرعـات 10%) National Quality Assurance and Accreditation, 2004).

أما فرنسا فتعطي نموذجاً أوروبياً آخر للنظر في جودة التعليم العالي حيـث تبـين أنـه نتيجة لعـدم فعاليـة الأنظمـة التقليديـة المركزيـة لتقييم الأداء وضبط الجودة والتـي اتسمت بضعف الاستقلالية والبيروقراطية فقد تشكلت لجنة وطنية للتقييم بقرار رئاسي وبرلماني عام 1895 وتتبع هذه اللجنة رئيس الجمهورية مباشرة وبالتالي فهي مسـتقلة عن رئيس الوزراء ووزير التعليم العالي أو أي جهة حكوميـة أخـرى (;Brennan, 1998 Cizas, 1997). وتشمل إجراءات التقييم الـذي تمارسـه اللجنة تقييماً عامـاً للمؤسـسة التعليمية ومراجعة للبرامج. ويشمل التقييم العام مراجعة أساليب التدريس والنشاطات البحثية ونظم الإدارة وبيئة التعليم. كـما تجـري عمليـة التقييم عـادة بناء عـلى طلب مؤسسـة التعليم العالي نفسها، وإن كـان للجنة الوطنيـة الحـق في إجـراء تقييم لأي مؤسسة تريد أن تقيمها. وتقوم هذه اللجنة بزيارة كل المؤسسات مرة كل ثمان سنوات تقريباً وتنشر نتائج تقييمها في تقرير عن كل مؤسسة، ويرسل التقرير للـوزارات المعنية.

وتكمن أهمية هذا التقييم في أنه يؤخذ في الاعتبار أثناء التفاوض على الموازنات السنوية لمؤسسات التعليم العالي (Brennan, 1998).

أما إجراء مراجعة البرامج فيشمل تقريراً ذاتياً من المؤسسة نفسها ثم زيارة من قبل اللجنة القومية للمؤسسة والتي تعد تقريرها والذي تستند إليه لجنة خبراء خارجية لإصدار أحكامها لاعتماد البرامج والمواد الدراسية للمؤسسة. وتقوم اللجنة القومية للتعليم بنشر تقرير عام عن البرامج التي تمت مراجعتها وإعداد تقرير سنوي يتم رفعه إلى رئيس الجمهورية الفرنسية يتضمن نتائج التقييم للمؤسسات التعليمية (,David & Harold (2000; Wayne, 2000.

* **النموذج الياباني للاعتماد الأكاديمي:**

أما اليابان فقد تأثرت كثيراً – ولأسباب تاريخية – بالنموذج الأمريكي حيث تم اعتماد الجامعات اليابانية بواسطة هيئة اعتماد الجامعات اليابانية:

من خلال نظامين:

النظام الأول: الاعتماد Accreditation الذي يمنح للجامعات التي تتقدم لأول مرة لطلب العضوية الرسمية في هيئة الاعتماد.

النظام الثاني: إعادة الاعتماد Re-Accreditation الذي يمنح بعد مرور خمس سنوات من الحصول على الاعتماد الأول بالنسبة للجامعات التي تحصل لأول مرة على الاعتماد ويمنح كل 7 سنوات للجامعات التي حصلت على إعادة اعتماد من قبل. ولابد أن يمر على إنشاء الجامعة أربع سنوات حتى يكون لها الحق في الإنضمام لعضوية الهيئة. وتعتبر عملية الاعتماد وإعادة الاعتماد متشابهتين من حيث الطرق والإجراءات المتبعة للاعتماد، والفرق الأساسي هو أنه طبقاً للنظام الأول تتم عضوية الجامعة بهيئة الاعتماد إلى بعد الحصول على الاعتماد النظام الأول ولكن طبقاً للنظام الثاني إعادة الاعتماد لا تفقد الجامعة عضويتها حتى لو لم تحصل على إعادة الاعتماد. والفرق الآخر هو أن إعادة الاعتماد يعتمد على ما إذا كانت الجامعة قد عملت بالتوصيات التي ذكرت من قبل خلال حصولها على الاعتماد بواسطة الهيئة. إن هذا النظام المطبق

باليابان هو تطويع للنظام الأمريكي الذي بدأ في أوائل القرن العشرين (National Quality Assurance and Accreditation, 2004).

إن النموذج التي قدمت ليست شاملة ولا كاملة وهناك اجتهادات كثير بالدول الأوروبية الجديدة شرق أوروبا وفي دول أسيا وأمريكا اللاتينية وفي الدول العربية، حيث بدأت بعض الدول منفردة وبعض المناطق الجغرافية مجتمعة في الاتفاق على نظام ضمان توكيد الجودة حيث أصبح سوق العمل مفتوحاً على مصراعية حرية الانتقال وحرية العمل أمام الأفراد القادرين على القيام بمهام وظائفهم بكاءة جودة الأداء. وهذا ينطبق داخل الدولة الواحدة مجموعة الدول وسوق العمل العالمي وفي تواجد الشركات متعدة الجنسيات (Cizas, 1997).

* بعض التجارب العربية لإدارة الجودة الشاملة في التعلي العالي:

1-التجربة المصرية:

أما في التعليم الجامعي المصري فقد حددت دراسة زيدان المؤشرات التالية للجودة:

- انتقاء الطلاب.
- نسبة عدد الطلبة إلى هيئة التدريس.
- متوسطة تكلفة الطالب.
- الخدمات التي تقدم للطلبة.
- دافعية الطلاب واستعدادهم.
- نسبة المتخرجين في كلية ما والتحقوا ببرامج الدراسات العليا.
- ارتباط هيكل الطلبة الجامعيين بالهيكل الاقتصادي للدولة.
- مستوى الخريج الجامعي.
- حجم أعضاء هيئة التدريس وكفاءتهم.
- الكفاية التدريبية لأعضاء هيئة التدريس.
- مساهمة أعضاء هيئة التدريس في المجتمع.
- مستوى التدريب الأكاديمي لأعضاء هيئة التدريس.
- الإنتاج العلمي لأعضاء هيئة التدريس.
- مدى تفرغ أعضاء هيئة التدريس للعمل الجامعي.

- مشاركة أعضاء هيئة التدريس في الجامعات العلمية والمهنية.
- احترام أعضاء هيئة التدريس لطلابهم.
- جودة المناهج الدراسية.
- التزام القيادة العليا بالجودة.
- العقلاقات الإنسانية.
- اختيار الإداريين وتدريبهم.
- مرونة المبنى الجامعي.
- مدى استفادة هيئة التدريس والطلاب من المكتبات.
- مدى استفادة هيئة التدريس والطلبة من المعامل.
- حجم الاعتمادات المالية التي تخصص لكل جامعة.
- ربط التخصصات المختلفة في الجامعات المصرية باحتياجات المجتمع.
- ربط البحث العلمي بمشكلات المجتمع المحيط بها.
- التفاعل بين الجامعة بمواردها البشرية والبحثية وبين المجتمع بقطاعاته الإنتاجية والخدمية.
- التوازن بين مقتضيات الاستقلال الجامعي وين مقتضيات الإشراف الحكومي.
- مراعاة الجامعة لاحتياجات المجتمع المحيط بها.

2- التجربة السعودية:

وفي السعودية فقد حدد المجلس السعودي للجودة مؤشرات الجودة في الأداء الجامعي بما يأتي (العمري، 2003):

- **الطلاب:** وتشمل اختيار الطلاب، وكثافة الفصل، وكلفة الطالب، والدافعية والاستعداد، والخدمات التي توفر للطلبة، ونسبة الرسوب والترسب، ومستوى الخريج، نسبة المسجلين إلى المتخرجين.
- **أعضاء الهيئة التدريسية:** من حيث حجم الهيئة التدريسية وكفايتها العددية، مستوى التدريب على مستجدات المناهج مستوى الإعداد والتطوير، المساهمة في خدمة المجتمع، مدى الاحترام للطلبة وتقديمه لإمكاناتهم.

- **الإدارة:** من حيث الالتزام بمعايير الجودة، طرق اختيار الإداريين وتدريبهم، ممارسات العملية الإدارية، العلاقات الإنسانية والروح المعنوية للعاملين، مشاريع خدمة المجتمع، صيانة وتطوير المباني، التفاعل مع أفراد المجتمع المحلي والاستفادة من إمكانياته.
- **الإمكانيات المادية:** وتشمل مرونة المباني ومراعاة الشروط الهندسية، مدى استفادة أعضاء الهيئة التدريسية، والطلبة من المكتبة والمعامل والورش وخدمات الانتر نت وقواعد المعلومات واستخدام التكنولوجيا، ومدى توافر الملاعب لممارسة الأنشطة الرياضية، وحجم المبنى وقابليته للاستيعاب، ونصيب الطالب من مساحة المبنى وكثافة الفصل الدراسي.
- **المناهج الدراسية:** ومدى ملائمة المناهج لمتطلبات سوق العمل ولبيئة الطالب، وقدرتها على استيعاب متغيرات العصر وتنميتها للتفكير الناقد العلمي وقدرتها في مساعدة الطلبة على حل مشاكلهم وقدرتها على تنمية روح الولاء والانتماء للوطن.
- المجتمع.
- الاستقلالية.

3-التجربة الأردنية:

وفي الأردن أسست جائزة الحسين للإبداع والتفوق من قبل صندوق الحسين للإبداع والتفوق في عمان عام 2000 وتم تنفيذ مشروع تقييم الأداء النوعي لبرامد التعليم العالي بالتعاون مع الجامعات الأردنية (الرسمية والخاصة) إلى إحداث نقلة نوعية في مستوى برامج التعليم العالي (وهي تضمن ثلاث معايير رئيسة وأخرى فرعية يتم التأكد من مطابقتها من قبل فريق استشاري متخصص من الوكالة البريطانية لضمان الجودة (QAA) وهذه المعايير هي (نايف، ومحمد، 2005، خليل، 2005).

<u>أولاً:</u> **المعايير الأكاديمية:** وتهدف إلى وضع مؤشرات لتأمين مستوى الجودة لجانب التعليم من حيث (عدد الساعات لكل مادة، وعدد الأساتذة لكل تخصص، وعدد العناوين من الكتب لكل مادة وغيرها) وتتضمن:

- **مخرجات التعليم:** ويتضمن عدد الساعات لنيل الدرجة الجامعية والمدة القصوى للطالب في الجامعة ومتطلبات سوق العمل.
- **المناهج:** أنواع المجالات المعرفية النظرية والعلمية.
- **طرق تقييم الطالب:** اعتماد الامتحان المشترك والأسئلة الموجودة للفصول الدراسية المعتمدة على مادة واحدة والتصحيح المشترك ونظام الأسئلة الإمنتحانية والحلول النموذجية وتدقيق عينات من الامتحان.
- **تحصيل الطالب:** ويتضمن عدد الساعات الدراسية في كل فصل وعدد المواد.

ثانياً: جودة فرص التعليم: ويتضمن عدد من العناصر هي:

- **التدريس والتعليم:** إعداد المدرسين وإعداد الطلبة لكل مدرس، وأنواع الحواسيب والبرمجيات لكل تخصص.
- **تقدم الطلبة:** وتهدف معايير الملاحظة وقياس الأداء للطلبة أثناء الفصل الدراسي.
- **موادر التعليم:** واستخدامها في العملية التعليمية بما يسهم في تحقيق الأهداف.

ثالثاً: ضمان وتحسين الجودة:

تهدف هذه المعايير إلى وضع آلية لاختيار أعضاء هيئة التدريس والكادر الإداري والتقويم المستمر لهم وإجراء مشاريع التحسين والتطوير في مرافق الجامعة. وتوثيق آلية لإجراءات مختلف جوانب العملية التعلمية.

***

الفصل السابع

تصور مقترح لإدارة الجودة الشاملة

في مؤسسات التعليم العالي في الوطن العربي

تمهيد

في ضوء ما عرضنا من تحليل علمي للمعلومات المتعلقة بإدارة الجودة الشاملة ونظم الاعتماد الأكاديمي وضمان الجودة في مؤسسات التعليم لشكل عام والتعليم الجامعي بشكل خاص، وبعد التعرف على المعوقات العامة لتطبيق إدارة الجودة الشاملة في الجامعات والتعرف على المعايير الدولية والاتجاهات الحديثة في المؤسسات الأكاديمية، يمكن وضع تصور مقترح لعدد من التوصيات للارتقاء بكفاءة ونظام التعليم العالي في الوطن العربي والتحسين المستمر لجودة.

وعلى ذلك نجد أنه من الضرورة بمكان أن نقوم باستعراض بعض النماذج الرائدة في هذا المجال واستعراض الخطوات الرئيسة التي بنيت عليها في محالة لتصميم نموذج متكامل لتطبيق إدارة الجودة الشاملة في قطاع التعليم العالي وذلك من خلال الاستفادة من التجارب الناجحة التي تمت في هذا المجال. وبداية نشير إلى قيام (Coat 1990a) بتحديد ستة نماذج أساسية لتطبيق برامج إدارة الجودة الشاملة يتم استخدامها في الوقت الحالي:

1- منهجية مبادئ إدارة الجودة الشاملة (TQM Elements): استخدمت هذه المنهجية في أوائل الثمانينات، وتقوم على توظيف مبادئ برامج تحسين الجودة (مثل حلقات الجودة، والرقابة باستخدام الأدوات الإحصائية، ونشر الجودة عملياً وغيرها) بدلاً من التطبيق الكامل لإدارة الجودة الشاملة.

2- منهجية كتابات الرواد (Guran Approach): تعتمد هذه المنهجية على استخدام كتابات رواد إدارة الجودة الشاملة (مثل Deming و Juran و Crosbyu) كدليل تستخدمه المنظمات في إحداث التغيير وتبني فلسفة إدارة الجودة الشاملة.

3- منهجية النموذج الياباني (Japanese Model): إن المنظمات التي تستخدم هذه المهجية تقوم ببناء نموذج الانتقال لتبني فلسفة إدارة الجودة الشاملة في ضوء دراسة وتحليل النموذج الياباني والاسترشاد به كدليل في عملية التغيير. وقد تم استخدام هذه المنهجية بواسطة العديد من الشركات، كشركة Florida لإنتاج الطاقة.

4- منهجية نموذج الشركات الصناعية (Industrial Company Molel): وفق هذه المنهجية يتم زيارة ودراسة عدد من الشركات الصناعية المطبقة لبرنامج إدارة الجودة الشاملة، للتعرف على جوانب النجاح والقوة في برامجها وفي ضوء ذلك يتم صياغة النموذج الملائم لعملية التغيير، وقد قامت العديد من الشركات الأمريكية باستخدام هذه المنهجية في أواخر الثمانينات.

5- منهجية تخطيط هوشين (Hoshin Planning): تم تطوير هذه المنهجية على يد شركة يابانية تدعى Pridgestone، وقد تم استخدامها بنجاح من قبل شركة Hewlet Packard، حيث تركز هذه المنهجية على التخطيط الناجح، والانتشار، والمتابعة الشهرية للأداء.

6- منهجية معيار بالدريج (Baldrige Award Criteria Approach): وفق هذه المنهجية تقوم المنظمة بتحديد مجالات التحسين وأولويات التطوير اعتماداً على مقياس Baldrige للجودة والذي يغطي سبعة جوانب رئيسة في إدارة الجودة الشاملة، وقد قامت المئات من الشركات الصناعية في فترة التسعينات بتطبيق هذه المنهجية.

وفيما يلي سنقوم باستعراض بعض النماذج الرائدة في تطبيق إدارة الجودة الشاملة والتي تم تطويرها وتطبيقها في العديد من المؤسسات التعليمية والتي يمكن الإفادة منها:

<u>أولاً:</u> **نموذج جامعة Wisconsin-Madison:** تم بناء هذا النموذج بواسطة مكتب تحسين الجودة في جامعة Wisconsin-Madison، ويشتمل على الخطوات التالية:

1- اختيار أعضاء الفريق القائد الذي سيتولى مسؤولية التغيير، والقيام بتعليمه وتدريبه حول الطرق والمفاهيم كي يتم تأهيله لاتخاذ القرار حول التوقف، أو المضي قدماً في تطبيق برنامج إدارة الجودة الشاملة، فإذا قرر الفريق المضي قدماً، يتم الانتقال للخطوات التالية.

2- صياغة رسالة المؤسسة التعليمية والأهداف التي يجب أن تحققها كل وحدة لدعم هذه الرسالة.

3- تحديد وتعريف الزبائن (ماذا نعمل، ولمن نعمل)، والتعرف على حاجاتهم.

4- صياغة الرؤيا Vision (إلى أين نريد الوصول).

5- تحديد وتعريف العمليات الأساسية (الحاسمة)، أي ما هي الأشياء التي يجب القيام بها والتي تعتبر حاسمة في حمل رسالتنا.

6- وضع خطة التطوير لتحقيق الرؤيا الموضوعة من خلال التركيز على حاجات الزبائن والعمليات الأساسية.

7- البدء بتنفيذ واحد أو اثنين من مشروعات التطوير التي تهدف لمقابلة الاحتياجات الحاسمة (الأساسية).

8- تدريب جميع العاملين داخل المؤسسة التعليمية على المفاهيم والطرق المستخدمة في إدارة الجودة الشاملة من خلال عملية تعليم مستمرة.

9- وضع خطة للتحسين المستمر وتتبع حاجات الزبائن.

<u>ثانياً:</u> نموذج كلية Babson: ويتكون من الخطوات الرئيسة التالية:

1- تعريف (تحديد) المخرجات.

2- تحديد الزبائن.

3- التعرف على متطلبات الزبائن.

4- ترجمة المتطلبات إلى مواصفات للجودة.

5- وضع الخطوات اللازمة لأداء العمل.

6- وضع مقاييس الأداء.

7- تقييم إمكانية القيام بالعمليات المطلوبة (هل يمكن إنتاج المخرجات المطلوبة، إذا كانت الإجابة بنعم أبدأ العمل، إذا كانت لا أذهب لعملية حل المشكلات).

8- تقييم النتائج (هل هناك أية مشكلات، إذا كانت الإجابة بنعم، اذهب لعملية حل المشكلات وإلا فانتقل للخطوة التالية).

9- وضع جدول للمراجعة الدورية.

ثالثاً: نموذج كلية Fox Valley Technical: حيث اعتمد النموذج على الخطوات الأربع عشرة التي وضعها Crosby في بناء خطة تحسين الجودة وهي:

1- التأكد التام من أن الإدارة ملتزمة نحو تحسين الجودة.
2- تشكيل فرق تحسين الجودة والتي تضم ممثلين عن جميع الأقسام.
3- وضع مقاييس للجودة.
4- تقييم تكلفة الجودة وتوضيح استخداماتها كأداة إدارية.
5- العمل على زيادة الاهتمام والإطلاع الشخصي على مفهوم الجودة بالنسبة لجميع العاملين.
6- عمل ما يلزم لتصحيح وعلاج المشكلات التي ظهرت في الخطوات السابقة.
7- تشكيل لجنة لمراقبة العيوب الصفرية "zero defects".
8- تدريب العاملين على أداء دورهم بفاعلية في برنامج تحسين الجودة.
9- تمجيد يوم العيوب الصفرية (اليوم الذي تصل فيه المنظمة لتطبيق مفهوم العيوب الصفرية) لجعل جميع العاملين في المنظمة يدركون أهمية ما تحقق من تغيير.
10- وضع وإنجاز الأهداف والمهام كفريق.
11- وضع الإجرءات اللازمة لتصحيح الأخطاء التي تتم داخل المؤسسة.
12- تقدير وتثمين جهود المشاركين.
13- تأسيس وتشكيل المجالس المتخصصة بالجودة Quality Councils للاتصال فيما بينها على أسس منتظمة.
14- تكرار العمليات السابقة باستمرار للتأكيد على أن برنامج تحسين الجودة هو عملية لا تنتهي.

رابعاً: نموذج Matthews (1993b): حيث قام Matthews ببناء نموذجه الخاص لتطبيق برنامج إدارة الجودة الشاملة في قطاع التعليم العالي والذي يتكون من الخطوات التالية:

1- تحديد المسؤولين الرئيسيين عن برنامج إدارة الجودة الشاملة داخل المؤسسة.

2- صياغة رسالة خاصة بالمنظمة تقوم على المنافسة على أساس الجودة.

3- وضع مقاييس داخلية للجودة والتميز في مجالات (نواحٍ) محددة.

4- تحديد من الذي يجب أن يلتزم تجاه المعايير والمقاييس المختارة.

5- تحفيز أولئك الذين لا يرغبون بالالتزام تجاه الجودة والتميز.

6- تشكيل فرق لمتابعة التقدم في مستوى الجودة.

7- الإشادة والاعتراف ومكافأة النجاح.

خامساً: **نموذج جامعة Harvard:** ويقوم على الخطوات الست التالية:

1- إدارة السلوكيات والأفعال، مثل، إدارة الأداء، التخطيط، إدارة عمليات التمويل، إدارة المقابلات مع الموظفين، وغيرها.

2- التعليم والتدريب والتقييم.

3- الاتصالات، والتي تنطوي على، الاستماع بغرض الفهم، تدفق المعلومات، كسب الإجماع والاتساق، وغيرها.

4- الأدوات والمقاييس، والتي تتكون من عمليات التخطيط، إعداد التقارير، المراجعة، وغيرها.

5- فرق التحول، والتي تعمل في ضوء الالتزام بالوقت والموارد المتاحة، والالتزام بالخطة طويلة الأجل، وما شابهها.

6- الثناء والمكافأة، حيث يتم التركيز على بعض الجوانب، كالمقابلات، والهدايا، والرحلات، إعادة النظر في المرتبات، وغيرها.

سادساً: **نموذج Cornesky (1990):** حيث قام Cornesky بإعادة تصميم النقاط الأربع عشرة التي وضعها Deming كي يتم استخدامها لتحسين الجودة في قطاع التعليم العالي وهي:

1- ثبات (استقرار) الهدف نحو تحسين المنتج أو الخدمة، وامتلاك رؤية أساسية لرسالة المؤسسة، وتبني خطة طويلة الأجل من خلال البحث والابتكار.

2- تبني الفلسفة الجديدة، التي تقوم على أن خريج أحد الفروع التخصصية يجب أن يمتلك، إضافة للقدرات التعليمية الفكرية، المهارات الضرورية لأداء العمل.

3- وقف الاعتماد على التفتيش لتحقيق الجودة - التخلي عن أساليب التقويم التقليدية، وزيادة الاعتماد على المراجع، والمقالات، والمقابلات الشخصية، وتحسين أساليب اختيار وإرشاد ومراقبة وتقويم الطلبة.

4- علاقات طويلة الأمد أساسها الثقة والولاء - التحرك تجاه التعامل مع موردين محدودين (موردو المؤسسة الدائمين فقط)، وبالتالي فهم سيزودونها بالمدخلات المطلوبة (الطلاب) وبأفضل المواصفات مما يساعدها في الحصول على المنتج المطلوب (الخريج).

5- تحسين مستمر لا ينتهي للنظام الإنتاجي والخدمي والذي يؤدي لتخفيض مستمر في التكاليف.

6- تصميم البرامج اللازمة لتدريب العاملين على أداء العمل، مما يساعد على تفهم كل طرف داخل المؤسسة لدور الطرف الآخر، وكذلك معرفة الواجبات والمسؤوليات الخاصة به.

7- توفير القيادة الناجحة التي يتمحور هدفها الأساسي على مساعدة العاملين على أداء أعمالهم بأفضل ما يمكن، إضافة للعمل على حل المشكلات وإيجاد حلول مبتكرة.

8- طرد الخوف - من خلال تأسيس نظام للاتصالات المفتوحة التي تقوم بتوفير جميع المعلومات المتاحة لجميع العاملين في المؤسسة.

9- تحطيم العوائق بين الأقسام، تدفق المعلومات لتشمل كل فرد، والعمل كفريق عمل واحد.

10- إلغاء الشعارات (نظراً لتأثيرها المباشر وقصير الأجل)، والتركيز على مفهوم العيوب الصفرية، وتحقيق مستويات جديدة من الإنتاجية.

11- إزالة الحصص، والإدارة بالأهداف - إن كلفة الساعة لكل طالب ربما تكون مهمة في عملية التخصيص الأولي للموارد، إلا أن جودة الخريج تعتبر أكثر أهمية من صيانة البرنامج والمحافظة عليه.

12- إلغاء التقويمات السنوية للأداء.

13- التعليم والتطوير الذاتي - إذ يجب تشكيل لجان مهنية للتطوير تكون مهمتها المتابعة المستمرة للاحتياجات التعليمية للزبائن.

14- مشاركة كل فرد داخل المؤسسة التعليمية في عملية التحول.

في ضوء استعراضنا لبعض النماذج الرائدة في تطبيق إدارة الجودة الشاملة والتي تم تطويرها وتطبيقها في العديد من المؤسسات التعليمية، **يمكننا اقتراح النموذج التالي لتطبيق فلسفة إدارة الجودة في مؤسسات التعليم العالي، حيث ينطوي هذا النموذج على المراحل الخمسة التالية:**

1- **المرحلة الأولى (اتخاذ القرارات):** وتتطلب هذه المرحلة فهماً تاماً من قبل الإدارة العليا لفلسفة إدارة الجودة الشاملة وذلك حتى تستطيع دعمها ووضع الخطط اللازمة لتحقيقها، والعمل على تبرير تطبيقها (لماذا يجب تطبيق فلسفة إدارة الجودة الشاملة، وهي يجب البدء بتطبيقها على مستوى الجامعة ككل أم على مستوى بعض الوحدات الإدارية داخل الجامعة).

2- **المرحلة الثانية (التحضير):** بعد أن يتم الفهم والالتزام تجاه تطبيق فلسفة إدارة الجودة الشاملة من قبل الإدارة العليا، تبدأ مرحلة التحضير والتي تتطلب ما يلي:

أ- بناء الفر يق القائد (الذي سيقود عملية التغيير)، ويجب أن يضم هذا الفريق ممثلين عن جميع الأطراف داخل المؤسسة التعليمية،بدءاً من الإدارة العليا وانتهاءً بالإدارة الدنيا، كما يجب تزويد أعضاء الفريق بتدريب كافٍ يساعدهم على المضي قدماً في تطبيق إدارة الجودة الشاملة.

ب- إجراء تقويم لمستوى الجودة الحالية داخل المؤسسة التعليمية لتحديد نقاط الضعف والقوة.

ج- تعريف زبائن المؤسسة التعليمية، وذلك على اعتبار أن الزبون يجب أن يكون له الأولوية الأولى عند صياغة رسالة المؤسسة، وبالتالي يجب على المؤسسة التعليمية أن تعرّف بوضوع كل نمط من أنماط زبائنها، فهناك كما نوهنا سابقاً زبائن داخليين وخارجيين في كل مؤسسة تعليمية ويجب أن يتم تعريفهم بدقة وتحديد أهميتهم النسبية للتأكد من أن رسالة المؤسسة التعليمية قد تم صياغتها بدقة لإرضاء هؤلاء الزبائن.

د- صياغة الرسالة والرؤيا المستقبلية: حيث أن رسالة المؤسسة التعليمية كما قلنا يجب أن تكون موجهة لإرضاء حاجات الزبائن (بمعنى أن الرسالة تشير إلى الهدف من وجود المؤسسة التعليمية). أما الرؤيا فهي تشير إلى الحالة المستقبلية التي تسعى المؤسسة التعليمية للوصول إليها من خلال تطبقها لفلسفة إدارة الجودة الشاملة.

هـ- تصميم النظام الجديد الذي يخدم رسالة المنظمة ويساعدها على إنجاز رؤاها المستقبلية.

ويجب على الإدارة في هذه المرحلة أن تحرص على التأكد من أن ثقافة المؤسسة التعليمية ملائمة لتسريع عملية التطبيق، بمعنى أن تكون ثقافة المؤسسة التعليمية متفقة مع الرؤى والقيم الأساسية لفلسفة إدارة الجودة الشاملة.

3- **المرحلة الثالثة (البدء):** وتنطوي على القيام بما يلي:

أ- وضع الأهداف.

ب- تحديد العمليات.

ج- تدريب الأفراد على جميع المستويات. ومن ثم تمكينهم (Empowerment) لإشعارهم بأن لديهم السلطة والكفاءة على تغيير ما هو بحاجة للتغيير، والاستماع إلى مقترحاتهم المتعلقة بالتطوير، وهنا نؤكد بأنه يجب على الإدارة العليا أن تروج هذه الفلسفة لعامليها عن طريق الأقوال والأفعال الداعمة لهذه الفلسفة، والقيام بإزالة كل ما من شأنه إعاقة إبداع العاملين، وكذلك تزويد العاملين بالوقت الكافي والموارد اللازمة لتحقيق النجاح.

د- مسح آراء الزبائن لتقويم العملية الحالية وعمل التعديلات اللازمة.

هـ- تشكيل هيئة خاصة بالجودة للإشراف على عملية التطبيق وتنظيمها.

و- إجراء دراسة تحليلية لمقارنة أداء المؤسسة التعليمية مع أداء المؤسسات التعليمية الأخرى.

ز- تشكيل فرق تحسين الجودة.

ح- وضع مقاييس ومؤشرات الجودة التي تقيس بصدق مدى التقدم في تحقيق الأهداف الموضوعة، من هذه المؤشرات مثلاً، مدى الانخفاض في كمية الأموال المنفقة على الأعمال الإدارية داخل المؤسسة التعليمية نتيجة لتطبيق فلسفة إدارة الجودة الشاملة.

4- **المرحلة الرابعة ا(التوسع والتكامل):** وتنطوي على ما يلي:

أ- التزويد بتعليم وتدريب مستمرين.

ب- تشكيل فرق جديدة وأقسام جديدة، والاستعانة بالمتخصصين للمساعدة في هذه العملية عند الحاجة.

ج- منح التقدير والمكافآت مقابل تحسين الجودة، وهو يعتبر أمراً ضرورياً لرفع الروح المعنوية للعاملين في المؤسسة التعليمية، وتجدر الإشارة هنا إلى أن نظام المكافآت يجب أن يدار بعناية فائقة نظراً لأن المؤسسة التعليمية تتعامل مع موظفين ذو مستوى تعليمي مرتفع، وإلا فإنه قد يؤدي لنتائج عكسية.

5- **المرحلة الخامسة (التقييم):** إن إدارة الجودة الشاملة تمثل عملية مستمرة لا تنتهي من التحسين والتطوير، لذلك فإن برنامج إدارة الجودة الشاملة يجب أن يراجع ويقيّم على أسس منتظمة للتأكد من أن الأهداف التي تم وضعها مازالت موضع الاهتمام والغايات يتم تحقيقها.

***

خاتمة وتوصيات:

وبناء على ما تقدم في هذا الفصل، نرى أن ثمة ضرورة لكافة مؤسسات التعليم العالي في وطننا العربي من تبني فلسفة إدارة الجودة الشاملة للنهوض بمستوى أدائها ورفع مستوى إنتاجيتها وجودة مخرجاتها من خرجين مؤهلين علمياً وعملياً وتقنياً لخدمة المجتمع وتحقيق أهدافه للحاق بركب الإنسانية المتقدم من خلال دفع مسيرة التنمية المستدامة في كالة أبعادها وأشهالها إلى التقدم، ولن يتأتى ذلك إلا من خلال الاستفادة من الخبرات العالمية في هذا الشكل وخاصة بعض تجارب الدول التي عرضناها في هذا الفصل، وعليه نوصي بما يلي:

1- تبني فلسفة إدارة الجودة الشاملة بوصفها منهجاً إدارياً مناسباً لتنسيق الجودة في جميع جوانب العمل الأكاديمي والإداري في مؤسسات التعليم العالي للإسهام في إحداث تغيرات إيجابية لرفع مستوى الأداء في هذه المؤسسات.

2- العمل على تثمين قيمة العمل الجماعي وروح الفريق.

3- العمل على نشر ثقافة الجودة الشاملة بين جميع العاملين في مؤسسات التعليم العالي.

4- تفعيل هيئات ضمان الجودة والاعتماد الأكاديمي في البلدان العربية وتشجيع إنشاء هذه الهيئات في البلدان العربية التي لم يسبق لها إنشائها. وعمل اتفاقيات مشتركة بين الهيئات المماثلة إقليمياً ودولياً لضمان الجودة والاعتماد والأخذ ببعض التجارب الناجحة وتعميمها على الجامعات الخاصة والحكومية.

5- الأخذ بمنهج إدارة الجودة الشاملة في إدارة مؤسسات التعليم العالي ومن ثم تحقيق رفع كفاءة الأداء بهذه المؤسسات والقيام بوظائفها (إعداد القوى البشرية، البحث العلمي، التنشيط الثقافي والفكري العام) بصورة مرضية وإنشاء وحدة الجودة الشاملة وتأسيسها في الأقسام والكليات التابعة لكل مؤسسة تعليم عالي.

6- وضع التشريعات الضرورية لعملية الاعتماد وضمان الجودة للمؤسسات الجامعية وإعطاء الاستقلالية الكاملة للجامعات لوضع السياسات الخاصة بها في مجال ضمان الجودة.

7- التأكيد على ضرورة توافر شروط ومعايير محددة قبل إنشاء جامعات حكومية جديدة، أو الترخيص لجامعات خاصة تضمن توافر مواصفات الجودة التعليمية فيها ولبرامجها التعليمية التي ستقدمها.

8- توطيد العلاقة والشراكة بين مؤسسات التعليم العالي والقطاع الخاص في العديد من المجالات المشتركة وإيجاد آليات أكثر مرونة للتنسيق في ضمان الجودة لمخرجات التعليم العالي.

9- الاستفادة من خبرات الدول المتقدمة في مجال الاعتماد وضمان جودة المؤسسات التعليمية الجامعية.

10- مراجعة برامج الجامعات والكليات ومناهجها وتحسينها وتطويرها وإعادة هيكلتها لتصبح أكثر التصاقاً بحاجات الطلاب واحتياجات المجتمع، ولتسهم في تنمية مهارات الطلاب وتنمية قدراتهم الإبداعية الابتكارية وتقوية ثقتهم بأنفسهم وإعدادهم للعمل المنتج.

11- تنفيذ عملية تقويم دورية لتلك المؤسسات للتأكد من أن الأسس التي وضعت على أساسها الأهداف والاستراتيجيات والبرامج للتواكب ومتطلبات التنمية وحاجات المجتمع والعمل على تحسين الأداء ومتطلبات التطوير.

12- دراسة احتياجات ومتطلبات سوق العمل من المتخرجين في الاختصاصات المختلفة وبناء آلية للتعرف على احتياجاته لاستيعابها في خطط التعليم العالي مع إنشاء قاعدة بيانات تفي بالغرض.

13- تعزيز التنسيق والتكامل بين الوزارات العربية المعنية بالتعليم العالي بكل مستوياته وإقرار سياسة عربية موحدة لإعداد الموارد البشرية وتفعيل الاستراتيجية العربية الموحدة للتعليم العالي.

14- مراجعة سياسات التعليم العالي بحيث تكون منظومة التعليم العالي مرنة تستجيب لاحتياجات سوق العمل وحاجات المجتمع المتجددة بما يسهم في

طرح برامج غير تقليدية يحتاجها سوق العمل مع الحرص على إكساب الخريجين مهارات التوظيف الأساسية مثل: التفكير الناقد والإبداعي، ومهارات اللغة الأجنبية، والقدرة على حل المشكلات بشكل مبتكر، والقدرة على العمل في فريق جماعي، والقدرة على التعلم مدى الحياة.

15- تحديد المقررات الدراسية بصورة دورية (لا تزيد عن خمس سنوات) بما يمكن الطلاب من اكتساب المعارف والمهارات المناسبة لاحتياجات السوق المتجددة، وتوفير التدريب المهني المناسب لأعضاء هيئة التدريس الذي يمكنهم من تطوير البرامج والمقررات الدراسية بما يلبي احتياجات سوق العمل.

16- استحداث مكون خاص بالتدريب العملي (التطبيقي) في كل برنامج دراسي يربط ما يدرسه الطالب في الجامعة مع متطلبات العمل.

17- ضرورة قيام الجامعة بقياس رضا المستفيدين عن أداء خريجها والتقصي عن مواصفات واحتياجات سوق العمل من الخريجين.

18- دعم التخصصات الحديثة التي تحقق التوافق بين التعليم وحاجات المجتمع ممثلاً في قطاعات الأعمال والمؤسسات الإنتاجية، وسد الفجوة بين عدد المشتغلين في الوظائف التي تحتاج لتأهيل علمي والخريجين من الجامعات.

19- تدريب الهيئات التدريسية والإدارية على المهارات اللازمة لتطبيق نظام الجودة والاعتماد في الجامعات.

20- ضرورة تركيز المؤسسات التعليمية على مواءمة مخرجاتها مع احتياجات ومتطلبات مؤسسات سوق العمل لسد تلك الاحتياجات من جهة، ولضمان حصول الخريجين على فرص العمل المناسبة لتخصصاتهم.

21- ضرورة منح الجامعات قدراً كبيراً من الاستقلالية وعدم التدخل في قراراته العملية لأجل تحقيق الجودة في كافة مخرجاتها ولا سيما المستوى النوعي لجودة الخريجين باعتبارهم من أهم مخرجات التعليم العالي.

22- التركيز على عمليات وبرامج التعلم وجعلها مرادفة لبرامج التدريس الاعتيادية كونها تعزز مستوى كفاءة المخرجات التعليمية وتسهم مساهمة كبيرة في ضمان جودة الخريجين.

23- الاهتمام بمبدأ التحسين المستمر Continuous Improvement في كافة المجالات ذات العلاقة بجودة التعليم وذلك لضمان معالجة نقاط الضعف التي يتم اكتشافها، والارتقاء بنقاط القوة المتحققة لمواكبة التقدم العلمي المستمر.

24- إجراء المقارنات المرجعية مع الجامعات الرائدة عربياً وعالمياً وبشكل دوري بما يسهم في تحقيق ضمان الجودة بالمستوى المقبول عالمياً.

25- العمل على استخدام الجامعات للاستراتيجيات التسويقية والترويجية المناسبة لتشجيع مؤسسات سوق العمل على الاستفادة من مخرجاتها بإطار واسع وفاعل.

26- المراجعة الدورية والمستمرة لاحتياجات مؤسسات سوق العمل ودراستها والعمل على تحقيقها.

27- وضع البرامج الكفيلة باستخدام المخرجات المستهدفة وجعلها من أهم مدخلات العملية التعليمية كإعداد مبكر للمخرجات المخطط لها مستقبلاً.

28- مراعاة الدقة التامة في تعريف زبائن المؤسسة التعليمية، وتحديد الأهمية النسبية لمتطلباتهم، والتركيز على الزبون الأكثر أهمية.

29- إجراء مسح منتظم لآراء الزبائن، حيث أن إشباع متطلبات الزبائن يتعبر من أهم المقاييس التي يمكن استخدامها للحكم على نجاح المؤسسة التعليمية.

30- تخصيص الوقت والموارد الكافيين لعملية التحول.

31- التعليم عن طريق القدوة الحسنة، ذلك أن القيادة العليا هي المفتاح الرئيس في تطبيق فلسفة إدارة الجودة الشاملة، والقوة المحركة التي تقف وراء النجاح أو الفشل، لذلك يجب على قادة المؤسسة التعليمية أن يأخذوا بزمام المبادرة، وأن يكونوا قدوةً حسنة لجميع العاملين داخل المؤسسة التعليمية.

32- الترويج لفلسفة إدارة الجودة الشاملة، إذ لا يجب أن يتم فرض هذه الفلسفة على العاملين داخل المؤسسة التعليمية، وإنما يجب على القيادة الإدارية الترويج لها لجعلها أكثر جاذبية ومقبولة للعاملين لدفعهم إلى تبنيها، ولا ننسى أن نؤكد هنا على ضرورة مشاركة العاملين في جميع خطوات ومراحل التغيير.

33- محاولة تبسيط كل ما يمكن تبسيطه، وإزالة كل ما من شأنه أن يزيد من التعقيد، وتخفيض التكاليف كلما أمكن ذلك.

34- البدء بالتطبيق على إحدى الوحدات التنظيمية (كلية أو أكثر مثلاً)، إذ نجد أن الغالبية العظمى من المؤسسات التعليمية الرائدة في تبني فلسفة إدارة الجودة الشاملة قد ابتدأت بتطبيق هذه الفلسفة على بعض الوحدات التنظيمية قبل تعميم تطبيقها على المؤسسة التعليمية ككل، ولعل السبب الجوهري الذي يبرر ذلك هو أن هناك صعوبة أكبر في اختراق وتحفيز العاملين في المؤسسات التعليمية مقارنة بغيرها من المؤسسات، ولكن عندما يتحقق النجاح لدى الوحدات التنظيمية التي ابتدأت في تبني فلسفة إدارة الجودة الشاملة، فإن ذلك سيسهل عملية تبنيهم ودعمهم لها.

35- أداء الأعمال بشكل صحيح ومن المرة الأولى، والتركيز على التخطيط الشمولي.

36- استخدام نظام الاتصالات بكفاءة وفاعلية، ذلك أن النشرات والتقارير الدورية والمستمرة تعتبر طريقة جيدة للبقاء على اتصال مستمر مع جماعة العمل وإطلاعهم على مدى التقدم الذي تحققه المؤسسة التعليمية في طريقها نحو تبني فلسفة إدارة الجودة الشاملة، والدور الذي يلعبونه في تحقيق هذا التقدم.

37- توفير قدر كبير من التدريب للإدارة والعاملين والتأكد من امتلاكهم للمهارات الضرورية لعملية التغيير، وتفهمهم الشامل للفلسفة التي يقوم عليها برنامج إدارة الجودة الشاملة.

38- يجب تجنب المشكلات التالية:

أ- نفاد الصبر والإحباط، ذلك أن برنامج إدارة الجودة الشاملة يتطلب خمس سنوات على الأقل قبل أن يؤتي ثماره، إلا أن كثيراً من المؤسسات تريد حلاً سريعاً.

ب- ضعف قبول الحاجة للتغيير، فعلى الرغم من وجود العديد من المؤشرات على انحطاط النظام التعليمي، إلا أن المؤسسات التعليمية قد لا توافق على وجود حاجة للتغيير، وذلك لأن ذلك غالباً ما يتميز بالبطء، كما أن المشكلات المرئية تزحف ببطء أيضاً ويتم قبولها كوضع راهن، وعلى ذلك فإن المؤسسات التعليمية لن تقدم على قبول التغيير ما لم يكن هناك حاجة قوية للتغيير، الأمر الذي يتطلب ضرورة وجود قيادة قوية وملهمة للقيام بالمبادأة وإحداث التغيير.

ج- معارضة التغيير بسبب الخوف من تهديد الاستقلالية الفردية للكليات، ذلك أن الكليات غالباً ما يكون لديها سيطرة تامة على مناهجها، وبالتالي فإنها قد تنظر إلى متطلبات الجودة الشاملة من مشاركة الزبائن وفريق العمل على أنها تمثل تهديداً لهذه الاستقلالية، ويمكن للمؤسسة تجاوز هذه المشكلة من خلال التوعية والتأهيل والتدريب.

د- إحجام مديرو الإدارة العليا عن التخلي عن بعض سلطاتهم لتمكين العاملين وزيادة مشاركتهم.

هـ- الفشل في تبني مبادئ العمل بشكل صحيح، خصوصاً عندما يعارض أعضاء الهيئة التدريسية إعادة النظر في الطريقة القديمة المتبعة في أداء الأعمال.

و- إن الهيكل التنظيمي الذي تتميز به المؤسسات التعليمية قد يجعل صعوبة في التركيز على الرسالة المشتركة، أو الهدف الموحد، حيث هناك تقسيم شديد وقيادة مجزأة.

ز- الخلافات الثقافية، ذلك أن الجامعات قد تشعر بأنها متميزة ومستثناة من تقييم المؤسسات الاجتماعية الأخرى.

ح-   عدم كفاية الموارد اللازمة لعملية التغيير.

ط-   نقص التدريب والمعرفة الكافيين.

خلاصة لما سبق يمكن القول بأن تطبيق فلسفة إدارة الجودة الشاملة قد يمثل سفينة النجاة للمؤسسات التعليمية التي تجد نفسها في حاجة للحداثة، خصوصاً مع الضغوطات المتزايدة التي تشهدها هذه المؤسسات من تخفيض في المخصصات الحكومية وتضاءل في الدعم العام، الأمر الذي يجعل الحاجة لإعادة هيكلة قطاع التعليم العالي أكثر إلحاحاً أكثر من أي وقت مضى، وحتى تستطيع المؤسسات أن تحقق النجاح في تبين هذه الفلسفة، لابد أن تحظى هذه الفلسفة بالتزام شامل من القمة للقاعدة، كما يجب أن تعم المؤسسة بالكامل كي تحظى بالقوة وتحقق النجاح الذي تطمح إليه المؤسسة التعليمية.

39-   إنشاء هيئة مستقلة للاعتماد الأكاديمي تتولى تقويم وضبط الجودة والنوعية في المؤسسات التعليمية، وبما يتماشى مع المعايير الدولية.

40-   وضع توصيف وظيفي وفق النظام الإداري للمسؤولين عن المؤسسات التعليمية.

41-   وضع معايير جودة محددة لجميع مجالات العمل في المؤسسات التعليمية خدمية، إنتاجية، إدارية، مالية.

42-   تدريب العاملين بالمؤسسات التعليمية لتطبيق إدارة الجودة الشاملة بها.

43-   إجراء التقويم المستمر لجميع أعضاء هيئة التدريس والإداريين والمشرفين والعاملين في المؤسسات التعليمية.

44-   حل المشاكل بشكل متواصل ومستمر وبطريقة علمية سليمة.

45-   الاهتمام بنوعية الجودة العالية للخدمات التي تقدمها المؤسسات التعليمية للفرد والمجتمع وفقاً لمعايير الجودة الشاملة.

46-   ضمان أن الأنشطة العلمية والبرامج الدراسية المعتمدة تلبي متطلبات الاعتماد الأكاديمي وتتفق مع المعايير العالمية في التعليم العالي ومتطلبات

التخصص في مجالات التعليم المختلفة وكذلك حاجات الجامعة، والطلبة والدولة، والمجتمع.

47- العمل على تفعيل فكرة إنشاء وحدة الجودة الشاملة وتطوير الأداء بكليات الجامعة في ضوء المعايير الدولية.

‫***‬

المراجع العربية والأجنبية

أولاً: المراجع العربية

1- إبراهيم حسـن محمـد: الجودة والمنافسة العالمية وتطبيقاتها في الصنـاعة – مـن – 1993.

2- إبراهيم حسن محمد: نظام الجودة الشاملة (الأيـزو 9000) إرشادات للمشروعات الصناعية في الدول النامية – ط(2) – مركز التجارة الدولي (أي. تي. سي) الانتكاد (لجنة المتحدة للتجارة والتنمية - الجات (الاتفاقية العامة للتعريفة الجمركية) – الأيـزو (المنظمة الدولية للمواصفات) – 1995.

3- إبراهيم محمد مهدي: "تطبيـق مفهـوم الجـودة الشـاملة في تصـميم بـرامج التعلـيم الإداري – المؤتمر العلمي السنوي الثاني 11-12 مايو 1997 – "إدارة الجودة الشاملة في تطوير التعليم الجامعي" – كلية التجارة – جامعة الزقازيق – 1997.

4- ابن منظور، (1984) لسان العرب، ج2، القاهرة: دار المعارف.

5- أبو الشعر، هند غسان، معايير الجودة المعتمدة في مؤسسات التعليم العالي – جامعـة آل البيت في الأردن نموذجاً.

6- أبو فارة، يوسف أحمـد – دراسـة تحليليـة لواقـع ضـمان جـودة التعلـيم في جامعـة القدس، ورقة علمية أعدت لمؤتمر النوعية في التعليم الجامعي الفلسطيني، الـذي عقده برنامج التربية ودائرة ضبط النوعية في جامعـة القـدس المفتوحـة في مدينـة رام الله في الفترة الواقعة 3 2004/7/5.

7- أبو ملوح، محمد (2000)، الجودة الشاملة في التعليم الصيفي، غـزة، مركـز القطان للبحث والتطوير.

8- أبو نبعة، عبـد العزيـز وفوزيـة مسـعد (1998): إدارة الجـودة في مؤسسـات التعلـيم العالي، بحث مقدم إلى مؤتمر التعليم العالي في الوطن العربي في ضوء متغيرات العصر، جامعة الإمارات العربية المتحدة، العين، 13-15 ديسمبر 1998.

9- اتحاد الجامعـات العربيـة (2003) دليـل التقويـم الـذاتي والخـارجي والاعتمـاد العـام للجامعات العربية أعضاء الاتحاد، عمان، الأردن.

10- أحمد إبراهيم أحمد: الإدارة التعليمية بين النظرية والتطبيق - الإسكندرية - مكتبة المعارف الحديثة - 2002.

11- أحمد إبراهيم أحمد: معايير جودة الإدارة التعليمية والمدرسية - المؤتمر العلمي السابع - لجودة التعليم في المدرسة المصرية.

12- أحمد أبو الفتوح شبل: "الانفتاح الحضاري مبرراته وشروطه، ومتطلباته التربوية" - مجلة كلية التربية - جامعة المنصورة - ع (34) - مايو 1997.

13- أحمد إسماعيل حجي: إدارة بيئة التعليم والتعلم: النظرية والممارسة داخل الفصل والمدرسة ط (2), القاهرة, دار الفكر العربي, 2001.

14- أحمد إسماعيل حجي: الإدارة التعليمية والإدارة المدرسية - القاهرة - دار الفكر العربي - 1998م.

15- أحمد سيد مصطفى (1998)، إدارة الجودة الشاملة والأيزو 9000، مكتبة الأنجلو المصرية، القاهرة.

16- أحمد سيد مصطفى: إدارة الجودة الشاملة والأيزو 9000 - القاهرة - مطابع الدار الهندسية - 1998.

17- أحمد سيد مصطفى: إدارة الجودة الشاملة والأيزو 9000، القاهرة، النهضة العربية، 1997.

18- أحمد، أحمد إبراهيم (2003): الجودة الشاملة في الإدارة التعليمية والمدرسية، الإسكندرية: دار الوفاء لدنيا الطباعة والنشر.

19- الأخوان عامر، طارق وربيع عبد الرؤوف محمد: ضمان الجودة ونظام الاعتماد الأكاديمي للتعليم الجامعي في ضوء التوجهات الحديثة "تصوير مقترح" ورقة عمل مقدمة للمؤتمر الثالث للتعليم العالي في اليمن تحديات جودة التعليم العالي والاعتماد الأكاديمي في دول العالم الثالث خلال الفترة من 10-12 أكتوبر 2009م - صنعاء.

20- إدوارد ساليز: من الأنظمة إلى القيادة - تطور حركة الجودة في التعليم بعد الثانوي, في جيفر دوهرتي (محرر).

21- أمل عبد العزيز العريان: "تطوير التعليم الثانوي الفني الصناعي ذو الثلاث سنوات في ضوء معايير الجودة الشاملة" - ماجستير - غير منشورة - كلية التربية - جامعة طنطا - 2004.

22- أمل محمد يوسف: نموذج لإدارة الجودة الشاملة في التعليم الجامعي مع التطبيق على كليات الطب بالجامعات المصرية.

23- أمير أحمد السيد التوني: قراءات في إدارة الجودة الشاملة - المجلة العلمية - كلية التجارة - جامعة أسيوط ع (23) - يوليو 1997.

24- انكستون فيليب: الأساس الصحيح لإدارة الجودة الشاملة الناجحة، ترجمة عبد الفتاح السيد النعماني، مركز الخبرات المهنية للإدارة (بميك) القاهرة، 1996.

25- أنيس، عبد العظيم (1996) "مقترحات لتحسين الجودة في التعليم" مؤتمر التعليم العالي في مصر وتحديات القرن الحادي والعشرين، المنوفية.

26- بدح، أحمد (2006). إدارة الجودة الشاملة: أنموذج مقترح للتطوير الإداري وإمكانية تطبيقه في الجامعات الأردنية العامة، مجلة اتحاد الجامعات العربية، العدد 46، عمان.

27- بدح، أحمد محمد (2003). إدارة الجودة الشاملة: أنموذج مقترح للتطوير الإداري وإمكانية تطبيقه في الجامعات الأردنية العامة، أطروحة دكتوراه غير منشورة، جامعة عمان العربية للدراسات العليا، الأردن.

28- بدران عبد الرحمن العمر: "مدى تطبيق مبادئ الجودة الشاملة في مستشفيات مدينة الرياض من وجهة نظر ممارسي مهنة التمريض" - مجلة الإدارة العامة - مج (9) - ع (2) - المملكة العربية السعودية - معهد الإدارة العامة - يونيه 2002.

29- برهامي عبد الحميد زغلول: تطبيق مفاهيم إدارة الجودة الشاملة في تحليل مشكلات منظومة التعليم الثانوي التجاري في مصر - مجلة كلية التربية - جامعة طنطا - ع (31) - مج (2) - ديسمبر 2002.

30- البكري، سونيا محمد (2003). إدراة الجودة الكلية، القاهرة: الدار الجامعية.

31- البنا، رياض شداد (2007). إدارة الجودة مفهومها وأسلوب إرسالها مع توجيهات الوزارة في تطبيقها في مدارس المملكة، المؤتمر السنوي الواحد والعشرين للتعليم الإعدادي للفترة من 24-25 يناير.

32- الترتوري، محمد؛ جويخان، أغادير: إدارة الجودة الشاملة في مؤسسات التعليم العالي والمكتبات ومراكز المعلومات 2009م.

33- توفيق محمد عبد المحسن: تخطيط ومراقبة جودة المنتجات: مدخل إدارة الجودة الشاملة – ط(1) – القاهرة – دار النهضة العربية – 1995.

34- توفيق محمد عبد المحسن: تقييم الأداء: مدخل جديد لعالم جديد: الجودة الشاملة أيزو 9000 – القاهرة – دار النهضة العربية – 1998.

35- توفيق، عبد الرحمن (2005). الجودة الشاملة (الدليل المتكامل)، ط2: سلسلة إصدارات بميك، القاهرة، مركز الخبرات المهنية للإدارة.

36- جاباونسكي، جوزيف (1993). تطبيق إدارة الجودة الكلية، خلاصات، السنة الأولى، العدد السادس.

37- جاكي هولوي: هل هناك مكن للجودة الشاملة في التعليم العالي, في جيفري دوهرتي (محرر).

38- جانيس اركارو: إصلاح التعليم (الجودة الشاملة في حجرة الدراسة) ترجمة سهير بسيوني، دار الأحمدي للنشر، القاهرة، 2001.

39- جوران، ح. م: تخطيط الجودة الاستراتيجي – الشركة الشرقية – 1985.

40- جوزيف جابلونسكي: تطبيق إدارة الجودة الشاملة "نظرة عامة" – (ترجمة: عبد الفتاح النعماني، وعبد الرحمن توفيق) – جزء (2) – القاهرة – مركز البحوث المهنية للإدارة بميك – 1996.

41- جوهر صلاح (2001)، أساليب تقنيات الغدارة التربوية في ضوء ثورة الاتصال والمعلومات، المؤتمر السنوي التاسع، دار الفكر العربي، القاهرة.

42- جويلي، مها (2002): المتطلبات التربوية لتحقيق الجودة التعليمية، دراسات تربوية في القرن الحادي والعشرون، الإسكندرية: دار الوفاء لدنيا الطباعة والنشر.

43- الحاج، فيصل عبد الله، وآخرون، 2008، "دليل ضمان الجودة والاعتمادات العربية أعضاء الاتحاد"، عمان، المملكة الأردنية الهاشمية.

44- حافظ فرج أحمد، ومحمد صبري حافظ: إدارة المؤسسات التربيوية - القاهرة - عالم الكتب - 2003.

45- حسن الببلاوي: إدارة الجودة الشاملة في التعليم العالي بمصر، ورقة عمل مقدمة في مؤتمر التعليم العالي في مصر وتحديات القرن الحادي والعشرين، مركز إعداد القادة، الجهاز المركزي للتنظيم والإدارة، القاهرة، 20-21 مايو 1996.

46- حسين شرارة: إدارة الجودة الشاملة ومعايير الأيزو - القاهرة - شركة الخبرات الدولية المتكاملة د.ن.

47- حسين محمد السيد أبو مايلة: "نموذج لإدارة الجودة التعليمية في المدرسة وداخل حجرة الدراسة" إطار تخطيطي مقترح - مجلة كلية التبرية بدمياط - جامعة المنصورة - ع (38) - نوفمبر 2001.

48- حمادات، محمد حسن محمد .. وظائف وقضايا معاصرة في الإدارة التربوية 2007م.

49- الحمالي، راشد بن محمد، 2008 "معايير الجودة الشاملة في مؤسسات التعليم العالي العربي"، مجلس ضمان الجودة والاعتماد - الأمانة العامة لاتحاد الجامعات العربية، عمان - المملكة الأردنية الهاشمية.

50- حمود، خضر (2000): إدارة الجودة الشاملة، عمان: دار المسيرة للنشر والتوزيع.

51- الحنيطي، عبد الرحيم: معايير الجودة والنوعية في التعليم المفتوح والتعلم عن بعد: الشبكة العربية للتعليم المفتوح والتعليم عن بعد، عمان 2004.

52- الحوات، علي: العلاقة بين مخرجات التعليم وسوق العمل: دراسة في المجتمع الليبي، الهيئة الوطنية للمعلومات، طرابلس 2007/12/24.

53- خالد بن سعد عبد العزيز: إدارة الجودة الشاملة: تطبيقات على القطاع الصحي – الرياض – مكتبة الملك فهد الوطنية – 1997.

54- خالد قدري إبراهيم: "الجودة نظام التعليم الأساسي بجمهورية مصر العربية في ضوء الدراسات المستقبلية" – القاهرة – المركز القومي للبحوث التربوية والتنمية – 1999.

55- خضير كاظم حمود: إدارة الجودة الشاملة – عمان – دار المسيرة للنشر والتوزيع – 2000.

56- الخفاجي، نعمة والغالبي، طاهر محسن 2006، "جودة المديرين نظرة تحليلية نقدية" المؤتمر العلمي الاول لجامعة الإسراء 2006، عمان، المملكة الأردنية الهاشمية.

57- خليل أحمد السيد (2001)، وإبراهيم عباس الزهري، إدارة الجودة الشاملة في التعليم: خبرات تعليمية وإمكانية الإفادة منها في مصر، الجمعية المصرية للتربية المقارنة والإدارة التعليمية، المؤتمر السنوي التاسع، دار الفكر العربي.

58- خليل، أحمد سيد (2005). إدارة الجودة الشاملة: مقترح في لإصلاح التعليم، المؤتمر التربوي الخامس لجودة التعليم الجامعي، البحرين، جامعة البحرين، للفترة من 11-2005/4/13.

59- الخميسي، سلامة، 2007، "معايير جودة المدرسة الفعالة في ضوء منحنى النظم: رؤية منهجية، الجمعية السعودية للعلوم التربوية والنفسية، اللقاء السنوي الرابع عشر "الجودة في التعليم العام"، القصيم، المملكة العربية السعودية.

60- د. جميل نشوان – تطوير كفايات للمشرفين الأكاديميين في التعليم الجامعي في ضوء مفهوم إدارة الجودة الشاملة، ورقة عمل أعدت لمؤتمر النوعية في التعليم الجامعي الفلسطيني الذي عقده برنامج التربية ودائرة ضبط النوعية في جامعة القدس المفتوحة في مدينة رام الله في الفترة الواقعة 3-2004/7/5.

61- الداردكة، مأمون (2002). إدارة الجودة الشاملة، ط1، عمان: دار الصفاء للنشر والتوزيع.

62- دافيد لاسكال، روي بيكوك: قمة الأداء، ترجمة أحمد عتمان، سلسلة إصدارات بميك، القاهرة، 1998.

63- دال بترفيلد: الرقابة على الجودة: (ترجمة: سرور على إبراهيم) - (تقديم: عبدالله بن عبدالله العبيد) - القاهرة - المكتبة الأكاديمية - 1995.

64- الدرادكة مأمون وطارق آل الشبلي (2002)، الجودة في المنظمات الحديثة، دار صفاء للنشر، عمان.

65- درية السيد البنا: تطوير التعليم الثانوي الفني بمصر في ضوء إدارة الجودة الشاملة "دراسة حالة في محافظة دمياط" - مجلة دراسات تربوية واجتماعية - مج (9) ع (4) - تصدر عن كلية التربية بجامعة حلوان - أكتوبر 2003.

66- رايموند ويليامز: طرائق الحداثة ضد المتوائمين الجدد عالم المعرفة , الكويت, ع(246), يونيو1999.

67- الرشيد محمد، (1995)، الجودة الشاملة في التعليم، المعلم، مجلة تربوية ثقافية جامعية، جامعة الملك سعود.

68- الزامل، خالد (1993): مفهوم إدارة الجودة الشاملة في المملكة العربية السعودية، ورقة مقدمه للمؤتمر السادس للتدريب والتنمية الإدارية، القاهرة، 19-20 أبريل، 1993.

69- زيدان، مراد (1996) "جودة التعليم المصري" القاهرة: كلية التربية بالفيوم.

70- زينب عبد العزيز: هدم الإسلام بالمصطلحات المستوردة- الحداثة والأصولية, القاهرة، دار الأنصار، 1999.

71- سان هاند: فلسفة ما بعد الحداثة, في أوليفر ليمان (محرر) : مستقبل الفلسفة في القرن الواحد والعشرين, عالم المعرفة, الكويت، ع(301)، مارس 2004.

72- ستيفن كوهين ورونالد بارند: إدارة الجودة الكلية في الحكومة دليل عملي لواقع حقيقي, ترجمة عبد الرحمن هيمان مكتبة الملك فهد الوطنية, الرياض, 1997.

73- سعاد بسيوني عبد النبي: "إدارة الجودة الشاملة مدخل لتطوير التعليم الجامعي بمصر" - مجلة كلية التربية - جامعة عين شمس - ع (20) - ج (3) - 1996.

74- سلامة عبد العظيم حسين: الاعتماد وضمان الجودة في التعليم، دار النهضة العربية للنشر والتوزيع، القاهرة، 2005.

75- السلطي، مأمون وإلياس، سهيلة (1999). دليل علمي لتطبيق أنظمة إدارة الجودة الأيزو 9000. دار الفكر، دمشق.

76- سمير أبو الفتوح صالح: بحوث العمليات لدعم القرارات في ظل التشغيل الالكتروني - من - ط (2) - 2001.

77- سوسن شاكر مجيد، محاضرة بعنوان مشروع ضمان الجودة والاعتماد الأكاديمي في إطار اتحاد الجامعات العربية، القيت في ندوة ضمان الجودة والاعتماد الأكاديمي الخميس 2009/4/2 التي تقيمها الجامعة التكنولوجية - العراق بالتنسيق مع اتحاد الجامعات العربية.

78- سونيا محمد البكري: إدارة الجودة الكلية - القاهرة - الدار الجامعية - 2002.

79- سويلم، عبد المجيد: مشكلات المواءمة بين مخرجات التعليم والتدريب المهني ومتطلبات سوق العمل الفلسطيني 2005.

80- السيد عليوه: تنمية مهارات مديري الإدارات - القاهرة - ابتراك للنشر والتوزيع - 2001.

81- سيد محمد الخولي: استراتيجية العمليات وإدارة الجودة الكلية - القاهرة - مكتبة عين شمس 1993.

82- الشرقاوي، مريم (2003): إدارة المدرسة بالجودة الشاملة، ط2، القاهرة: مكتبة النهضة المصرية.

83- الطائي، يوسف، وآخرون، 2005، "إمكانية تطبيق إدارة الجودة الشاملة في التعليم الجامعي دراسة تطبيقة" مجلة الإدارة والاقتصاد، جامعة الكوفة، المجلد الأول، العدد (2).

-84 عابدين، محمود (1989) "الجودة واقتصادياتها في التربية" دراسة نقدية في مجلة دراسات تربوية، المجلد السابع القاهرة.

-85 عادل الشبراوي: الدليل العلمي لتطبيق إدارة الجودة الشاملة - أيزو 9000 - المقارنة والمراجعية - القاهرة - الشركة العربية للإعلام العلمي - 1995.

-86 العايدي، حاتم: تقييم برامج هندسة الحاسوب وعلوم الحاسوب في الجامعة الإسلامية: ورقة عمل أعدت لمؤتمر النوعية في التعليم الجامعي الفلسطيني الذي عقده برنامج التربية ودائرة ضبط النوعية في جامعة القدس المفتوحة رام الله في الفترة 3-2004/7/5.

-87 عبد الرحمن أحمد محمد هيجان: "منهج عملي لتطبيق مفاهيم إدارة الجودة الكلية" - مجلة الإدارة العامة - مج (24) - ع (3) - المملكة العربية السعودية - معهد الإدارة العامة - ديسمبر 1994.

-88 عبد العظيم عبد السلام إبراهيم: العملية التربوية في رياض الأطفال في ضوء معايير الجودة الشاملة - "المؤتمر السنوي الأول لمركز رعاية وتنمية الطفولة - تربية الطفل من أجل مصر المستقبل - الواقع والطموح" - مركز رعاية الطفولة - جامعة المنصورة - 25-26 ديسمبر 2002.

-89 عبد الله بن موسى الخلف: "ثالوث التميز: تحسين الجودة وتخفيض التكلفة وزيادة الإنتاجية" - مجلة الإدارة العامة - مج (37) - ع (8) - المملكة العربية السعودية - معهد الإدارة العامة - مايو 1997.

-90 عبد المجيد، محمد سعيد، قانون تنظيم الجامعات وجودة التعليم، دراسة ميدانية مقدمة للمؤتمر الدولي الثاني لقسم علم النفس، جامعة المنيا، كلية الآداب، 2006م.

-91 عبد المنعم عبد المنعم محمد نافع: الجودة الشاملة ومعوقاتها في التعليم الجامعي المصري (دراسة ميدانية)، مجلة كلية التربية ببنها عدد أكتوبر، 1996.

92- عبد الودود مكرم: "الأهداف التربوية بين صناعة القرارات ومسئولية التنفيذ دراسة تحليلية في ضوء مفهوم إدارة الجودة الشاملة للمؤسسات التعليمية" – مجلة كلية التربية – جامعة المنصورة – ع (32) سبتمبر 1996.

93- عبد الودود مكروم: الأهداف التربوية بين صناعة القرا ومسئولية التنفيذ، دراسة تحليلية في ضوء مفهوم إدارة الجودة الشاملة للمؤسسات التعليمية، مجلة كلية التربية، جامعة المنصورة، ع32، ديسمبر 1996.

94- عبدالله محمد شوقي: "إدارة الجودة الشاملة مدخلاً لتطوير التعليم الفني" – مجلة كلية التربية – جامعة المنصورة ع(53) – ج(1) – سبتمبر 2003.

95- العبيدي، حازم بدري، 2007، "بناء القدرات لأعضاء الهيئات التدريسية الجامعية"، بحث منشور في المؤتمر العالمي للتعليم العالي في العراق، مجلة المنصور عدد 6، مجلد 2.

96- العبيدي، سيلان جبران – التعليم العالي وسوق العمل في الجمهورية اليمنية ورقة مقدمة لندوة حول منجزات الوحدة اليمنية التي تنظمها جامعة الجديدة 2006.

97- العبيدي، سيلان: الجامعات الخاصة في الوطن العربي – رهانات وتحديات ورقة عمل مقدمة لورشة العمل الدولية "عولمة التعليم العالي والتعاون العربي الألماني" تنظمها المنظمة العربية للتربية والثقافة والعلوم بالتعاون مع مؤسسة كولراد ادیناور تونس (8-9) ديسمبر 2007م.

98- العتيبي، منير بن مطني، تحليل ملائمة مخرجات التعليم العالي لاحتياجات سوق العمل السعودي بدون تاريخ.

99- عرفات عبد العزيز: الإدارة المدرسية في ضوء الفكر الإداري الإسلامي المعاصر، القاهرة، الأنجلو المصرية، 1988.

100- عشيبة، فتحي درويش، 2000، "الجودة الشاملة وإمكانيات تطبيقها في التعليم الجامعي المصري – دراسة تحليلية" في: تطوير نظم إعداد المعلم العربي وتدريبه مع مطلع الألفية الثالثة، المؤتمر السنوي لكلية التربية، جامعة حلوان، 26-27 مايو.

101- علام، صلاح الدين (2003): التقويم التربوي المؤسّس، عمان: دار الفكر العربي.

102- على السلمي (1995)، إدارة الجودة الشاملة ومتطلبات التأهيل للأيزو 9000، دار غريب، القاهرة.

103- على السلمي: تطوير الأداء وتجديد المنظمات: القاهرة – دار قباء للطباعة والنشر والتوزيع – 1998.

104- على ياغي: تقييم برامج إدارة الأعمال في الجامعات العربية تجربة مشروع التعليم العالي ببرنامج الأمم المتحدة الإنمائي.

105- عمرو وصفي عقيلي ، المنهجية المتكاملة لإدارة الجودة الشاملة، عمان: دار وائل، 2001م.

106- عمرو وصفي عقيلي: "المنهجية المتكاملة لإدراة الجودة الشاملة وجهة نظر" – عمان – دار وائل للنشر والتوزيع – 2000.

107- عوض الله سليمان عوض الله: "تطوير إدارة وتنظيم الدراسات العليا بكليات التربية، في ضوء مشكلات الطلاب" – دكتوراه غير منشوره – كلية التربية فرع بنها – جامعة الزقازيق – 2004.

108- عيسان، صالحة عبد الله، التوافق بين مخرجات التعليم العالي ومتطلبات التنمية، ورقة مقدمة للورشة الإقليمية حول استجابة التعليم لمتطلبات التنمية الاجتماعية، المنظمة الإسلامية للتربية والعلوم والثقافة، مسقط، 2006م.

109- غيث، عبد السلام، "معايير الاعتماد العام والخاص في الجامعات الأردنية الخاصة" مؤتمر التعليم العالي بين الواقع والطموح، جامعة الزرقاء الأهلية، الأردن، 2000.

110- فتحي درويش محمد: الجودة الشاملة وإمكانية تطبيقها في التعليم الجامعي المصري (دراسة حالة) المؤتمر العلمي السنوي السابع لكلية التربية، تطوير المعلم العربي وتدريبه مع مطلع الألفية الثالثة، كلية التربية، جامعة حلوان، مايو 1999.

111- فرانسيس ماهوني، وكارل جرثور: ثلاثية إدارية الجودة الشاملة، ترجمة عبد الحكيم أحمد الخزامي، دار الفجر للنشر والتوزيع، القاهرة، 2000.

112- فريد عبد الفتاح زين الدين: تخطيط ومراقبة الإنتاج مدخل إدارة الجودة - القاهرة - دار الفجر - 1997.

113- فيليب اتكنسون: التغيير الثقافي - الأساس الصحيح لإدارة الجودة الشاملة، ترجمة عبد الفتاح النعماني، القاهرة، مركز الخبرات المهنية - بميك، 1996.

114- فيليب انكستون (1995)، التغيير الثقافي في الأساس الصحيح لإدارة الجودة الشاملة، ترجمة عبد الفتاح السيد النعمان، الدار اللبنانية المصرية.

115- القزاز، إسماعيل إبراهيم، 2010، "تدقيق أنظمة الجودة"، الطبعة الأولى، دار دجلة، عمان، المملكة الأردنية الهاشمية.

116- كمال إمام كامل: "إدارة الجودة الشاملة في التعليم العالي: ورقة عمل" - المؤتمر السنوي السابع - إدارة الأزمة التعليمية في مصر - كلية التجارة - جامعة عين شمس - 26 أكتوبر 2002.

117- لويد دوبيتر، وكلير كراد فورد: إدارة الجودة: التقدم والحكمة وفلسفة ديمنج - (ترجمة: حسن عبد الواحد) - القاهرة - الجمعية المصرية لنشر المعرفة والثقافة العالمية - 1998.

118- المؤتمر الإقليمي العربي حول التعليم العالي المنعقد في القاهرة، من 31 مايو إلى 2 يونيو 2009.

119- ماجدة محمد أمين وآخرون: الاعتماد وضمان الجودة في مؤسسات التعليم العالي، دراسة تحليلة في ضوء خبرات وتجارب بعض الدول، دراسة مقدمة للمؤتمر العملي السنوي الثالث عشر، كلية التربية بني سويف جامعة القاهرة، 24-25 يناير 2005.

120- مجمع اللغة العربية : المعجم الوسيط, ج (1), القاهرة, مطبعة مصر, 1960.

121- مجيد، سوسن، شاكر، والزيادات، محمد عواد، 2008، "الجودة والاعتماد الأكاديمي لمؤسسات التعليم العام والجامعي، الطبعة الأولى، داء صفاء للنشر والتوزيع، عمان، المملكة الأردنية الهاشمية.

122- محمد إبراهيم عطوه مجاهد: "الاعتماد المهني للمعلم مدخل لتحقيق الجودة في التعليم" - مجلة كلية التربية - جامعة المنصورة ع (48) - يناير 2002.

123- محمد بن عمار: تقرير الدخول الجامعي 2008/2007: المنتدى الوطني للتعليم العالي والبحث العلمي www.FNESRSc.com، الرباط 23 شوال 1428.

124- محمد بن فاطمة و أ. د/ نور الدين بن ساسي، دليل إدارة الجودة الشاملة للتعليم العالي في الوطن العربي، المنظمة العربية للتربية والثقافة والعلوم، تونس 2005م.

125- محمد توفيق ماضي: إدارة الجودة مدخل النظام المتكامل, دار المعارف, القاهرة, 1995.

126- محمد توفيق ماضي: الخطط المستقبلية للإدارة المصرية لاستخدام إدارة الجودة الشاملة - دراسة استطلاعية ونموذج مقترح, مجلة كلية التجارة بالمنصورة للبحوث العلمية, ع (2), ج (35) سبتمبر 1998.

127- محمد توفيق ماضي: تطبيقات إدارة الجودة الشاملة في المنظمات الخدمية في مجالس الصحة والتعليم "نموذج مفاهيمي مقترح" - القاهرة - المنظمة العربية للتنمية الإدارية - 2000.

128- محمد درويش، ويحيى إبراهيم: إدارة الجودة الشاملة - (مراجعة: محمد رشاد الحملاوي) - مركز التعليم المفتوح - جامعة عين شمس - 2000.

129- محمد عبد الرازق إبراهيم ويح: "تطوير نظام تكوين معلم التعليم الثانوي العام بكلية التربية في ضوء معايير الجودة الشاملة" - دكتوراه غير منشورة - كلية التربية جامعة الزقازيق - فرع بنها - 1999.

130- محمد عبد الغني حسن هلال: مهارات إدارة الجودة الشاملة في التدريب وتطبيقات ISO 9000 في التعليم والتدريب، مركز تطوير الأداء والتنمية، القاهرة، 1996.

131- محمد عبدالرازق إبراهيم: تطوير نظام تكوين معلم التعليم الثانوي العام بكليات التربية في ضوء معايير الجودة الشاملة.

132- محمد غازي بيومي: مؤشرات جودة المدرسة في بعض الدول المتقدمة والنامية (مدخل تطوير المدرسة المصرية)، المؤتمر العلمي السابع، جودة التعليم في المدارس المصرية (التحديات- المعايير- الفرص) كلية التربية بطنطا، 28-29 إبريل،2002.

133- محمد محمد سكران: التعليم والتقدم التكنولوجي والصناعي (التجربة اليابانية) ودار قباء للطباعة والنشر والتوزيع, القاهرة, 2001.

134- محمود عابدين: الجودة واقتصادياتها في التربية – دراسة نقدية – مجلة دراسات تربوية – مج (7) – ج (44) – تصدر عن رابطة التربية الحديثة – 1992.

135- محمود، سعيد طه؛ ناس" السيد محمد. قضايا في التعليم العالي والجامعي. دراسات تربوية. القاهرة. مكتبة النهضة المصرية 2006.

136- مريم بن بلعرب البلهائي: "تطوير إدارة الدراسات العليا بجامعة السلطان قابوس في ضوء متطلبات إدارة الجودة الشاملة" – ماجستير غير منشورة – جامعة القاهرة – معهد الدراسات والبحوث التربوية – يونيو 2001.

137- مصطفى أحمد، محمد الأنصاري، برنامج إدارة الجودة الشاملة وتطبيقها في المجال التربوي، قطر، المركز العربي للتدريب التربوي لدول الخليج، 2002م.

138- مصطفى السايح محمد، الجودة – جودة التعليم – إدارة الجودة الشاملة رؤية حول المفهوم والأهمية 2000/7/23.

139- الملتقى الأول للحوار حول قضايا الجودة والاعتمادية في التعليم العالي 2005/6/1م، جامعة تشرين سوريا.

140- ممدوح عبدالرحيم أحمد الجعفري : الجودة الشاملة في رياض الأطفال (تصور مقترح) مجلة كلية التربية ببنها, ع47, إبريل 1999.

141- منشورات الجامعة العربية الأمريكية (2003): دليل الطالب، جنين: الجامعة العربية الأمريكية.

142- منير عبد الله حربي: تطوير الأداء الجامعي بالدراسات العليا في ضوء مفهوم الجودة الشاملة, مجلة التربية المعاصرة, ع(5), دار المعرفة الجامعية, الإسكندرية, ديسمبر 1998.

143- المنيع، محمد عبد الله - توضيح وتقويم العلاقة بين منجزات التعليم الجامعي والتنمية الشاملة في المملكة العربية السعودية ندوة الجامعة الكبرى المحور التربوي المنعقدة 7-1420/7/18.

144- الموسوي، نعمان (2003): تطوير أداة لقياس إدارة الجودة الشاملة في مؤسسات التعليم العالي، المجلة التربوية، ع(67)، ص ص: 89-118.

145- موسى علي الشرقاوي: "تطوير التعليم الجامعي في مصر في ضوء مدخل إدارة الجودة الشاملة" "الواقع والإشكالية" - مجلة كلية التربية بالإسماعيلية - جامعة قناة السويس - ع (3) - سبتمبر 2003.

146- موقع الشبكة العربية لضمان جودة التعليم العالي على الانترنت http://arabic.anqahe.ort.

147- موقع المنظمة العربية للجودة على الانترنت www.aroqa.org.

148- موقع الهيئة العليا للاعتماد والتقويم على الانترنت (السودان) /www.evac.edu.sd.

149- موقع الهيئة القومية على الانترنت (مصر) www.NAQAAE.ORG.

150- موقع الهيئة الوطنية للتقويم والاعتماد على الانترنت (السعودية) www.ncaaa.org.sa.

151- موقع مجلس الاعتماد على الانترنت (عُمان) //www.oac.gov.omhttp:.

152- موقع مركز ضمان جودة واعتماد المؤسسات التعليمية على الانترنت (ليبيا) http://www.qaa.ly.

153- موقع وزارة التعليم العالي الإمارات http://www.mohesr.ae/arabic/department_caa.html.

154- ميادة محمد فوزي: "متطلبات تطبيق إدارة الجودة الشاملة ISO 9000 برياض الأطفال ومدارس التعليم العام بمصر "دراسة مبدئية - مجلة كلية التربية - جامعة المنصورة - ع (47) - ج (2) - سبتمبر 2001.

155- ناجي شنودة نخله: جودة النظام التعليمي - الندوة العلمية لقسم أصول التربية - بكلة التربية بكفر الشيخ - التعليم المدرسي في سياق التغيرات الثقافية المعاصرة - كلية التربية جامعة طنطا - فرع كفر الشيخ - 9 نوفمبر 1998.

156- نادية محمد عبد المنعم: تطوير أساليب مراقبة الجودة في العملية التعليمية في مرحلة التعليم قبل الجامعي في ضوء الاتجاهات العالمية المعاصرة.

157- ناصر محمد عامر: معوقات تأهيل الإدارة المدرسية في مصر للأيزو وإمكانية الاستفادة من خبرات بعض الدول المتقدمة للتغلب على المعوقات، المؤتمر العلمي السنوي الثالث، الاعتماد وضمان جودة المؤسسات التعليمية، كلية التربية بني سويف، جامعة القاهرة، 24-25 يناير، 2005.

158- النجار فريد راغب (1999)، إدارة الجامعات بالجودة الشاملة، أميرال للنشر والتوزيع، القاهرة.

159- النجار، فريد (1995): إدارة الجامعات بالجودة الشاملة، القاهرة: ايتراك للنشر والتوزيع.

160- النجار، فريد (2002): إدارة الجامعات بالجودة الشاملة، الطبعة الثانية، القاهرة: ايتراك للنشر والتوزيع.

161- النجار، فريد راغب .. إدارة الجةدة الشاملة .. روي التنمية المتواصلة القاهرة .. ايتراك للنشر والتوزيع 1999 ص86.

162- نجم عبود نجم: إدارة العمليات: النظم وأساليب والاتجاهات الحديثة - المملكة العربية السعودية - معهد الإدارة العامة - ج (2) - 2001.

163- الهلالي إبراهيم الهلالي: إدارة الجودة الشاملة في مؤسسات التعليم الجامعي والعالي - رؤية مقترحة.

164- الهلالي الشربيني الهلالي: إدارة الجودة الشاملة في مؤسسات التعليم الجامعي والعالي (رؤية مقترحة) مجلة كلية التربية بالمنصورة، ع37، مايو 1998.

165- الهلالي الشربيني الهلالي: العمليات والمهارات الإدارية الضرورية لزيادة فعالية مديري المدارس الثانوية في أداء مهامهم "دراسة ميدانية" – مجلة كلية التربية بدمياط – جامعة المنصورة – ع (38) – نوفمبر 2001.

166- هنداوي محمد حافظ، إبراهيم عباس الزهيري: نظم تعليم المتفوقين، الموهوبين في ضوء إدارة الجودة الشاملة في الولايات المتحدة الأمريكية وإمكانية الإستفادة منها في مصر، مجلة كلية التربية ببنها، ع24، مج7، يونيو 1996.

167- الهيئة الوطنية للاعتماد والجودة والنوعية لمؤسسات التعليم العالي: نظام لضمان وتحسين الجودو والأداء النوعي لمؤسسات التعليم العالي في فلسطين ورقة مقدمه "لورشة العمل المتخصصة الأولى حول تقييم الجودة والأداء النوعي لمؤسسات التعليم العالي والبحث العلمي" المنعقدة في جامعة حلب سورية 22-23 شباط 2003.

168- هيئة ضمان الجودة والاعتماد في التعليم "مسودة القانون": اللجنة القومية لضمان الجودة والاعتماد جمهورية مصر العربية، أبريل 2004.

169- وارين شميث (1997) وجيروم فانجا، مدير الجودة الشاملة، ترجمة محمود عبد الحميد مرسي، دار آفاق للإبداع العالمية للنشر والإعلام، الرياض، السعودية.

170- وضيئة محمد أبو سعده، أحلام رجب عبد الغفار: الجودة الشاملة في كليات وشعب رياض الأطفال بجمهورية مصر العربية، تصوير مقترح، مجلة عالم التربية، ع2، السنة الأولى، رابطة التربية الحديثة، القاهرة، أكتوبر 2000.

171- وليام جلاسر: إدارة المدرسة الحديثة (مدرسة الجودة) ترجمة فايزه حكيم, الدار الدولية للاستثمارات الثقافية, القاهرة,2000.

172- وليد محمد، وسيد سالم موسى: مصادر إضافية لتمويل التعليم العالي في مصر في ضوء بعض الاتجاهات العالمية المعاصرة مجلة كلية التربية بالزقازيق – ع (46) – يناير 2004.

173- يعقوب نشوان - نوعية التعليم العالي الفلسطيني: ورقة علمية أعدت لمؤتمر النوعيـة في التعليم الجامعي الفلسطيني الذي عقده برنامج التربيـة ودائـرة ضبط النوعيـة في جامعة القدس المفتوحة في مدينة رام اللـه في الفترة الواقعة 3-2004/7/5م.

***

ثانياً: المراجع الأجنبية

1. Abernathy, P, E, and Serfass R, W, 1992, "On District's Quality Improvement Story. 11 Educational Leadership", So (3).

2. Albert Edmonton, (1990) "Educational Quality Indicators" Annotated Bibliography, 2nd edition, Canada.

3. Albert Edmonton, 1999, "Educational Quality Indicators" Annotated Bibliography, Edition, Canada.

4. Alexander, Gary and Keeler, Carolyn (1995): Total Quality Management: The Emperor's Tailor, ERIC, ED: 387922.

5. Andrea Mchray and Rohyn Walker: Total Quality Management Policy for Distance Education, Routledge, New York, 1996.

6. Baund Greg and Others: Beyond Total Quality Management, Tamard the Emergin, McGraw-Hill, inc, 1994.

7. Beckford Jahn: Quality. A Critical Interdiction, Gohn Beck Ford. London, 1998.

8. Bester fielded. 2000, "Quality Control" prentice-hall, inc., N.J:

9. Brennan, J. (1998). Quality Assurance in Higher Education A Central and Eastern Europe: EC/Phare/ETF copyright.

10. Bruce Brock and M. Suzanne Brocka: Quality Management Implementing the Best Ideas of the Masters, New York, Irwin Professional Publishing, 1992.

11. Calpin-Davies, P., & Donnelly, A. (2006). Quality assurance of NHS Funded Healthcare Education. Nurse Management (Harrow).

12. Campbell, C. & Rozsnyai, C. (2002). Quality Assurance and the Development of Course Programs: Bucharest, UNESCO, CEPES Papers on Higher Education.

13. Chabbell, Robert: Can Tem in Public Education Survive Without Co-Production? Quality Progress, July, 1994.

14. Charies N, Weaver, Managing the Four Stages of TQM, ASQC Quality Press, Wisconsin, 1995.

15. Cizas, A. E. (1997). Quality Assessment in Smaller countries: Problems and Lithuanian Approach. Higher Education Management. Global J. of Engng. Educ., 9(1).

16. Cliffy Downey, "Total Quality in the School and Classroom". ICP on line, 2003.

17. Coate, L.E., "Implementing Total Quality Management in a University Setting", in Sherr, L.A. and Teeter, D.J. (Eds), Total Quality Management in Higher Education, New-Direction-for-Institutional-Research, No. 71, Autumn 1991.

18. Cornesky, R.A. (1990), quoted in Merrick, W. (Ed.) Using Deming to Improve Quality in Colleges and Universities, Magna Publications, Madison, WI.

19. Crosby, P.B., Quality Is Free, McGraw-Hill, New York, NY, 1979.

20. Dale, Barrie: Managing Quality, 4thed., Blackwell, Publishing, 2003.

21. David N. Griffiths, Management in a Quality Enviromment, ASQC Quality Press, Wisconsin, 1994.

22. David, B., & Harold, T. (2000). Quality in Higher Education (Vol. 6): Routledge, part of the Taylor & Francis Group.

23. Davis, D. J., & Ringsted, C. (2000). Accreditation of Undergraduate and Graduate Medical Education: how do the Standards Contribute to Quality?

24. Deming, W.E., Out of Crisis, MIT, Cambridge, MA, 1986.

25. Dheera Mehorta: Applying Toatal Quality Management in Academics http://healthcare.isixswigma.com/library/content/co20626a,asp,(2004).

26. Divid Hutchins: Achieve Total Quality, Hertfordshire Fttywilliam, Publishing, Limited, 1993.

27. Don Wester heijden, "Using Quality Measures Transform learning", Journal of Planning for Higher Education, Vol(25), No(4), summer 1997.

28. Edward Fiske: Bruce Hammond, "Identifying Quality in American Colleges and Universities" Planning for Higher Education, Vol(26), No(1), fall 1997.

29. Edward in Deming: Out of the Crisis, Cabridge, Mass, Cambridge University Press, 1988.

30. Edward Sallis, (1990) "Performance Indicators and Quality Review in Australian Universities". Higher Educ. Research and Development, Vol. 4, no. 2.

31. EFA, 2005, "Understanding Education Quality", Global Monitoring Report, USA.

32. Elemara, Sami, 2009, The Quality Journey, BM TRADA GROUP, First Conference for Quality Assurance, University of Kufa.

33. Evans, J, 1997, "Applied Production and Operation Management, 4th, ed. West publishing Co.

34. F. Lawrence Bennett, The Management of Engineering: Human Quality, Organizational Legal and Ethical Aspects

of Professional Practice, John Wiley & Sons INC., New York 1996.

35.   Frahk Voehl: "Olverview Of Total Quality": Total Quality in Research and Development by: Gregory C. Mecloughline, Floride st, Lucie press, 1995.

36.   Geerge Stelan & weimerskirch Arncld: Total Quality Management Stratgies, Seebngies 2 Ed., Gahm Wiley, New York, 1994.

37.   Geoffery, D, Doheryt: Developing Quality Systems in Education, Rout Ledge, New York, 1994.

38.   George Labovitz, Making Qualitv-Work, An Imprint of Oliver Wight INC., Omneo, 1992.

39.   Ghgase, G. W: "Effective Total Quality Management (T.Q.M.) Process for Construction Journal of Management Studies, Vol, (28), No (2), March 1991.

40.   Ghobadinal A. & Woom S.: Characteristice‹ Benifits and Shortcoming of Four Major Quality A wards‹ International of Quality and Reliability Management. Vol 13‹ 1996.

41.   Goldman Gary, Jay B. Newman, "Involving Students in Total Quality Management: Models for Urban and Rural", 1993, Eric No: EJ475805.

42.   Gray Rinehart: Quality Evaluation Applying the Philosophy of Dr, Deeming, ASQC, Quality Press, U.S.A., 1993.

43.   Gregory C, Mclaughlin D: Total Quality in Research and Development St. Lucle Press Beach, Florida, 1993.

44.   Guran G. & Gryna F, :Quality Planning and Analysis Ferow Product Development Through Use, Mc Graw, will, New York, 1993.

45. Haksen & Others, 2000, "Service Management and Operation", 2nd Edition, Prentice-hall Upper Saddle River, New Jersey.

46. Harris, J.W. and Baggett, J.M. (Eds) (1992), Quality Quest in the Academic Process, Samford University, Birmingham, AL, and COAL/QPC, Methuen, MA.

47. Hart, H. G. & Dale BG: Total Quality Management in Professional Servies An Examination Part, Managing Services Quality, April, 1995.

48. HARVEY. LEE, 1999 "Quality in Higher Education" Paper at the Swedish Quality Conference, University of Central England in Birmingham – UCE-"UK".

49. Hixon, j. and K, lovelace, 1992, "Total Quality Management Challenge to Leadership, Academy of Management Review, Vol. 50, No (3).

50. Hixon, J. and K. lovelace (1992). "Total Quality Management Challenge to Urban School". Education Leadership, 50 (3).

51. Horst fuhr and et al: Top Management and Quality, New York Hanser Publishers, 1999.

52. Howland Blackiston & Joseph Sabateila,. Charting A New Courses: Public School Embarking on a Quality Journey, International Journal of: Continuous Improvement Monitor: vol, (1),.No,(1):January-December 1996.

53. Hughes, Jeffry and Others, 1998," the Task Force on Initial Teachers Education Programs", Final Report, Manitoba University Winnipeg.

54. Ishikawa Kaoru: Introduction to Quality Control, Chapman & Hall, London, 1989.

55. J. S. Oaskland: Total Quality Management, Halley Court, Jordan Hill Oxford, 1989.

56. Jablnski, J: Total Quality Management, Petrified & Company, New York, 1991.

57. Jablonski Joseph R. Implementers Total Quality Management on Overview Without Publisher, Santiago, Preiffer, U.S.A., 1991.

58. Jablonski Jpshphe, Hmplemintg Management on Overview Without Publisher, San Diego: USA, 1991.

59. Jaideep Motwani and Ashok Kumar (1997), The Need for Implementing Total Quality Management in Education, International Journal of Educational Management, 11,3.

60. James Cortada & John A. Woods, The Me Graw-Hill Encyclopedia of Quality Terms & Concepts, Me Graw-Hill Inc, New York, 1995.

61. James D, T, Tannock, "Industrial Quality Standards and Total Quality Management in Higher Education", European Journal of Engineering Education. Vol. (16), No. (4), 1991.

62. Janesh Dounelly et al: Fundamentals of Management, Mc Gram Kill, New York, 1998.

63. Jerome S. Arcaro: Quality in Education, An Implementation. Hand book. U.S.A. Stlucie, 1995.

64. Johannsen, Carl Gustaav (2000): Total Quality Management in a Knowledge, Management Perspective, Journal of Documentation, V(56) N(1), ERIC NO: E1608496.

65. John Mcdonald: Understanding Total Quality Management, Locom Holder and Staughton, 1998.

66. John Stephenson & Susan Weil, Quality in learning A capabilitv approach in higher education, Kogan Page, London, 1992.

67. Joseph C. Fieles: Total Quality for Scools A Guide For Implementation, Wisconsin: ASQC Quality Press, 1994.

68. Judith Ann Schienker, Total Quality Management An Overview. United States General Accounting Office, 1998.

69. Kathlen Cotton, Applying Total Quality Management Principles To Secondary Education School Improvement Research Series (SIRS), Northwest Regional Educational Laboratory, 2001.

70. Keith Thompson, "Quality Control in Higher Education" British Journal of Education Studies, Vol, No(1), February 1992.

71. Lehinen V,: Tow Approaches to Service Quality Dimensions, Service Industries, Journal, Vol, 11 No. 3, 1991.

72. Les Franklin, "Quality and Equality: the Case of East Birmingham College", Journal of Further and Higher Education, Vol, (16), No(1), Spring 1992.

73. Lorrimon John & Kenja Takashi: Japan is Winning Margins, Management Tranining and Education, Oxford University, Press inc., New York, 1996.

74. Lyna T. Drennan, "Total Quality Management in the Scottish Universities", International Journal: Continuous Improvement Monitor.

75. Lyna T. Drennan, "Total Quality Management in the Scottish Universities", International Journal: Continuous Improvement Monilor, at website:http//WWW.Lanes.panam.edu/Journal/library/Vol1No4/Drennan.html.

76. Mahoney Ftande: Greeting Excellence: An Application of ISO 9000 American Management Association، New York،1994.

77. Malcom Tight, Key Concepts in Adult Education and Training, Routledge, London, 1996.

78. March John, the Quality Toolkit. An A-Z Tools and Technique Kemposton, Iis Ltd, U.S.A., 1993.

79. Marshail Sashkin & Kanneth Kiser: Putting Total Quality Management to Work, Koehler Publishers inc., San Francisco. 1993.

80. Martin Trow, "On the Accountability of Higher Education in the United States", in, Bown, William G. & Shapiro, Harold T, (Editors), Universities and Their leadership, Princeton University Press, New Jersey, 1998.

81. Mary Klages, "Postmodernism", 2003, at Website : http://www.colorado.edu/English/Eng/2012klages/pomo.html.

82. Matthews, M. (1993a), "Initial Shock in FE's Alphabet Soup", Times Educational Supplement, No. 4039, 26 November.

83. Megomaw Robert: Total Quality Management Lesson From Businsess and Government. Management Review, Summer, April, 1995.

84. Motwani, Jaideep, (1995): Implementing T.Q.M. in Education: Current Effort and Future Research Directions, Journal of Education for Business, V(71) N(2) November.

85. Murgatroyd, S. and Morgan, C., Total Quality Management and the School, Open University Press, Buckingham, 1993.

86. National Councial for Accreditation of Teacher Education Professional Standards for the Accreditation of School Colleges and Department of Education. University of Virginia. 2001.

87. National Policy Board for Education Administration: New NCATE Standards for Education Administration http://www.nplea.org/projects.NCATE.Matrertals.Htmd.26/12/2003.

88. National Quality Assurance and Accreditation. (2004). The Quality Assurance and Accreditation Handbook: National Quality Assurance and Accreditation.

89. Nicholas Schroeder & Donald V. S., Accounting Faculty Promotion at Quality Institutions .Issues in Accounting Education, Vol(4), No(2), Fall1989.

90. Paggy Siegle: "Using Baldrige to Improve Education: Based on Results", U.S. Training and Development, vol, (54) - issue (7). Feb. 2002.

91. Paul F, Wilson, Richard D, Pearson, Performance-Based Assessment, ASQC Quality Press, Wisconsin, 1994.

92. Paula Y. K. Kwan (1996), Application of Total Quality Management in Education: Retrospect and Prospect, International Journal of Educational Management, 10/5.

93. Pedler. Mike et al, 2001, "A Manager's Guide to Self- Development, 4th Edition, Mcgraw – Hill, New – York.

94. Peter Cuttance, "Quality Assurance for Schools: Case Study-New South Wales", In, Tony Townsend, Restructuring and quality: Issues for Tomorrow Schools Routledge London, 1997.

95. Peter Gilmour & Robert Hunt: Total Quality Management, Melborne, Australia, 1995.

96. Philip B. Crosby: Quality Without Tears, the art of Hassle Frea Management, Mc Graw-Hill, New York, 1986.

97. Plke J. and Harues R: In Action A Practical Approach to Continuous Performance Improvement Second Edition. Chapman & Hall. London.1996.

98. Qvretveit V,: Measuring Service Quality, Practical Guidelines, Technical Communications Publishing, Ltd, England, 1993.

99. Raa Ashock C. & Other: Total Quality Management, Across Functional Perspective, John Wily & Sous, inc, 1996.

100. Ralaph G. lenis & Dauglas H. Smith: Total Quality in Higher Education, Lude Press, Florida, 1994.

101. Ralaple G., Dauglas H,: Total Quality in Higher Education, Lucie Press, Florida, 1994.

102. Ramona Kay Michael and Victor E. Sower (1997), A Comprehensive Model for Implementing Total Quality Management in Higher Education, Benchmarking for Quality Management & Technology, Vol. 4 No. 2.

103. Reeves, G, & Bednar D,: Defining Quality Alternative and Implication, Academy of Management Revien, 1994.

104. Richard Freeman & Frank Roehi: ISO 9000 in Training and Education A View for the Future. in Total Quality in Higher Education. Stucie Press. Florida. 1994.

105. Richard Pring, "Standards and Quality in Education", British Journal of Educational studies, vol, No, (1), February 1992.

106. Robert Ecole & Other: The Death and lite of The American Quality Movement, Oxford University Press, New York, 1995.

107. Ronald J. Fitzgerald: Total Quality Management in Education. http://www.minutemon.org/topic/tqm.html,2004.

108. Stanley, Gordon, 1995, "Performance Indicators and Quality Review in Lustration Universities", Higher Educe, Research and Development, VOL. 4.

109. Stein Robert: The Next Phase of Total Quality Management, Marcel Deker, New York, 1999.

110. Stephen George & Arnold Weimers Kirch, Total Quality management, John Wily & Sons Inc., New York, 1994.

111. Svein Stensaasen, "The Application of Deming's Theory of Total Quality Management to Achieve Continuous Improvements in Education", Taylor & Francis Group – Article, Vol(6), no(5), December 1, 1995.

112. Sylvia Wicks, "Peer Review and Quality Control in Higher Education", British journal of education studies, Vol, No,(1), February 1992, p, 59 .

113. Taylor, Steve and Bogdan, Robert (1997): Introduction to Qualitative Research Methods, new York: John Wiley Sons.

114. Taylor, W. A. and Hill, F.M., "Implementing TQM in Higher Education", International Journal of Educational Management, Vol. 5 No. 5, 1992.

115. Thomas Lee,"After Word to Think Globally, Act Locally", Center for Quality of Management Journal, Vol(8), No(3), Winter 1999 .

116. Thomas Packard, "TQM And Organizational Change and Development", In, Burton Gummer, Philip Me Callion, (Eds), Total Quality Management in the Social Services: Theory and Practice.. NY: Rockefeller College Press, Albany, 1995.

117. Tiromas Lee, Shoji Shiba, Robert Chapman, "Think Globally, Act Locally", Center for Quality of Management Journal, Vol. (8), No. (3), Winter.

118. Titoconti: Building Total Quality, Chapman and Hall, London, 1993.

119. Tribus, M., "TQM in Education: the Theory and how to Put it of Work", in Quality Goes to School: Readings on Quality Management in Education American Association of School Vol. 61 No. 5, 1986.

120. Tribus, Myron, 2009, Quality in Education According to the Teachings of Deming and Feuerstein, www.fremont.ca.

121. UK National Accreditation. (2004). Program Specification: Sport and Exercise. Unpublished Manuscript.

122. Valeria, Bryan (1998) "Diagnostic and Prescriptive Instrument of Quality Indicators" U.S.A., Vol. .

123. Valeria, Bryan, 1998, "Diagnostic and Prescriptive Instrument of Quality Indicators", U.S.A. VOl. 34.

124. Vasu, M,L and Other: Organizational Behavior and Public Management 3d Edition Marcel Dekker, Inc, New York, 1998.

125. Verrall, G. M., Brukner, P. D., & Seward, H. G. (2006). 6. Doctor on the sidelines. Med J August, 184(5). 244-248.

126. Vinod Singhal, Kevin Hendricks, The Financial Justification of TQM, Center for Quality of Management Journal, Vol(8), No(1), Spring 1999.

127. Vohl Frank: Total Quality, Principles and Practices. Coral Associates, 1992.

128. W. Donald Crump, "About Those Quality Control Programs", Planning for Higher Education, Vol. (22), No. (1), Fall 1993.

129. Waks, Shlomo, and Frank, Moti (1996): Application of the T.Q.M. Approach Principle and the ISO 9000 Standards in

Engineering Education, European Journal of Engineering Education, V(24), N(3), ERIC, ED: 607090.

130. Wayne, G. (2000). North Dakota Standards and Benchmarks Content Standards Physical Education: Bismarck, North Dakota.

131. Weaver, Tyler" Total Quality Management, Eric Digest, Number 73 – Eric Clearing House on Education 1992.

132. Webber, Chales et al: An Imagantion for Leadership Development Edition Geven Glass, Arizana State University, 10, December 1998.

133. Williams, P., "Total Quality Management: Some Thoughts", Higher Education, Vol. 25 No. 3.

الفهرس

***

***

TQM and New International Administrative Trends

By

Fathi Sarhan

Cairo on 25-1-2011

Abstract:

There are many challenges that face humanity in managing its future directions and our real and virtual reality. Since information super highway has turned the world into a global village, organizations and institutions have to compete with goods and services all over the world and satisfy a more educated and sophisticated customer. What is satisfactory to the customers today may not be regarded as such tomorrow, as their expectations are continuously changing. So, TQM comes as a must and a proper way in managing the future in assuring the quality of products and services in general, and that of the educational ones in particular, to achieve the complete customers satisfaction . So, many organizations and institutions have embraced the TQM concept as a way of survival.

TQM combined with effective leadership and new international administrative trends results in an institutions and organizations doing the right things right, first time.

The book comes in seven chapters as follows:

1-   The Concept, Philosophy and History of TQM

2-   Bases and Principles of TQM

3-   Criteria and Standards of TQM

4-   TQM in Pre Higher Education Institutions

5-   TQM in

6-   International and Arabian Experiences in TQM in Higher
      Education Institutions

7-   A Future Proposal For Applying TQM in Arabian Higher
      Education Institutions

***

T0156613

Printed in the United States
By Bookmasters